大 学 问

始 于 问 而 终 于 明

胡塞尔与《笛卡尔式的沉思》

〔英〕A.D. 史密斯 著

赵玉兰 译

Routledge Philosophy Guidebook to

Husserl and the *Cartesian Meditations*

GUANGXI NORMAL UNIVERSITY PRESS
广西师范大学出版社
·桂林·

胡塞尔与《笛卡尔式的沉思》
HUSAI'ER YU DIKA'ERSHI DE CHENSI

Routledge Philosophy GuideBook to Husserl and the Cartesian Meditations
ISBN 0-415-28757-X (hbk) **ISBN 0-415-28758-8 (pbk)**

Copyright © 2003 by Routledge
Authorized translation from English language edition published by Routledge, part of Taylor & Francis Group LLC; All Rights Reserved.
本书原版由 Taylor & Francis 出版集团旗下,Routledge 出版公司出版,并经其授权翻译出版。版权所有,侵权必究。

Guangxi Normal University Press is authorized to publish and distribute exclusively the **Chinese (Simplified Characters)** language edition. This edition is authorized for sale throughout **Mainland of China**. No part of the publication may be reproduced or distributed by any means, or stored in a database or retrieval system, without the prior written permission of the publisher.
本书中文简体翻译版授权由广西师范大学出版社独家出版并仅限在中国大陆地区销售,未经出版者书面许可,不得以任何方式复制或发行本书的任何部分。

Copies of this book sold without a Taylor & Francis sticker on the cover are unauthorized and illegal.
本书贴有 Taylor & Francis 公司防伪标签,无标签者不得销售。
著作权合同登记号桂图登字:20-2022-054 号

图书在版编目(CIP)数据

胡塞尔与《笛卡尔式的沉思》 / (英)A.D.史密斯著;赵玉兰译. -- 2 版. -- 桂林 : 广西师范大学出版社,2022.8
(劳特利奇哲学经典导读丛书)
书名原文: Routledge Philosophy GuideBook to Husserl and the Cartesian Meditations
ISBN 978-7-5598-5023-2

Ⅰ.①胡… Ⅱ.①A… ②赵… Ⅲ.①胡塞尔(Husserl, Edmund 1859-1938)-现象学-研究 Ⅳ.①B089②B516.52

中国版本图书馆 CIP 数据核字(2022)第 091068 号

广西师范大学出版社出版发行
(广西桂林市五里店路9号 邮政编码:541004)
网址:http://www.bbtpress.com
出版人:黄轩庄
全国新华书店经销
广西民族印刷包装集团有限公司印刷
(南宁市高新区高新三路1号 邮政编码: 530007)
开本:889 mm × 1 194 mm 1/32
印张:12.25 字数:280 千
2022 年 8 月第 2 版 2022 年 8 月第 1 次印刷
印数:0 001~6 000 册 定价:88.00 元

如发现印装质量问题,影响阅读,请与出版社发行部门联系调换。

出版说明

"劳特利奇哲学经典导读丛书"精选自劳特利奇出版社两个经典导读系列。其中《维特根斯坦的〈哲学研究〉》《海德格尔的〈存在与时间〉》《黑格尔的〈精神现象学〉》《笛卡尔的〈第一哲学的沉思〉》《克尔凯郭尔的〈恐惧与颤栗〉》等选自 Routledge Guides to the Great Books 系列，而《维特根斯坦与〈逻辑哲学论〉》《胡塞尔与〈笛卡尔式的沉思〉》《德里达的解构主义》《后期海德格尔》等著作出自稍早的 Routledge Philosophy Guidebook 系列。

本丛书书名并未做统一调整，均直译自原书书名，方便读者查找原文。

为统一体例、方便阅读，本丛书将原书尾注形式改为脚注，后索引页码也做出相应调整。

目 录

译　序

对于任何读者来说，若想在一本译著中看到译者的思想、观点，通常都是很困难的。因为译者的主要任务就是把原著作者的思想、话语一字一句、毫厘不爽地表述出来，且不能有任何主观的臆测与阐发。虽说在某种程度上讲，译介本身也是一个创造过程，是新的表述方式、新的概念术语的创造过程，但它绝不是新的思想的创造过程。译介工作有其自身固有的枯燥无趣性：你只能恰如其分地说别人说过的话，仅此而已。如此一来，对于译者来说，译著中的"译序"或"后记"部分就显得弥足珍贵了。因为，只有在这块方寸之地，译者才可以自由地表达自己的所思所想所感，讲自己的话，说自己的事。同样，作为本书的译者，我也乐于在难得的"译序"部分说说自己的观点与想法。

顾名思义，《胡塞尔与〈笛卡尔式的沉思〉》是关于胡塞尔的《笛卡尔式的沉思》（以下简称为《沉思》）的一部阐释性著作，引用作者 A. D. 史密斯的话说，他致力于使本书成为《沉思》的"适宜的导论"。在史密斯看来，虽然胡塞尔力图使《沉思》成为"现象学导论"，但是《沉思》却没有能够令人满意地完成这一使命。它存在着许多的不足，如，论述过于言简意赅，专题讨论所涉内容铺陈过大，表述方式欠妥，专门术语缺乏说明，等等。再加上《沉思》一书在秉承分析传统的英美学界遭遇到了与其实有的学术价值极不相称的冷遇，因此，这样一部关于《沉思》的指南性著作就在史密斯的笔下应运而生。

从结构编排来看，本书在总的轮廓构架上还是因循了《沉思》原有的架构体系，按照各篇沉思的内容依次进行阐述。不过，其中也有一处十分明显的调整。那就是，在完成了第一、第二沉思的论述之后，史密斯把第四沉思的第30—39节作为第三章提前予以阐述，而把第三沉思与第四沉思剩余的第40—41节合并起来推延为第四章进行考察。之所以进行这一调整，史密斯是有所考虑的，因为在他看来，全部第三沉思与第四沉思的最后两节在内容上是前后一贯、一脉相承的，它"为只是在第四沉思的最后两节才明确得出的那些重要的形而上学结论铺平了道路"。同时，这些内容又是和第五、第六沉思的主题密不可分的，因此，才会出现这一乍看起来令人颇为费解的第四沉思在前而第三沉思在后的编排体系。从内容上看，本书对胡塞尔所使用的概念术语如悬搁、绝然性、自明性、意向性、同感、交互主体性等都做了专门的说明与阐释，并在此基础上对《沉思》中所关涉的先验现象学的重要问题做了恰当、细致的说明，同时，还结合胡塞尔的其他相关著作进行佐证研究，这就向我们展现出了一幅非常广阔的现象学图景。另外，值得称道的是，史密斯的文风朴实自然，在论述的过程中常常会结合日常生活的事例（这些事例有些是胡塞尔本人所钟爱的，还有一些则是史密斯所喜欢的）加以说明，令人感到既亲切又熟悉，这就在无形之中使得胡塞尔的通常颇为费解晦涩的理论透彻了许多，因此，本书确实不失为是一部"适宜的导论"。

在译介方面，需要说明的是，本书中个别术语的译法可能与国内学界的常规译法不太一致。这里，首先要提到的当属"idea"一词，国内学界通常把它译为"观念"，大部分现象学译作也作如此译法，如我们所熟知的《纯粹现象学和现象学哲学的**观念**》《现象学的**观念**》等。但是在本书中，尤其在"哲学的'理念'"一节中，作者把idea一词与古希腊的哲学源头，尤其是苏格拉底、柏拉图联系了起来，并认为在哲学从古希腊人那里诞生之初起，idea就一直支配着哲学，鉴于这一语境，我把idea译为"理念"，以便与柏拉图的理念学说相呼应，同时又兼有"哲学理想"之意。无独有偶，在王炳文先生翻译的《第一哲学》（2006年6月版，商务印书馆）一书中，idea一词也被译为理念。只不过，王先生的做法更为彻底，他把胡塞尔著作中所涉及的idea都译作了"理念"，于是就有了《纯粹现象学和现象学哲学的**理念**》《现象学的**理念**》这种译法。考虑到国内学界在某种程度上已经对胡塞尔著作有了约定俗成的称谓，所以，在涉及胡塞尔的著作时，我并没有把idea的"理念"译法一贯到底，而是仍然因循了传统的"观念"译法。其次，本书中"body"一词的译法也有必要予以说明。由于胡塞尔在其德文著作中使用了"Körper"和"Leib"的区分，所以，当我们直接把胡塞尔的德文原著译为中文时，可以十分方便地按照这两个不同的词语把它们分别译为"躯体"与"身体"，前者在广义上指以广延性为特征的物理事物，在狭义上专门指人的身躯，即人的物理肉体；后者则指躯体与意识的统一，即人的心灵与肉体的统一，这里已经是从构造层面上来说的了。但是，本书却有其特殊的情况，它是一部英文著作，在英文中很难找到一组对应的词来恰如其分地表达"Körper"和"Leib"之间细微的差异，因此，作者史密斯不得不把它们分别译为"material body"和"body"，这里的两个英文词都涉及了 body，在把这两个英文词译为中文的过程中，如果再把 body 一词进一步区分为躯体与身体，反倒容易产生混淆。因此，我依循了史密斯的英译法，把这两个词译为"物质身体"与"身体"，而不再区分为"躯体"与"身体"。最后，本书中"Evidenz"的译法与国内学界的常规译法也略有不同。国内学界通常把它译为"明见性"（如倪梁康、张廷国等）或"明证性"（如李幼蒸、邓晓芒等）。而在作者史密斯看来，把"Evidenz"译为明证性既不完善又会产生误导作用，而译成"明白性"虽然比较合理，但却容易造成较为笨拙的短语转换，所以他主张把"Evidenz"译为"自明性"，因此，在本书的翻译过程中，我忠实于作者的思想，把"Evidenz"译为"自明性"。当然，值得一提的是，在王炳文先生的《第一哲学》中，也采用了"自明性"的译法，读者不妨参阅。至于本书中其他关键性的现象学术语，我基本上是依照学界通行的译法来翻译的，此处就不再一一赘述了。但是，仍然有必要补充的是，在翻译本书的过程中，我参考了不少学术前辈已经译介的胡塞尔的著作，此处一定要列出，它们是：倪梁康先生著译的《胡塞尔现象学概念通释》（1999年版，生活·读书·新知三联书店）和《逻辑研究》（1994年、1998年、1999年相继出版第一卷、第二卷第一部分和第二卷第二部分，上海译文出版社）、王炳文先生的译著《第一哲学》《欧洲科学的危机与超越论的现象学》（2001年版，商务印书馆）、李幼蒸先生的译著《纯粹现象学和现象学哲学的观念》（2004年版，中国人民大学出版社）、张廷国的译著《笛卡尔式的沉思》（2002年版，中国城市出版社）、邓晓芒、张廷国合译的《经验与判断》（1999年版，生活·读书·新知三联书店）。这些著作对我确定术语的翻译，包括大量引文的翻译方面帮助非常大，在此也要特别感谢这些学界前辈所做的奠基性工作。

这本书的翻译工作是从2006年5月开始的。承蒙靳希平、徐向东老师的信任，这样一项翻译现象学的研究性著作的重任落在了我的肩头。最初，我委实感到深深的惶恐与不安，因为自知在现象学方面认识粗浅，恐难以胜任。还好，在各位老师的帮助鼓励下，在现象学诸多前辈的大作的间接引导下，我的翻译工作一步步走上正轨，顺利地开展。其间，也正值我离开工作三年但至今仍然感念在心的内蒙古大学哲学系，重新回到美丽的燕园攻读马克思主义哲学专业博士，经历人生与学术研究的又一次重要转折，这部译著也多多少少铭记了我这段颇为难忘的时光。2007年1月，本书几经修改，终于初步定稿。在2006年到2007年这大半年的时间里，在攻读马克思的哲学经典之余，我把所有的精力都倾注到了它的身上，现在终于看到它的成形，心里的喜悦自是不言而喻的。然而，在此后与徐向东老师的交流中，他一再督促我多多校对，仔细斟酌，并提醒我补充漏译的文本内容。于是，我又开始了对译本的精雕细琢的过程，这确实又是一段别样的经历。此前，我也曾独立翻译过西方哲学著作，我自以为，与翻译过程相比，校对过程会轻松许多。而此次翻译经历则完全颠覆了我之前的想法，面对一部多达22万字的译著（对我来说，这确实庞大得有些难以驾驭了），校对、雕琢的过程其实比翻译过程本身更为艰辛，而我也不得不一再阅读相关的现象学译著来确定某些引文的译法，并且努力在忠实于原著的基础上保证行文的流畅与自然。我现在还清楚地记得，在2006年农历腊月二十九这一天早上，我再次收到徐老师发来的邮件，让我补充索引与目录译文，当时心里真是有点不太情愿。因为新年将至，到处都是浓重的节日气氛，家里也是热闹非凡。但思量片刻，我还是又匆匆赶回了北大，在空空荡荡的宿舍楼里完成了要补充的材料。当时，我的心里确实有些感慨，这本译作都伴了我大半年了，可是连过年它都想伴着我。不过，现在想来，多亏徐老师的督促与提醒，我才能够让这本书保质保量地与读者见面，才能不辜负诸位师长的期望。一本书的译介过程，本身也是译者的学习与成长的过程。

在本书即将出版之际，我要特别感谢我的硕士生导师赵敦华教授、博士生导师王东教授，感谢他们一直以来对我的关心与教导。同时，还要感谢内蒙古大学哲学系李笑春主任及其他师长、同事，感谢他们多年来对我的扶持与关爱。

由于译者水平有限，虽然已尽全力，但译文中难免仍有错误与疏漏，还敬请师长同人、读者指正。

前　言

　　《笛卡尔式的沉思》（*Cartesian Meditations*）是胡塞尔（Husserl）被最为广泛阅读的著作，这一点并不令人吃惊。该书短小简洁，平装本随处可得，而它的副标题——"现象学导论"（An Introduction to Phenomenology）——则向我们允诺了现象学的可通达性。然而，作为这样一部导论性的著作，它必须被判定为一次令人沮丧的失败。最为惹眼的是，虽然胡塞尔在写作此书时已经发展出一套专门术语来表达他的哲学，这些术语在《沉思》中也反复地被使用，但他通常并不勤于向读者解释它们的意义。此外，该书的言简意赅事实上也影响了它的可通达性。因为胡塞尔的哲学精深复杂而又涉及广泛，它的各个部分交错衔接而密切关联。这样导致的结果是，即使他在文本中仅仅着力于关注几个基本问题，他也仍然不得不反复提及其思想的其他方面，而这些方面又没有进行专门的论述。这种情形在胡塞尔这里尤其令人难过，因为他的哲学的最重要的、最能给人以深刻印象的方面之一就是他在分析特定主题时所孜孜以求的深度。只有在最后那篇专门探讨一个单独主题的沉思中，读者才得以对胡塞尔著作所普遍具有的深刻性特征窥得一斑。甚至抛开所有这些因素，《笛卡尔式的沉思》也远远不尽如人意。胡塞尔毕生都在为有效地向公众引介现象学这个问题而殚精竭虑。因为他坚信，不仅现象学是哲学研究的真正出路，而且投身于现象学也需要哲学家本人的决断，正如他在某一处所说的，这种决断类似于宗教的皈依（*Crisis*，140［137］）。[1]因此，胡塞尔一再地为引导读者做出这种决断的最佳方式而烦心焦虑。《笛卡尔式的沉思》的第一篇沉思的表述并不能说是他的最佳方式之一。但至少基于这些原因，一本关于此书的指南可能会被证明是有用的。由于《笛卡尔式的沉思》自身的不足，我在写作这本指南的过程中不得不反复提及胡塞尔的其他著作，以此来充实《沉思》中频繁出现的难以令人满意的表述。唯有如此，这本关于《笛卡尔式的沉思》的导论才能成为胡塞尔曾对《沉思》本身所期望的那个样子：它应该是关于一般的先验现象学的适宜的导论。

撰写这本关于《笛卡尔式的沉思》的导论性著作的另外一个原因是，它是胡塞尔成熟时期的一部著作。它写于1929年，距离胡塞尔79岁的逝世之期还不足十年。这也构成了一个理由，至少对于英语世界的读者来说如此，因为在主宰那个世界的所谓哲学的"分析传统"中，大多数关于胡塞尔著作的讨论都聚焦于其早期哲学。这主要是因为，在20世纪初期胡塞尔变成了一名观念论者，

1　关于本书中所使用的胡塞尔著作名称的缩写词的说明，参见第 x vii 页到第 x ix 页（本书第xix到第xxiv页。——译注）的缩略名列表。所注页码前若无这些缩写名，则指《笛卡尔式的沉思》一书本身关于注释页码的说明，参见"译文与引文说明"。——原注

这一哲学立场是为绝大多数的"分析哲学家"所根本不容的，稍后我们将看到这一点。因此，胡塞尔在这个时期之后的工作都遭到了冷遇。这既是不幸的，亦是愚蠢的。之所以愚蠢，是因为胡塞尔在其中期、晚期所不得不说的大量内容都可以独立于那个形而上学问题而予以评价。之所以不幸，是因为许多哲学家的思想会随着时间的推移流逝而极易变得深奥复杂，胡塞尔就是其中之一。虽然有时候我会就胡塞尔立场并未发生本质改变的某些问题而谈及他的早期著作，但是，本书无疑是他成熟哲学的导论：如他所称的先验现象学的导论。

《笛卡尔式的沉思》是胡塞尔在巴黎，更确切地说是在索邦大学的笛卡尔阶梯教室（Sorbonne's Amphithéâtre Descartes）（用德文）做的两篇演说的扩充版。虽然胡塞尔这些演说的扩充版的法文译本在1931年就已经付梓出版，但是德文版本却并没有在他有生之年得以问世。这是因为，胡塞尔在与助手欧根·芬克（Eugen Fink）的合作中，随着他继续研究这些演说，他所设想的扩充演说的计划进一步深化，他要撰写一部能够全面彻底阐述其哲学的鸿篇巨制。在1930年，当胡塞尔说它"将是我毕生的主要著作"，待它完成之日，他将能够"平静地死去"时，他所指的就是这部已经计划好的著作（Schuhmann 1977，p. 361）。[1]然而，不久以后，他便放弃了这项计划，转而集中精力撰写另外一部泱泱巨著，从而为其哲学提

1　关于这一"主要著作"如何成形的一些暗示见于欧根·芬克所谓的《笛卡尔的第六沉思》（芬克，1988）。然而，在这本书中，芬克对于他与胡塞尔的合作计划的贡献远远超过了胡塞尔本人。因此，尽管这本书有着浓厚的内在旨趣，我亦不会对之进行深入探讨。——原注

供一种迥然不同的导论。然而，后来的这部著作尚未完成，胡塞尔便于1938年与世长辞了。不过，在他去世后，大量尚存的手稿被编辑出版为《欧洲科学的危机与超越论的现象学》（*The Crisis of the European Sciences and Transcendental Phenomenology*）——通常被简称为《危机》（*The Crisis*）。这是一段持续了半个多世纪的紧张积极的哲学生涯的最后一枚硕果。

埃德蒙德·胡塞尔（Edmund Husserl）于1859年4月8日出生于摩拉维亚（Moravia）的普鲁斯尼茨（Prossnitz）（今捷克共和国［Czech Republic］的普罗斯捷约夫［Prostejov］）。在中学时期，他的数学成绩就十分优异，数学也成为他在大学期间攻读的专业（在学习了三个学期的天文学之后）。他最初去了莱比锡大学（University of Leipzig），在那里通过参加一些哲学讲座而与威尔海姆·冯特（Wilhelm Wundt）有了短暂的接触。在莱比锡期间，他成为托马斯·马塞瑞克（Thomas Masaryk）的密友，后者后来成为捷克斯洛伐克共和国（Republic of Czechoslovakia）的首位总统，而在当时，他只是维也纳大学（Vienna）哲学系弗朗兹·布伦塔诺（Franz Brentano）的一名学生。1878年，胡塞尔转入柏林大学（University of Berlin），师从数学家魏尔斯特拉斯（Weierstrass）和克罗耐克（Kronecker）。胡塞尔证实，正是前者"唤起了我对数学的根本依据的兴趣"，从他那里，胡塞尔获得了"我的科学进取的气质"（Schuhmann 1977, 7）。1881年胡塞尔转入维也纳大学，他的朋友马塞瑞克仍然住在那里。虽然胡塞尔起初仍然继续从事着他的数学研究，并且提交了一篇数学博士论文，但是，他也参加了布伦塔诺主持的哲学课程，正是布伦塔诺首次使他坚信，哲学也能够按照"非常严格的科学"精神来进行（Schuhmann 1977，13）。这使胡塞尔面临着投身于数学还是哲学的抉择。他说，最终促使他投身于后者的动力"蓄积于势不可挡的宗教体验之中"（同上）。于是，胡塞尔参加了更多的由布伦塔诺主持的课程，二人最后变得足够亲密以至于胡塞尔与布伦塔诺及其妻子共同度过了为期三个月的暑假。在维也纳期间，由于受到马塞瑞克的影响，胡塞尔细致地研究了《新约》（New Testament）。1886年，他受洗加入了福音（路德）教派。在布伦塔诺的推荐下，胡塞尔最终离开维也纳而转到哈勒（Halle）大学，师从哲学心理学家卡尔·施通普夫（Karl Stumpf），于是此人开始对胡塞尔产生巨大的影响。正是在哈勒期间，胡塞尔获得了他的首个大学聘职。在这个时期，胡塞尔的哲学工作主要聚焦于数学哲学和逻辑学，他的第一部著作《算术哲学》（Philosophy of Arithmetic）于1891年问世。然而，胡塞尔的哲学视域拓展得十分迅速，在19世纪90年代末，他出版了洋洋巨著《逻辑研究》（Logical Investigations），这是他第一部举世公认的经典之作，其涵盖范围远远超过了书名之所及，正是在该书中，胡塞尔本人看到了现象学的"突破"（正如他在该书的第二版前言中所指出的）。《逻辑研究》发表后不久，胡塞尔就转到哥廷根（Göttingen）大学，接受了该校哲学系的一个教席。

在新世纪之初，胡塞尔陷入了一场深刻的哲学危机之中，尽管发表了《逻辑研究》，但他仍然对难以为人类关于知识的主张提供任何正当的辩护而深感绝望。他竭力摆脱这一认识论窘境的结果，成为他的哲学生涯中最具决定意义的转折点：他变成了一名观念论者，信奉他所尊崇的"先验"观点。我们在本书中所主要关注的，正是胡塞尔在其哲学生涯的这个转折点之后所钻研的哲学，而《笛卡尔式的沉思》正是这一哲学的成熟表达。在20世纪的前十年，胡塞尔没有发表任何著作，但是，他新发现的哲学视野从这时起已经在他的课程中初现端倪，最引人注目的可能当属1907年的"五次讲课"（Five Lectures）了——今天以《现象学的观念》（*The Idea of Phenomenology*）为题出版，同时还有一系列相关的演说——今天以《事物与空间》（*Thing and Space*）为题出版。从这个阶段开始，胡塞尔也首次开始对我们的时间意识的本质进行不懈的研究，这个主题可能会耗尽其毕生的精力。1911年，他在《逻各斯》（*Logos*）杂志发表了题为"作为严格科学的哲学"（Philosophy as Rigorous Science）一文，这篇文章在某种程度上具有宣言的性质。然而，直到1913年，胡塞尔的第一部全面详尽地表达他现在所称为的"先验现象学"的著作才与世人见面：这本书的题目让人望而生畏——《纯粹现象学和现象学哲学的观念（第一卷）》（*Pertaining to a Pure Phenomcnology and to a Phenomenological Philosophy, Book one*），即我们熟知的"《观念Ⅰ》"。这是胡塞尔的成熟哲学的首次主要表述。从那时起直至去世，胡塞尔的思想在方向上并没有更多根本的变化，有的只是他对他自己认为的哲学真正路径的日益深入的探求。在此期间，《观念》的第二卷和第三卷也在深思熟虑之中，而且绝大部分已经诉诸笔端，但是它们并没有在胡塞尔在世期间出版。事实上，除了一两篇文章之外，直至1920年代末，胡塞尔没有发表任何作品。然而，正如他的手稿所表明的，这个阶段（事实上，这个阶段一直持续到他去世之前不久）是胡塞尔的一个高强度的哲学活动阶段。实际上，在胡塞尔手稿中发现的著作可谓是他所创作的最重要的著作，虽然这一点仍存争议。幸运的是，这些作品在《胡塞尔全集》系列中逐渐得以重见天日。我们所有人都应该向那些负责这项仍在进行中的工作的孜孜不倦的胡塞尔研究者深表感激。

1916年胡塞尔转到弗赖堡（Freiburg）大学，接受了那里的哲学教席，虽然在1923年他被邀请接受德国最负盛名的柏林大学哲学系的教席，但他还是留在了弗赖堡，直至去世。1928年胡塞尔退休成为荣誉教授。在弗赖堡大学的教学生涯中，胡塞尔吸引了一大批才华横溢的学生，其中，他对马丁·海德格尔（Martin Heidegger）青睐有加，寄予厚望。1927年，两人联手为《不列颠百科全书》（*Encyclopaedia Britannica*）的"现象学"词条几易草稿，虽然最终的版本几乎没有显示出一点儿海德格尔的影响。一年后，海德格尔接替了胡塞尔的哲学教席，他也出版了一套胡塞尔在此前二十年即胡塞尔的第一部著作出版十五年之后关于时间意识的著作选集。然而，就在第二年，另外一本书《形式的与先验的逻辑》（*Formal and Transcendental Logic*）问世了，胡塞尔用数月的时间就完成了该书。此时，胡塞尔的助手路德维希·兰德格雷贝（Ludwig Landgrebe）也在负责把胡塞尔的几篇关于"先验逻辑"的手稿整理出版。这项计划是由兰德格雷贝通过与胡塞尔协商，按照《形式的与先验的逻辑》来更新并扩充手稿的，它一直持续到胡塞尔逝世。这部著作最终以《经验与判断》（*Experience and Judgment*）为题于1939年在布拉格（Prague）出版，然而，承办的出版社由于德国对捷克斯洛伐克的吞并很快就倒闭了。

虽然胡塞尔早在前一世纪就已经皈依了基督教，然而随着纳粹分子势力的抬头，作为一名犹太人，胡塞尔的生活变得艰难不堪。由于当地法令，胡塞尔于1933年4月14日被强制休假，驱逐出校。虽然这条法令很快就被废止，但是胡塞尔，这位真正的日耳曼爱国主义者，认为这是他一生中所遭受到的最大侮辱（Schuhmann 1977，428）。在此之后，他实际上被排斥在了学校生活之外。而且，马丁·海德格尔此时作为学校校长，也断绝了与他的所有联系。几年之后，德国政府拒绝允许胡塞尔应邀去巴黎的国际笛卡尔大会做主要发言。1937年8月胡塞尔因患胸膜炎而重病缠身。在弥留的日子里，他对照顾他的护士说，"我作为一名哲学家而生"，"我也将努力作为一名哲学家而死"（Schuhmann 1977，488）。1938年4月27日5时45分他就这样地离开了。弗赖堡大学哲学系仅有一名教员哥哈特·里特（Gerhard Ritter）参加了在两天后举行的胡塞尔遗体的火化仪式。胡塞尔去世以后，他的手稿被梵·布雷达神父（Fr H. L. van Breda）偷偷运出德国，在比利时的卢汶（Leuven，Belgium）他建立了第一所胡塞尔档案馆，在那里，分类整理胡塞尔浩繁的哲学遗产。我为惠允参考那里尚未出版的胡塞尔的资料以及在本书中引用它们而向档案馆以及档案馆主任鲁道夫·伯纳特教授（Prof. Rudolf Bernet）深表谢意。

译文与引文说明

    我的引文均出自多伦·凯恩斯（Dorion Cairns）所著的《笛卡尔式的沉思》的英译本，只不过我所提供的出处依循的是标准德文版的页码，在凯恩斯的译本中，这些页码在页边处给出。事实上，在给胡塞尔的任何一本著作加注释时，我都依循德文版的页码，虽然只要有现成的英译本，我就会引用英译本的内容。几乎在所有情况下，这些德文页码都会在译本中标明。如果没有标明，我会给出两个页码出处，前者指德文版页码，后者指英译本页码。

    凯恩斯的译本是《笛卡尔式的沉思》的一个相当不错的译本。他典型地力图把胡塞尔惯常的曲折迂回、转弯抹角的德语式散文翻译为合情合理的英文。然而，只要认为合适，我会毫不拘束地修改他的译文。由于这种情况出现得相当频繁，我反倒没有把文本与事实表现搞得乱七八糟。不过，在三个有关译介的问题上，我背离了凯恩斯，这就需要引起足够的重视，因而也使得我有必要、有理由向读者予以预警和说明。第一个问题是关于凯恩斯对斜体字与引号的极为混乱的使用。在胡塞尔的原著中，成套的引号经常与斜体字相对应。胡塞尔著作的德文版通常使用宽间距来表示强调，然而在凯恩斯的译本中，这一点通常没有被反映出来。反过来讲，凯恩斯译本中的斜体字通常并不对应于胡塞尔著作中的任何内容。我建议读者尽可能完全忽略掉凯恩斯译本中的所有这些方面。我本人用引号来代表胡塞尔著作中的引号，用斜体字来代表另外那两种关于强调的表示法，不过，有时我也会减少胡塞尔在某种程度上对它们的滥用（我在引用胡塞尔其他文本的译文时，也是那样做的）。

第二，通观凯恩斯的译文，他都把"wirklich"译为"现实的"（actual）。而我几乎总是把它译为"实在的"（real）。凯恩斯的选择是有其道理的，因为胡塞尔也使用了德语词"real"，这个词无论如何都得进行翻译；而凯恩斯就用英文词"real"与之对应。但是，这个原则存在着两个弊端：首先，虽然在有些情况下"wirklich"确实需要被翻译为"现实的"（actual），但是在大多数情况下，尤其是"wirklich"在其中极具分量的至关重要的第三沉思中，英文词"real"（实在的）恰恰是我们所需要的。相比之下，胡塞尔的德文术语"real"具有更高的学术意味（meaning）。在此意义上，如果某物在本质上是空间时间性的（或者至少是时间性的），并且服从因果律，那么它就是"实在的"（real）。它并不与那些虚幻的或其他不实在（unreal）的事物相对照，而是与那些"观念的"（ideal）事物相对照，如数字、命题和本质。由于在胡塞尔的文本中，"real"这个术语远不及"wirklich"突出醒目，我也把它翻译为"real"（实在的），但却明确指出，它的学术意味是有争议的。凯恩斯的翻译原则的第二个弊端是，胡塞尔有时候会使用德语词"aktuell"，凯恩斯也把它译为"actual"（我亦如此）。这样一来，按照凯恩斯的译本，我们就不知道《笛卡尔式的沉思》第19节标题的"现实性"（actuality）特征与支配第三沉思的现实性是截然不同的。"现实"（aktuell）的东西并不是与不实在的（unreal）、虚幻的东西等相对照，而是与潜在的（potential）东西相对照。我们将在第二章对这个概念进行某些讨论。

我与凯恩斯的翻译原则的第三个重要分歧是关于德语词"Gegenstand"和"Objekt"以及与之相关的形容词的。在第45页的一个脚注里，凯恩斯指出，胡塞尔有两个术语需要被翻译为"object"（对象），他会用大小写予以区分。他用小写"o"开头的"object"来表示"Gegenstand"，用大写"O"开头的"Object"来代表"Objekt"。凯恩斯在他的颇有影响力的《胡塞尔译介指南》（*Guide for Translating Husserl*）一书中也倡导这种翻译原则。虽然，凯恩斯本人并没有在那本书中这样主张，但是在一些学者中却逐渐发展起来了一种思想：胡塞尔只用"Objekt"这个词来指称常识中的客观的东西，即，它并不是"主观的"，毋宁说，它是"公共的"或者是可以在交互主体中予以确定的。相比之下，"Gegenstand"则被认为是在根本上指称意识的一切对象，甚至是梦境中的一个非"客观的"对象。事实上，虽然在极为少见的情况下如《笛卡尔式的沉思》的第153页所示，胡塞尔甚至可以在客观性（objectivity）的涵义上来使用"Objekt"，但是他通常并不这样做，而"Gegenstand"和"Objekt"在他那里是可以规范地互换使用的。实际上，在《沉思》的第128页，"Objekt"一词绝不能被解读为"客观的"，这是十分重要的。因此，我省却了大小写的麻烦，把这两个词都翻译为"对象"（object）。在"Objeckt"确实含有客观性含义的极少数情况下，我会用"某种客观的东西"（something objective）或"一个客观的物"（an objective thing）来使意义变得明晰。相比之下，在考察两个相关的形容词时通常（虽然并不总是）会有这种意味上的差异。"objektiv"一词（凯恩斯总是把它大写为"Objective"）通常的确指日常意义上的客观的（objective），而"gegenständlich"（凯恩斯把它写为小写字母"o"开头的"objective"）并非如此，但它却具有"依附于对象"（不论它是否客观的）而不是依附于我们关于对象的意识的学术意味。譬如，如果你梦到了一条巨龙，它的大小就是某种"对象性的"（gegenständlich）东西，因为它附属于你所梦到的对象，你所梦到的东西，这与你梦到巨龙时的鲜活性不同，那种鲜活性依附于作为主体的你；但是，大的体形并不是某种客观的东西，因为我们所涉及的只不过是梦中的一个对象。我再次省却了大小写的冗赘，因为我们没有太大的必要来谈及学术上的gegenständlich。在极少数情况下，如果讨论到什么是gegenständlich这样的学术概念时，我会使用关涉到名词"对象"（"object"）的某些建构：譬如把"gegenständlicher Sinn"译为"对象意义"（object-sense）。

胡塞尔著作名称缩略表

　　《胡塞尔全集》（*Husserliana*）系列几乎囊括了胡塞尔所有以德文出版的著作，这一系列早先由海牙（the Hague）的马蒂努斯·尼伊霍夫出版社（Martinus Nijhoff）出版，新近版本由多德雷赫特（Dordrecht）的克鲁文学术出版社（Kluwer Academic Publishers）出版。在下面的列表中，出自这一系列的卷册只用其在《胡塞尔全集》系列中的卷次（如《胡塞尔全集》第一卷等）以及出版日期来表示。

APS 《被动综合分析》（*Analysen zur passives Synthesis*），《胡塞尔全集》第十一卷（1966年版）。

Bernau 《贝尔瑙时间意识手稿（1917/1918）》（*Die Bemauer Manuskripte uber das Zeitbewusstsein [1917/18]*），《胡塞尔全集》第三十三卷。

CM 《笛卡尔式的沉思》（英文版）（*Cartesian Meditations*），多伦凯恩斯译（海牙：马蒂努斯·尼伊霍夫出版社，1973年版）。

《笛卡尔式的沉思与巴黎讲演》（德文版）（*Cartesianische Meditationen und Pariser Vortrage*），《胡塞尔全集》第一卷（1973年版）。

Crisis 《欧洲科学的危机与超越论的现象学》（英文版）（*The Crisis of European Sciences and Transcendental Phenomenology*）大卫·卡尔（David Carr）译（伊云斯顿［Evanston］：西北大学出版社，1970年版）。

《欧洲科学的危机与超越论的现象学》（德文版）（*Die Krisis der europäischen Wissenschaften und die transzendentale Phänomenologie*），《胡塞尔全集》第六卷（1954年版）。

EB 《不列颠百科全书》之"现象学"词条诸草稿，载于《心理学的和先验的现象学与面对海德格尔》（1927—1931）（*Various drafts of the Encyclopaedia Britannica article 'Phenomenology' in Psychological and Transcendental Phenomenology and the Confrontation with Heidegger*［*1927—1931*］），托马斯·谢汉（Thomas Sheehan）与理查德·E.帕尔默（Richard E. Palmer）译（多德雷赫特：克鲁文学术出版社·1997年版）第83—194页。

德文版载于《现象学心理学》（*PP*），第237—301页。

EJ 《经验与判断》（英文版）（*Experience and Judgment*），詹姆斯·丘吉尔（James S. Churchill）与卡尔·阿默里克斯（Karl Ameriks）译（伊云斯顿：西北大学出版社，1973年版）。

《经验与判断》（德文版）（*Erfahrung und Urteil*）（汉堡［Hamburg］：克拉森与哥沃兹［Classen&Goverts］出版社，1948年版）。

Epilogue 《观念Ⅰ》（*Ideas Ⅰ*）的"后记"（Epilogue）（参见下

文），第405—430页。

"后记"，载于《纯粹现象学和现象学哲学的观念（第三卷）》（'Nachwort', in *Ideen zu einer reinen Phänomenologie und phänomenologischen Philosophie. Drittes Buch*），《胡塞尔全集》第五卷，第138—162页。

EP I 《第一哲学（1923—1924）：第一部分》（*Erste Philosophie*［1923—1924］: *1.Teil*），《胡塞尔全集》第七卷（1956年版）。

EP II 《第一哲学（1923—1924）：第二部分》（*Erste Philosophie*［1923—1924］: *2.Teil*）《胡塞尔全集》第八卷（1959年版）。

FTL 《形式的与先验的逻辑》（英文版）（*Formal and Transcendental Logic*），多伦·凯恩斯译（海牙：尼伊霍夫出版社，1969年版）。

《形式的与先验的逻辑》（德文版）（*Formale und Transzendentale Logik*），《胡塞尔全集》第十七卷（1974年版）。

Ideas I 《纯粹现象学和现象学哲学的观念（第一卷）》（英文版）（*Ideas Pertaining to a Pure Phenomenology and to a Phenomenological Philosophy. First Book*），弗雷德·克尔斯滕（Fred Kersten）译（多德雷赫特：克鲁文学术出版社，1982年版）。

《纯粹现象学和现象学哲学的观念（第一卷）》（德文版）（*Ideen zu einer reinen Phänomenologie und phänomenologischen Philosophie. Erstes Buch*），《胡塞尔全集》第三卷（1984年版）。

Ideas II 《纯粹现象学和现象学哲学的观念（第二卷）》（英文

版）（*Ideas Pertaining to a Pure Phenomenology and to a Phenomenological Philosophy. Second Book*），R.罗伊斯伟茨（R. Rojcewicz）与A.舒沃（A. Schuwer）译（多德雷赫特：克鲁文学术出版社，1989年版）。

《纯粹现象学和现象学哲学的观念（第二卷）》（德文版）（*Ideen zu einer reinen Phänomenologie und phänomenologischen Philosophie. Zweites Buch*），《胡塞尔全集》第三卷（1984年版）。

Int I 《交互主体现象学之第一部分：1905—1920》（*Zur Phänomenologie der Intersubjektivität. Erster Teil: 1905—1920*），《胡塞尔全集》第十三卷（1973年版）。

Int II 《交互主体现象学之第二部分：1921—1928》（*Zur Phänomenologie der Intersubjektivität. Zweiter Teil: 1921—1928*），《胡塞尔全集》第十四卷（1973年版）。

Int III 《交互主体现象学之第三部分：1929—1935》（*Zur Phänomenologie der Intersubjektivität. Dritter Teil: 1929—1935*），《胡塞尔全集》第十五卷（1973年版）。

IP 《现象学的观念》（英文版）（*The idea of Phenomenology*）. 李哈迪（Lee Hardy）译（多德雷赫特：克鲁文学术出版社，1999年版）。

《现象学的观念：五次讲课》（德文版）（*Die Idee der Phänomenologie. Fünf Vorlesungen*），《胡塞尔全集》第二卷（1973年版）。

LI 《逻辑研究》（英文版）（*Logical Investigations*），芬德莱（J. N. Findlay）译，2卷（伦敦：罗德里奇与基根保罗 [Routledge & Kegan Paul] 出版社，1970年版）。

《逻辑研究（第一版）》（德文版）（*Logische Untersuchungen. Erster Band*），《胡塞尔全集》第十八卷（1975年版）。

《逻辑研究（第二版）》（德文版）（*Logische Untersuchungen. Zweiter Band*），两卷本，《胡塞尔全集》第十九卷（1984年版）。

PA 《算术哲学》（*Philosophie der Arithmetik*），《胡塞尔全集》第十二卷（1970年版）。

P&A "现象学与人类学"（英文版）（"Phenomenology and Anthropology"），载于谢汉与帕尔默卷（参见前面"*EB*"条），第485—500页。

"现象学与人类学"（德文版），载于《文章与报告》（1922—1937）（'Phänomenologie und Anthropologie', in *Aufsätzte und Vorträdge*［1922—1937］），《胡塞尔全集》第二十七卷（1989年版）。

PP 《现象学心理学》（英文版）（*Phenomenological Psychology*），斯肯伦（J. Scanlon）译（海牙：尼伊霍夫出版社，1977年版）。该译本删去了《胡塞尔全集》版本中的大量补充材料。

《现象学心理学》（德文版）（*Phänomenologische Psychologie*），《胡塞尔全集》第九卷（1962年版）。

Time 《内在时间意识现象学（1893—1917）》（英文版）（*On the Phenomenology of the Consciousness of Internal Time*［1893—1917］），布洛夫（J. B. Brough）译（多德雷赫特：克鲁文学术出版社，1990年版）。

《内在时间意识现象学（1893—1917）》（德文版）（*Zur Phänomenologie des inneren Zeitbewusstseins*［1893—1917］），《胡塞尔全

集》第十卷（1969年版）。

TS　《事物与空间：1907年讲演录》（英文版）（*Thing and Space: Lectures of 1907*），理查德罗伊斯伟茨译（多德雷赫特：克鲁文学术出版社，1997年版）。

《事物与空间》（德文版）（*Ding and Raum*），《胡塞尔全集》第十六卷（1973年版）。

"A Ⅱ 1，25"及类似形式为仍未出版的手稿的出处。

导论

（第1—2节）

胡塞尔曾经希望因为他所发现的作为哲学之真正路径的先验现象学而名垂千古。诚然，我们许多人都能够在他毕生所孜孜以求的详尽分析中——这些分析的深奥性是前所未有的——发现他那不可磨灭的成就。然而，胡塞尔本人并不认为他的诸多发现是决定性的。他反复谈到正确地进行细致的现象学工作是何等的不易，他的手稿也清楚地表明他始终在对大量有关现象的论述进行修改加工，而如果依据那些他已经发表的著作来作判断，人们会认为这些问题早就被他"解决"了。此外，胡塞尔总是把现象学视为一项公共事业。它可以通过观点的批判交流而得到推进；他期望别人能够在他身后继续把哲学（现象学的）探求引领向前。事实上，正如《笛卡尔式的沉思》的导论第 2 节所表明的，胡塞尔的时代（无疑，他同样也会认为，我们自己的时代）由于哲学自身内部的不可调和的分歧而需要现象学。先验现象学会使哲学公共化（communalize），会把它塑造成为一个互敬互爱的合作者共同体：一个伦理（ethical）共同体，因为正如我们稍后看到的，胡塞尔认为，伦理要求与使之哲学化的那种动力是密不可分的。但是事实并非如此；虽然胡塞尔对许多特殊的哲学主题的研究极为深刻，但他并不希望主要依凭他所造成的"诸多结果"而令世人念念不忘，他更愿意因为先验现象学的发现本身而千古流芳。

哲学的"理念"

　　我所写的是关于现象学的一个发现，而不是发明，因为，虽然胡塞尔能够直率地把这样一门现象学称为某种新事物，但他并不把它视为传统哲学的替代品，而是说，套用黑格尔（Hegel）的惯用语，（西方）哲学传统"达到了它自身的真理"。正如胡塞尔本人所表述的，先验现象学是先前所有真正哲学的"神秘的思慕"（secret longing）。它构成了理念——在哲学从古希腊人那里诞生之初起，它就一直支配着哲学——之实现的最终成就。"理念"（Idee）是《笛卡尔式的沉思》（甚至普遍地在胡塞尔的诸多著作）中频频出现的一个词，它是如此的简洁，以至于胡塞尔有时会把它清楚地表述为"康德意义上的一个理念"。它是一个调节性的（regulative）理念：它指引我们朝向一项没有终点、没有尽头的事业，虽然我们具有关于进步的确定认知。它极易被视为一种理想。胡塞尔认为，哲学当前正处于分崩离析的状态之中，这是因为，诞生于古希腊、并由笛卡尔所复兴的哲学的指导性理念已经失去其强大生命力。先验现象学的"新颖之处"（newness）就在于它前所未有的彻底性，因此，我们才决心由这个基本理念来引导。在胡塞尔看来，唯有这个理念才能支配应被称为哲学式的那种生活。

胡塞尔的《笛卡尔式的沉思》的副标题是"现象学导论"；他转向观念论之后（前言曾提及）的第一部重要著作的副标题是"纯粹现象学通论"（General Introduction to a Pure Phenomenology）；他最后一部未竟的重要著作——《危机》的副标题是"现象学哲学导论"（An Introduction to Phenomenological Philosophy）；他也把《形式的与先验的逻辑》视为一部导论。这些向世人介绍先验现象学的反复尝试不仅表明了胡塞尔对其早期成就的不满，更为重要的是，它们表明了先验现象学自身的一个本质特征。与进行细致的现象学工作的难度旗鼓相当的，首先就是达到先验现象学视角的那一难度。正如胡塞尔屡次指出的，真正的哲学探讨（Philosophizing）是非自然的活动。在我们所有的非哲学式的生活中——不仅在我们所有的"日常"活动中，而且在所有的科学进取中——我们考察世界中的诸多对象，确定它们的特性及实在性（reality）（或实在性的缺失）。在这样一种生活中，正如胡塞尔所表述的，我们被"转托"或"奉献"给了世界。我们所有的关注点与活动都被"客观地"指引。正如我们将在关于第一沉思的考察中看到的，先验现象学涉及一种兴趣转换——远离世界，转而朝向这个世界得以在其中向我们呈现自身的我们自己的意识生活。精神焦点的这种重新定向并不是在心理学领域打转，因为心理学所关注的也是世界中的存在者：只不过它是有选择地对这些存在者的某个领域或层面，即"精神的"或"心理的"领域或层面充满兴趣。先验现象学的根本新颖之处在于，它声称发现了一个全新的存在领域（realm of being）——正如胡塞尔在《观念Ⅰ》中所说的，这个领域"此前从未被界定"——以及考察这个全新主题的全新方法。在介绍先验现象学的过程中所面临的大量困难恰恰在于，如何使人们甚至只是觉察到这个崭新的探询领域，特别是因为它很容易被简单地误解为我们所熟悉的心理学领域。通观《笛卡尔式的沉思》全书，读者会注意到，胡塞尔在许多地方都提到了"开始哲学家"（beginning philosophers）。这并不是他的听众的本质反映。相反，这部著作最早是向法国的一些顶级知识分子的小群体讲授的。问题在于，我们所有人，包括胡塞尔，都是逐渐掌握这个崭新的探询领域的开始者，探询他将称为的"先验意识"或"先验主体性"。

事实上，胡塞尔认为，开端或创始的概念对于理解哲学自身的本质非常重要。在他对哲学史的最为广泛的论述中——这些论述在他写作《笛卡尔式的沉思》的前几年所发表的一些演说中逐渐成形，那些演说现在汇编于 Erste Philosophie（"第一哲学"）的第一部分——胡塞尔说，有三个伟大人物凭恃其重要性而向他突显出来："双子星"苏格拉底/柏拉图（Socrates/Plato）和笛卡尔（Descartes）。在当前的语境中，具有重要意义的是，他把这三个人遴选出来作为哲学领域的"最伟大的开始者"。胡塞尔把先验现象学视为"正确的、真正的第一哲学的初步成就"；"第一哲学"是"一门开端哲学"，是关于哲学"开端的科学学科（*EP* Ⅰ，6—8）。我们不能与哲学的开端分离，因为哲学不能与任何一套结论或者学说相同一，而只能与它如何发端，与它的开端精神，以及那一开端作为"生命力"缘何能够长久不衰相同一（试比较 *CM*，44）。哲学并不是一套学说，因为它本质上是伦理生活的某种形式。要理解这样一种生活，我们就需要看看它是如何被激发出来，如何得以产生的。

胡塞尔所谓的哲学"原创建"（primal establishment）或"原构建"（primal institution/Urstiftung）可以在希腊人那里发现端倪，尤其是苏格拉底和柏拉图。它始于前面提到的那种"理念"，确切地讲，这种理念是作为普遍知识的真正科学的理想概念。这里所探讨的普遍性具有两方面的意义：一方面是指这些关注现实整体的知识，另一方面是指可被任何有理性的人所接受的具有约束力的知识。而且，这第二个特征意味着，这样的科学应该既建立在绝对洞见（absolute insight）之中，又通过绝对洞见获得发展，从而可以被绝对地证明其正当性。正如胡塞尔在《逻各斯》杂志发表的那篇文章——它是胡塞尔在"先验转向"之后首次发表的哲学宣言——所指出的，哲学的"理念"是"严格科学"的理念。对这个规定了何为哲学家的理念的忠诚，就是对理性生活的忠诚，因为"哲学不是别的，而是彻彻底底的［理性主义］"（*Crisis*，273［338］）。[1]在一定意义上讲，严格意义上的哲学并不是这种通过洞见而彻底实现的普遍的、可以绝对证明其正当性的知识（那种彻底性是不可能的，因为哲学包含着无限的任务），而是在它的每个步骤中都可以达

1　因此，胡塞尔非常乐于把自己称为"唯理论者"——尽管毫无疑问，他并不是在启蒙运动时期兴起的"被误导"的唯理论的代表人物（正如他在与《危机》一起发表的"维也纳演说"中所指出的）。关于这些误导的相关内容，参见胡塞尔在《笛卡尔式的沉思》中对赞同理想科学之**数学**概念的那一种"致命偏见"的评论（48—49）。然而，正如我们稍后将看到的，胡塞尔也乐于被称为"经验论者"，至少"在真正的意义上"。——原注

到绝对成功的可靠方法。这将是哲学的"最终创建"（Endstiftung）（*Crisis*，73［72］），与之相关，胡塞尔甚至能够谈到注定只能成为哲学的先验现象学（*CM*，67）。一个人若想作为介于这两点之间的哲学家而存在，就要在他那渴望着从苏格拉底／柏拉图那里发现的普遍洞见的理智生活中，努力实现一次"重建"（Nachstiftung），从而正如胡塞尔在别的地方谈到的，与苏格拉底／柏拉图一起成为哲学的"共同开始者"（*EP* I，5）。因此，甚至是日常意义上的哲学开始者，也一定要通过他们自身的洞见而被引导着去重建先前所发现的真理，从而在他们自身重建哲学的真正开始者。

哲学作为在方法论上加以澄清的、向绝对知识的理想前进的尝试，显然必须是系统的。但是在哲学的源起上，胡塞尔拒绝把"系统的"柏拉图与"伦理的"苏格拉底截然分开。因为绝对知识的理想就是某一种类的生活为它自身所设定的那个目标。因此，我们能够像根据哲学目标的本质那样，在很大程度上根据哲学动机的本质来刻画哲学的特征。哲学生活的首要特征就是自身负责（self-responsibility）。正如胡塞尔在《笛卡尔式的沉思》的第一节中所说的，"哲学纯属哲学家个人的事情。它必须作为他的智慧，作为他自身获得的日趋普遍的知识而出现，从最初开始乃至每一步，他都能够凭借自己的绝对洞见而对这种知识负责"（44）。事实上读者将会发现，提及责任的论述散见于《笛卡尔式的沉思》的全书中。在某一处，他谈到了哲学家的彻底性有必要成为"一项现实行动"（50）。当然，我们所探讨的责任最初是一种理智责任，即凡事都只能满足于"洞见"。苏格拉底的方法是"不厌其烦地自身反思与彻底评价"的方法，是"完全澄清"的方法，它导致了"通过完全的自明性而原初地产生"的知识（*EP I*，9—10）。哲学的自身负责就是绝不接受你本人并未证实的知识的那种责任。它只要求"普遍的自身反思"，只要求"意志决断把一个人全部的人格生活形成普遍自身负责的生活的综合统一体；与之相关，也把人自身形成真正的'我'，自由的、自律的'我'，这个真正的自由的自律的我试图实现其天赋理性，试图实现忠实于他自身"（*Crisis*，272〔338〕）。正如胡塞尔继续谈到的，这种理性是"恒常运动中的'自身阐释'的理性"。事实上，胡塞尔认为，先验现象学最终只是以绝对的自身阐释为特征（*CM*，97）。哲学就是绝对的诚实。

　　洞见这个概念已经开始作为胡塞尔哲学视野的核心出现了，他将以他自己的风格、以一种我们稍后就会研究的方式来清楚地阐明它。作为预备性的工作，我们可以把它与"信念"（doxa）做一番比较。信念是纯粹的意见，我们只是基于信任而接受它，但内心中却没有对它进行审查或澄清：简言之，就是偏见。尽管这种信念是日常生活所不可或缺的，但是由于它的典型的模糊性和较之于既定文化的必然相对性，它是可以被质疑的。事实上，胡塞尔把认识论的素朴性（naïveté）看作是"怀疑主义之刺"（prick of scepticism）造成的对哲学的让步（*EP II*，27）。他把苏格拉底与柏拉图描绘为智者们（胡塞尔把智者看作是怀疑论者）的反对者；把笛卡尔描绘为试图答复后来的形形色色怀疑主义思想流派的人物；而他本人在20世纪前十年向先验现象学的转向本身，就是被有关知识可能性的怀疑论的担忧所激发的，正如1907年的"五次讲课"所清楚表明的。怀疑主义腐蚀了人类精神，它不仅败坏了理智生活，而且败坏了一切道德的和精神的价值。然而，通过怀疑一切关于知识的主张，通过使与知识本身的可能性及其普遍性的内在目标相适应的真正的哲学视角成为可能，怀疑主义完成了它的使命。一旦人类精神被驱逐到哲学之中，并决定赞成以科学理念为指引的理性生活，那么，人类存在就达到了一个新的水平。正如胡塞尔在晚期的一个文本中所说的，"哲学的理性代表了人性及其理性的一个新阶段。但是，这个以无限任务为目标的理想规范所指导的人类存在的阶段，这个从属于永恒的种（sub specie aeterni）的存在的阶段，只有通过绝对普遍性才能成为可能，这一普遍性恰恰从最初开始就包含在哲学的理念之中"（*Crisis*，337—338〔290〕）。

哲学的理念以及它所蕴含的能够进行哲学思想、能够遵循理性的绝对要求的人类的理念，并不是在抽象的人性中产生的：它有特定的历史起源，它只有通过特定的传统才能保持鲜活（或者暂时停滞）。哲学的理念应该是我们的兴趣所在，因为那个传统正是我们的传统。哲学的诞生决定了"欧洲文化发展的本质特征和命运"（*EP I*，17）；它是"欧洲精神本身的……目的论开端"（*Crisis*，72〔71〕）。哲学并不把自身局限在学院的丛林中。作为人类精神的转变，作为人类向更高的生存层次的攀升，哲学将通过它所真正生存于其中的文化而引发共鸣，甚至改变这种文化。"科学把自己的触角延伸到生活的方方面面，在每处科学繁荣或者被认为是繁荣的地方，都要求科学作为最终的规范性权威的重要意义。"（*EP I*，17）哲学如此显著地改变着人类，至少是欧洲人，以至于只有在理性生活作为统一的、指导性力量繁荣兴盛，并把人类改变为"能够在绝对理论洞见的基础上做到绝对的自身负责的新人类"的地方，哲学文化的任何相继阶段才是完整的、强健的（*Crisis*，329〔283〕）。

毋庸赘言，欧洲人的历史从来就不是清晰可辨的理性展开史。哲学随着洞见而产生；但是随着在传统中的代代承继，它能够并且确实成为教条。通过原初的明晰性而获得的真理"积淀下来"：它们像很多财物一样被我们一代又一代地传承下来，然而我们却根本没有重新经历使它们作为真理而产生的关于洞见的体验，而真理的"本真"意味只能在这种体验中被发现。[1] 于是，哲学自身就能够转变成为那种与其最初源起相对立的"偏见"。然而，这就是哲学之死。当哲学死去，它曾经弥漫于其间的整个文明也会身染重恙。胡塞尔建立先验现象学，以之为原初生机勃勃的哲学精神的新星，就是要与他所看到的西方文化的重恙相对抗。胡塞尔相信，这一重恙直接归咎于哲学的迷途，它失去了与其充满生机活力的源头或"原创建"的联系。正如《笛卡尔式的沉思》的导论本身所表明的："在当前哲学的四分五裂"之中，在哲学家们缺乏"基本信念的共性"之中，在"伪报告和伪批判，煞有介事地进行哲学探讨——这种探讨根本不能向人们证明以责任意识来进行的相互学习——的徒有其表"之中，胡塞尔看到了这种迷失的明显表现（46）。

胡塞尔认为，这种哲学堕落的直接后果就是假想的所谓"实证科学"脱离于哲学。读者将会注意到，当胡塞尔讨论"原创建"的时候，他淡然地提到了"哲学"与"科学"。在《笛卡尔式的沉思》的第1页，胡塞尔就指出，笛卡尔认为所有形形色色的科学都

---

1 "本真"的德语词是"eigentlich"——通常也被译为"真正的"。这个术语对于胡塞尔的重要性不亚于它在海德格尔那里的重要性，只不过在海德格尔那里，它更有名气。——原注

"只是一门无所不包的科学的非独立的环节，这门科学就是哲学。只有在哲学的系统统一性当中，各门科学才能发展成为真正的科学"（43）。然而，这不仅仅是笛卡尔的观点，也是胡塞尔的观点，因为它是哲学的"原创建"的主要部分——这一次，特别是由柏拉图来完成的。系统地探求普遍有效真理的"理念"最先出现；而任何"实证"科学都只是这一哲学视角在特定现实领域的"局部"应用。然而，在19世纪的发展过程中，实证科学作为假想的自律的学科而与哲学分道扬镳。由此导致的后果之一就是，这些"科学"丧失了"在绝对洞见的基础上——在这个洞见之后，任何人都不可能回溯半步——存在于其完全的、终极的奠基之中的那种科学的真确性"（44）。回溯过去亦成为哲学家的幻想。但是，这意味着这些科学不再是真正科学的表达，正如胡塞尔反复指出的，在关于各种各样的科学甚至诸如物理学和数学这样"不容置疑的"科学的"基础"的含糊性与争论之中，失败实际上是显而易见的（譬如，179）。更为重要的后果是，"科学"不再丝毫具有人的意味。"只注重事实的科学造就了只注重事实的人。"胡塞尔继续谈到，这种实证科学

恰恰在原则上排斥了人类……所发现的一个亟待解决的问题：人的全部存在的有意义或无意义问题。这些对于人类来说如此普遍与必然的问题，难道不需要基于合理洞见进行普遍的反思与回答吗？它们归根结底认为，在与人类以及非人类的周围世界的相处中，人是自由的、自决的存在，他有能力自由地合理地塑造他自身以及周围世界。科学对于理性

与非理性，或作为这种自由的主体的我们人类，究竟应该说些什么呢？

（ Crisis, 4 [6] ）

胡塞尔认为，先验现象学的作用就是通过真正哲学的"终极创建"来拯救失落的欧洲文明，这种创建将通过重申"已经遗失的哲学责任的彻底性"（47）来为"我们的时代注入生命力"（45）。如果胡塞尔在他毕生工作完结的半个多世纪之后的今天仍然在世，那么，他将会黯然神伤。

胡塞尔与笛卡尔

前面关于胡塞尔观点的阐述——它以古希腊人的真正哲学思想的起源为特征，这一起源已经在我们的传统中积淀下来并且变得"虚幻不真"，因此我们必须尝试原初地彻底思考它，从而使它复兴——可能会使一些读者想起马丁·海德格尔。诚然，有人提出，尽管胡塞尔不承认，但是他的这种视角其实是源于海德格尔的，并且胡塞尔（只）把它引入了晚期著作《危机》之中，而《危机》在时间上是晚于海德格尔发表的第一部重要著作《存在与时间》（*Being and Time*）的。然而，当读者们想起上面的阐述主要来自《存在与时间》出版之前胡塞尔所发表的那些演说时，他们就有充分的理由得出我所持有的结论，即实际的（以及大量未被承认的）影响恰恰方向相反。[1]情况可能是这样的，胡塞尔对哲学史的解读事实上与海德格尔迥然不同，它表现在两个方面。首先，他根本上把哲学的"原创建"回溯到了柏拉图，而海德格尔认为，柏拉图已经代表了对真正原初的思想家阿那克西曼德（Anaximander）、赫拉克利特（Heraclitus）和巴门尼德（Parmenides）的背离偏移。其次，胡塞尔指出，笛卡尔是哲学史上的第二块重要的里程碑，然而，海德格尔认为，在笛卡尔那里，这种偏离已然恶劣到了无以复加的地步。正如我们稍后将看到的，这种分歧背后的原因是极其深刻的。说完了这些，我们不妨把视线转向笛卡尔。

在《笛卡尔式的沉思》的导论性的前两节中，胡塞尔把我已经详细说明的、包含在哲学"理念"中的所有内容都归结于笛卡尔。我先前的阐述之所以聚焦于柏拉图（与苏格拉底）是基于以下两点理由的。首先，正如我所表明的，胡塞尔本人就是这样来看待这些问题的。因此，当他把对"在绝对洞见基础之上的终极奠基"（44）的关注归结于笛卡尔时，他并不是指这样一种哲学关注源于笛卡尔。其次，有一个问题被胡塞尔研究者在通向现象学的"笛卡尔式的道路"（Cartesian way）的名目下讨论着。《笛卡尔式的沉思》，以及《观念Ⅰ》和某些其他著作，被认为是仅仅提供了朝向先验现象学的一条可能路线，对此，并不存在非"笛卡尔式的"选

---

1 事实上，我们可以在1910年《逻各斯》杂志上发表的那篇文章中发现一般体系的萌芽。在本书中，我不会进一步讨论这个具有影响力的普遍问题。然而，我却必须指出，海德格尔在《存在与时间》中对*此在*的著名分析与胡塞尔在《观念Ⅱ》中对"人"的论述惊人地相似。后者甚至包含了海德格尔将称为的"常人"这个著名术语——"他们"的简要讨论（*Idea Ⅱ*, 269）。——原注

择。事实上，甚至是《笛卡尔式的沉思》本身——它在总体上遵循着"笛卡尔式的道路"——也谈到了"**一种**达到先验现象学的道路"（48，我做的强调），而另外两条道路，虽说有些简略，也被具体地指出了。我们稍后将考察这个问题；但是我们已经能够认识到，对绝对洞见、无条件的辩护和普遍绝对真理的关注——简言之，对"严格科学"的关注——并不能构成通向现象学的"笛卡尔式的道路"。因为一方面，它并不是独特的笛卡尔式的：胡塞尔在某一处把它称为"柏拉图式的与笛卡尔式的理念"（*EP Ⅱ*，5）。另一方面，正如我们将要看到的，胡塞尔本人确实明确谈到了通向现象学的"笛卡尔式的道路"，并把这种道路与其他道路进行了一番比较。但是对于胡塞尔来说，并不存在柏拉图式—笛卡尔式的视角的替代品：那种视角才正是真正哲学的本质！著名的胡塞尔研究者路德维希·兰德格雷贝——他实际上在胡塞尔晚年期间担任着他的助手——却不以为然（Landgrebe 1981，Ch. 3），他引用了胡塞尔晚期的一个文本，其中写道："哲学作为科学，作为严肃、严格、甚至绝然严格的科学——这个梦该结束了。"（*Crisis*，508〔389〕）然而，虽然胡塞尔的确写过这些话，但它们并不是他自身思想的表达。这种观点是由一个想象的反对者表达出来的——"这正是这些人普遍的主流意见"（同上，〔390〕）——这句引文所出自的那段话的全部矛头所向就是要抛弃这种思想，它与胡塞尔的全部计划是前后一贯。恰恰是这样一种观点"淹没了欧洲人"（同上）。

但是，如果"哲学作为严格科学"并没有使笛卡尔与众不同地成为哲学上一个彻底全新的阶段的开创者，那么哲学做了什么呢？在胡塞尔看来，与柏拉图不同，笛卡尔"在一种特殊的意义上"把数学当作了哲学知识的范式（参见 *Crisis*，第8节，第16节）。但是正如胡塞尔在《笛卡尔式的沉思》中所说的，那是一个"致命的偏见"（48—49），而不是为他增益荣光的东西。在某些段落里，胡塞尔似乎主张，在笛卡尔那里既富新意又具价值的东西就是对绝然"洞见"的强调——所谓绝然的（apodictic），就是指可以被如此绝对地证明其正当性，以至于对其思想内容的否定都是不可思议的。然而事实上，虽然胡塞尔在涉及笛卡尔以及包括他自己哲学在内的后笛卡尔哲学时，确实极为频繁地谈到了绝然性，但是在他对苏格拉底与柏拉图的讨论中，这个概念也并不是踪迹全无的。譬如，苏格拉底的方法就是以"完成于绝然自明性之中的有助于澄清的自身反思"为特征的（*EP* I，11）。而且，至少侧重点的不同是显而易见的；胡塞尔无疑认为，虽然苏格拉底（和柏拉图）可能已经探求了作为其哲学"理念"一部分的"绝然性"，但是只有通过笛卡尔，我们才拥有了实际上允诺为我们传来福祉的哲学的彻底化。因为胡塞尔认为，原初的希腊哲学创建涉及某种"素朴性"。在胡塞尔看来，笛卡尔思想的无可争议的新颖之处就在于克服这种素朴性的那个必要步骤，该步骤改变了哲学本身的根本特征。笛卡尔的这个独特成就就是塑造了"一种转向主体自身的哲学"（44），一种转向意识主体、转向"自我"、转向"我"的哲学。笛卡尔试图"有史以来第一次揭开……必然回归自我的那种真正的意义，进而克服早期哲学探讨的潜藏的、却已隐约感到的素朴性"（48）。更确切地说，认识到主体、人自身的意识自我是无可争议的、绝然确定的存在，简言之，是著名的笛卡尔的"我思"（Cogito），这正是笛卡尔的历史功绩之所在。事实上，正如胡塞尔在别的地方提到的，对他而言，笛卡尔并不是认识到意识主体的本己存在的绝对无疑性的第一人。正如早在笛卡尔时代的批评家所指出的，我们在圣奥古斯丁（St Augustine）那里就已然能够发现这种思想。因此，更为确切地讲，笛卡尔的独到之处在于，他以向不容置疑的自我"回归"作为对抗怀疑论的唯一可行之道。只有怀疑论才肩负着"迫使哲学迈上朝向先验哲学道路的伟大历史使命"（*EP I*，62）。在胡塞尔看来，由于怀疑论提供了把希腊人导向哲学原创建的刺棒，因此，这种朝向自我的回归此时便首次作为哲学的必然的第一步而与笛卡尔联袂登场了。这是笛卡尔的《沉思录》的"永恒意义"。它们"表明或试图表明哲学开端所具有的必然式样"（同上，63）。或者，正如胡塞尔在《笛卡尔式的沉思》中所说的，"它们为所有开端哲学家的必然沉思树立了典范"（44）。

事实上，胡塞尔认为，在笛卡尔的思想中，唯有"我思"在根本上具有重要的哲学意义。每当他在自己的其他著作中（譬如 *EP I*，63；*Crisis* 76［75］）提到笛卡尔的《沉思录》时，他几乎总会提到前两篇沉思：这两篇沉思借助于有条理的怀疑，独立地考察了向自我及其"思想"的不容置疑性的回溯。而对于笛卡尔的后四篇沉思，胡塞尔甚至不会多看一眼。因此，读者就不必奇怪，与笛卡尔的六篇沉思相对照，胡塞尔的沉思却仅有五篇。《笛卡尔式的沉思》绝不是关于笛卡尔著作的评论或指南。相反，之所以如此命名，是因为"法兰西最伟大的思想家勒内·笛卡尔通过其《沉思录》赋予先验现象学以新的动力"（43）。当然，这并不意味着笛卡尔早在17世纪就赋予先验现象学以这样的推动力。在那时并没有先验现象学，它是胡塞尔本人的发现。胡塞尔的意思是，在20

世纪前十年，阅读、反思笛卡尔的著作为胡塞尔本人向这种现象学前进提供了新的动力。《笛卡尔式的沉思》是对这种影响的认可，是对笛卡尔的著作与先验现象学之间的本质联系的认可。但它并不是一部关于笛卡尔的著作；它本身是关于先验现象学的著作；只不过笛卡尔曾经发起的一次转向与之相关。

虽然胡塞尔谈到，笛卡尔著作中的这种向自我回归是彻底全新的，甚至是开创新纪元的、世界历史性的事件，但是，正如读者现在应该能够评判的那样，胡塞尔仅仅把它视为哲学生活的彻底化，这种生活最早作为人类的一种可能性而随着苏格拉底与柏拉图出现。之所以说它是这样一种哲学生活的彻底化，首先是因为，一旦哲学家独自开始他或她自身的意识生活，就必须独立地从那个视角进行哲学探讨，那么，自身负责的原初要求就成为哲学方法不可避免的特征。那时，任何"发现"就必然地"作为他的智慧，作为他自身获得的知识而产生"（44）。其次，自我的自为的生存此时就提供了一个关于绝然性、错误的不可思议性的具体基准，哲学知识中的任何随后的收获都必须与之相符。然而，这些因素并不构成笛卡尔步入主体性的真正的世界历史性的意义。胡塞尔认为，这一步具有如此重要的历史意义，是因为虽然笛卡尔并没有在这一步中清楚地意识到他所取得的成就，但是他已经偶然发现了先验主体性，并且使得先验哲学成为可能。进一步理解对于哲学来说什么是先验的，它为何具有如此重要的意义，笛卡尔为何并且如何无意间发现了这条通向哲学的最终彻底化的道路的，这正是第一章的主要任务。

第一章

第一沉思

(第 3—11 节)

哲学自身的"理念"使我们成为哲学家,这个理念是一个绝对地奠基于洞见,从而在原则上可以普遍接受的知识概念。只有在彻底的自身负责中,在我们的理智生活全部投身于这个理想的时候,我们才能进行哲学探讨。这个理念最初是通过与我们日常生活中相对的、含糊的意见的某种对照而鲜活地呈现在我们面前的。如果我们处于各门"实证科学"已经脱离其哲学源起的历史阶段,那么这些实证科学在与这个绝对真理的指导理念相关时,亦会显得疑窦重重,甚至是绝对有缺陷的。这个理念是我们作为哲学家的唯一财产。作为哲学家,我们与"世俗智慧"相比是贫困的。但是从哲学的视角来看,这种贫困却可以使我们摆脱偏见,摆脱"前判断"(pre-judgments)——我们发现自己在通过洞见进行证实之前一直耽于前判断,为前判断所累。作为哲学家,我们必须变成理智的开始者。出于克服偏见的需要,哲学家已经成为"世界的非参与的旁观者、概观者"(*Crisis*,331〔285〕),通过彻底的反省,哲学家屹立在他或她自身的生活及其生活的"有偏见的"、流动的偶然性之上,并试图理解其生活。在前面的引文所出自的那个段落里,胡塞尔把这种思想与希腊人的经典思想——哲学始于好奇——联系了起来。正如我们将要看到的,胡塞尔的独到之处在于,这种好奇并不是素朴地指向世界本身的好奇,而是对向意识显现的世界的好奇。哲学就是要使这种好奇习惯成自然,并且富有成果。

这就涉及一种决断,"彻底从头开始的哲学家们的决断:首先,我们要使我们迄今为止所接受的一切信念,包括我们的科学,都失去效用"(48)。对于所谓的"失去效用",胡塞尔使用了古代怀疑论的术语:"悬搁"(epoche),它的字面意思是"中止"

（stoppage），但通常被胡塞尔解释为"加括号"（bracketing）。给某物"加括号"并不是要抛弃它。正如我们稍后将更为详尽地看到的，这甚至不是在怀疑它。即使在我的最纯粹的哲学阶段，我也不能终止对某些意见的认同，即，我相信，猫捉老鼠，一阶谓词演算系统（the first-order predicate calculus）是完备的，等等。只不过在我的哲学进取中，我根本不使用我的这些信念。正如胡塞尔有时候所表述的，我不会把任何信念作为我的哲学思考的前提；这些思考本身并不关注这些信念对象的实在性或真理性。在《笛卡尔式的沉思》中，胡塞尔像笛卡尔在他的沉思中所做的那样，以这种加括号的最浅显的形式开篇立意：让所有的先入之见都失去效用，不管这些意见是关于日常生活、实证科学的，还是关于哲学自身的。我们或许可以称之为"哲学的悬搁"。这种决断意味着我们甚至无需假定任何"规范性的科学理想"。作为彻底的哲学家，我们都以"绝对地为科学奠基的普遍目标"为起点。我们甚至不能假定这个目标能够实现。起初，这个理念，这个"科学的真正概念"只是作为纯粹的"预先的臆想"而以"不定的、流变的一般性"状态"漂流到我们面前"。然而，我们拥有了这个理念，并坚持把它作为我们的"指导性理念"，它将"不断地激发我们的沉思进程"（49—50）。

正如我们在导论中所看到的，胡塞尔认为，虽然哲学在历史上、在本质上都先于实证科学——事实上，这恰恰是因为这些科学被绝对的、普遍的知识理想所鼓舞——但是，我们作为历史中的存在，能够求助于这些科学，"'浸淫于'科学奋斗之中，研究与之相关的内容……我们可以明白清晰地认识到什么是我们实实在在的目标"（50）。毕竟，科学"理念"并不是居住在柏拉图式的天堂中的某种东西。它是人类的一个理想：尤其是欧洲人的理想。它只能在关于人类奋斗——在我们探寻知识的过程中，为了终极责任而奋斗——的某种形式之中被发现。事实上，它也可以在注重践行的科学家的生活中被发现。即使批判的反思使我们断定：在这种活动中，科学的理念只能被不完善地实现，但是这一认识恰恰意味着对那种活动自身所表现的没能达到的那种完善的某种把握。事实上，只有在与这种奋斗相关时，完善与不完善才会作为可思之物呈现在我们面前。因此我们必须"把自己浸淫"于其中。这个决断只是对自始至终都渗透于胡塞尔全部哲学的基本信念的特殊应用。除了他在其中所看到的对所有臆想、所有"偏见"的原则性的排斥之外，或许我们可以说这是他自己的一个"臆想"。在第5节中，胡塞尔提出了自己的"第一方法论原则"："我……必须既不把任何判断制定为科学的，也不能继续把任何判断接受为科学的，如果它们并非源于自明性，也非源于经验——在其中，相关的事物与事态按其本来的样子向我呈现。"（54）我们稍后会在本章中关注胡塞尔对"自明性"（self-evidence）的论述，但是它的基本思想却很容易理解。作为自身负责的哲学家，我们不应该把对之具有些许模糊认识的纯粹二手意见或事物接受为具有绝对约束力的东西，而应该只接受那些我们为自己而直接经验到的事物。因此，就科学的理念而言，我们仅仅记住周围有许多科学家，他们致力于发现真理、证实假说等，这是远远不够的。我们需要把我们自身具体地考虑到这样的活动当中，让科学家的关注点成为我们自己的关注点。只有到那时，科学的"理念"才对我们具有实在的意义，而不再只是一个纯粹抽象的理想。只有到那时，我们才会确实知道自己在谈论什么。

当我们这样做的时候，我们就会逐渐认识到"明证"（evidence）在科学生活中所发挥的基本作用。发掘出明证这个概念的全部意义将有助于澄清我们最初关于科学理想的模糊概念，这将激发并且使我们最终理解真正的科学家——哲学家——的生活。作为开始哲学家（beginning philosophers），我们最初的蹒跚学步将从全力理解哲学探讨的内涵开始。

悬搁与先验还原

然而，我希望暂时推迟讨论胡塞尔关于明证的论述，因为当通读第一沉思时，人们会轻易地认为它的全部论证实在是太简单了，胡塞尔对明证所做的专题讨论在某种程度上放慢了研究的进程。因为在那个讨论的结尾，他似乎仅仅是说，科学家要求绝然性，因此我们作为探求真正科学的开始哲学家，也应该满足于绝然性。如果某物的非存在（non-being）、非实存（non-existence）是不可设想的，那么它就是绝然的（56）。现在，追随着前人笛卡尔，我们无须太多时日就会认识到，在这种意义上讲，甚至"外在"世界的实存，任何有别于人自身的意识生活的东西的实存，也都不是绝然的。因此，在我们的哲学探讨中，我们甚至不应该依赖于有这样一个实在世界的"偏见"。这是胡塞尔在第7节所介绍的第二种，也是更彻底的加括号（的一个方面），他最终把它称为"现象学的悬搁"（60）。相比之下，你自己作为一个有意识的存在（对你来说）是绝对不容置疑的。而且，作为这样的确定无疑的东西而出现的，并不是光秃秃的、平淡无奇的存在者（entity），而是一个具有意识领域的存在。你不仅不能怀疑你存在，而且不能怀疑你具有各种各样的"思想""思维活动"（cogitationes）——与笛卡尔类似，胡塞尔也是在比日常更宽泛的意义上来理解这个术语的，以便使它包含知觉经验，甚至包含使我们专注地指向某个或其他对象的所有事物。作为一个开始的科学哲学家，由于你把你作为哲学家所接受的内容局限在绝然者的范围之内，因此，至少在最初，你被局限在你的意识自我及其"思想"之内：正如胡塞尔所表述的，局限在你的"纯粹"自我和纯粹"思想"之内，因为它们没有被任何有关非绝然世界之实在性的"偏见"所玷污。然后，胡塞尔基于某种原因把这个意识领域称为"先验意识"，而作为哲学家，你把你所关注的内容局限在这个研究领域之内，胡塞尔称之为"先验还原"。于是，在第一沉思的结尾处，胡塞尔似乎采取了一些相当可疑的观念论者的试探式举动。

正如我所说的，这很容易显现为对第一沉思的根本一击。但是，虽然这种解读并没有完全走样，但它却错过了这篇沉思的新颖之处以及颇具重要性的内容。它也会使读者感到极为困惑——越是困惑，读者越要一口气读下去。因为，如果这是第一沉思所取得的成就的话，那么，考虑到我们的初衷是探求绝对确定的知识以迎接怀疑论的挑战，我们就应该期望胡塞尔通过进一步证明世界的实在性、证明我们如何能够拥有关于世界的真正"科学的"知识来尝试着反驳怀疑论者，就像笛卡尔所做的那样。但这恰恰是我们在剩余的沉思中所没有发现的。我们不妨回想一下，胡塞尔始终只对笛卡尔的前两篇沉思饶有兴致。这并不仅仅是因为胡塞尔认为，笛卡尔的其他沉思的绝大多数论证都是无效的、建立在不容争辩的、通常是经院哲学家的偏见之上（虽然他确实这样认为），而是因为他认为，全面尝试去超越笛卡尔在前两篇沉思中所取得的成就，这在原则上讲是误入歧途的。胡塞尔尤其认为，在"内在"经验内容的基础之上证明"外在"世界存在的想法，如他酷爱用法语表达的，完全是徒劳无功的（nonsens）。胡塞尔认为，笛卡尔在他的前两篇沉思中已经发现了先验的视角，但是随后因为耽于这种无意义的证明而抛弃了它。胡塞尔认为，笛卡尔应该停驻在他最初的发现上，深入地考察它；因为从先验的观点来考察纯粹意识是真正哲学家的唯一关注点。纯粹意识且唯有纯粹意识是"严格科学"的领域，这个领域将与苏格拉底和柏拉图留传给我们的对绝对知识的渴望相一致。但这似乎是向怀疑论者的缴械投降。即使没有由随后的沉思所导致的失望，上述对第一沉思的解释在本质上讲也是令人费解的。因为上述内容或多或少是你在笛卡尔本人那里获得的。因此，在这里，人们所认为的全新之处到底是什么呢？胡塞尔的被认为是开创新纪元的现象学发现又在何处呢？因为，这不会在后面的沉思中被发现。相反，后面的沉思所考察的是纯粹意识领域的广度和深度；作为独立的哲学领域，正是关于纯粹意识领域本身的发现开启了先验现象学。因此，纯粹意识领域应该早已出现在第一沉思之中。然而，在前面的解读中，我们并没有得出，在笛卡尔那里并不能发现纯粹意识领域。尤其是，那种解读并没有留意到胡塞尔著作中先验的这个概念的出现，一个最不具有笛卡尔特色的术语，它更容易让人联想起康德（Kant）。

通过关注胡塞尔赋予笛卡尔以哲学中的第二位伟大"开始者"这种十足的褒奖，对第一沉思的不再流于表面的解读就可以被激发起来。笛卡尔"本人没有能够把握他的发现的真正意义";他"让已经到手的伟大发现溜走了"(*EP I*，63；*Crisis*，76［75］)。胡塞尔认为，笛卡尔在他的后四篇沉思中陷入了迷途，投身到了一项毫无意义的事业之中，这恰恰已经由前两篇沉思的本质所决定了。他偶然发现了某个东西，但又对它手足无措、无所适从，因为他并没有认识到他的发现的真正本质。因此，下面这段引自第8节开篇的话，其重要性就不言而喻："在这里，我们追随笛卡尔做一次重大转向，**如果这一转向以正确的方式**进行，那么就会通向先验主体性。"(我做的强调)但是笛卡尔并没有"以正确的方式"实现这一转向，因此，他没能成为一名先验哲学家，一种唯一真正的哲学家。理解了笛卡尔本人计划在前两篇沉思中将取得的成就与胡塞尔对笛卡尔实际上所取得的成就的解释这两者之间的差别——尽管这个过程是以笛卡尔本人不太欣赏的方式进行的——对于理解先验现象学为何会在本书中出现是非常重要的。诚然，在笛卡尔与胡塞尔的思想运动中存在着非常接近的结构相似性。笛卡尔从科学的理念出发，通过有条理的怀疑，回溯到绝然的"mens sive animus"——心灵或灵魂——及其"思想"。而胡塞尔亦从相同的理念出发，通过现象学的悬搁，回溯到绝然的"先验自我"及其"思想"。然而，在这两种情形中，被回溯者却不尽相同。胡塞尔把笛卡尔的不容置疑的自我称为"世界的小断片"(63)、"世界的片断"(64)。它并不是先验的自我。为了理解胡塞尔这种表述的意味，我们需要分别考察达到笛卡尔式"还原"与胡塞尔式"还原"的两条道路，因为彻底不同的终点是由达到终点的彻底不同的过程所决定的。现象学的悬搁既不是、也不涉及任何怀疑过程。

胡塞尔在他所发表的第一部系统阐述悬搁思想的《观念Ⅰ》中，并没有把悬搁与怀疑联系起来，而是把它与试图怀疑某物联系起来；他甚至谈到，悬搁"将只是我们用以挑选某些要点的方法上的权宜之策，这些要点包含在悬搁的本质中，并且可以借助它来得到阐明"（*Ideas Ⅰ*，54）。在试图怀疑某物的本质中所包含的重要内容就是胡塞尔所谓的"加括号"（或者如通常所说的"断绝"［disconnecting］或"失去效用"）。它并不局限于试图怀疑的现象，它"也同样"能够"在其他的组合中单独显现"；这恰恰是因为把它从试图怀疑的现象中分析出来"颇为容易"（同上，55）。在现象学的悬搁中，我们纯粹地进行这种运作，而不把它看作怀疑某物之尝试的纯粹要素，更不要说把它看成任何实际怀疑的要素了。事实上，怀疑排除了我们所讨论的这种运作。因为正如胡塞尔所表述的，怀疑是某种"设定"，它与某物的实存、其他确定的设定（肯定界限）、不信（否定界限）以及类似的东西等相对立。"加括号"就是要使所有这些设定失效，而不是普遍地坚持其中的一种设定，即怀疑或不确定。由于怀疑恰恰对某物的实在性持有一种设定，因此，加括号、断绝并不能够在这种特殊的方式中得以实现。因而，胡塞尔一而再，再而三地坚持，如果我们最初相信某物，那么当我们实现了加括号时，这个信念依然存在。他说，悬搁是信念的"中止"，后者"与对真理的坚定不移的确信、甚至与对自明真理的不可动摇的确信相容"（*Ideas Ⅰ*，55，以及胡塞尔的页边修正）。正如他在《笛卡尔式的沉思》中所说的，虽然我们不再"认可"或"贯彻"关于世界的自然信念，"然而，那种相信仍然存在，并且被我注意的目光所把握"（59）。在《危机》中，他的强调更为有力，他说，在悬搁之后，"再没有"比我们自身所认可的设定"更坚定的实在论了"，如果说实在论"就是指：'我确定自己是生活在这个世界中的一个人，等等，我对此确信不疑'"（*Crisis*，190—191 [187]）。诚然，如果悬搁是怀疑的一种形式，那么，作为达到先验现象学的门径，它既不可能实行，同时也是无意义的。但这是不可能的，因为与尝试怀疑一样，悬搁的实现"属于我们完全自由的领域"，而怀疑却和其他任何"设定"一样，并不属于这个领域。怀疑与信念相似，并不在我们的掌控之中，但它却必然由我们的经验过程来"激发"：

> 我们不能任意地、直截了当地改变对我们有效的东西，不能把确定转化为怀疑或否定……但是我们可以直截了当地戒绝一切有效之物；也就是说，我们可以基于某些特定目的而使其失去作用。

> （*Crisis*，240 [237]，译文有改动）

譬如，在当前情况下，按照胡塞尔的思想，你不可能怀疑你确实正在阅读本书。关于"外在世界"的抽象的怀疑论的担忧在这里毫无力量可言，这恰如休谟（Hume）的讽刺——看看一个正在装腔作势、武断地发表"外在世界"之不确定性的高论的怀疑论者，是通过门走出了房间还是纵身跳出了窗户——所绝妙例证的。在对世界的经验中，我们是从完全深信自己所经验的东西的实在性出发的。胡塞尔称之为原信念（Urdoxa）：那种确定性是我们认知生活的基本的、最初的"设定"，它只能以唯一的方式——

被某种进入我们经验的不和谐或冲突所改变（modi fied）或"改换"（modalized）。如果你想伸手去触摸这本你似乎看到的书，于是，你的手就径直穿过了它；或者，当你转移你的视线时，如果这本书也开始随着你而移动，并且固定在你的视域中心；那么你对它的实在性的确定就真的会发生动摇——但这也只能由一些这样的矛盾来造成。如果那些情况不可能发生，那么，你经验到的诸多对象的实在性就是毋庸置疑的。甚至当某个特定对象的实在性遭到质疑时——或许甚至遭到了拒斥：它是纯粹的幻觉或彻头彻尾的幻想——它也只是因为与关于一般世界实在性的持续确定的背景相对立而受到质疑的。在实践中，所有这些"取消"（cancellings）都是局部的。如果你的手穿过了这本书或者这本书追随着你的视线，那么它可能会被归结为纯粹虚妄的"显现"，但这也只是与你的手的实在性，你其余的视觉环境的实在性，甚至是其余世界的实在性相对照而言的。由于你的经验全体缺乏彻底的间断性，因此，与世界中特定的、局部的要素相反，世界本身的实在性是确定无疑的。事实上，胡塞尔甚至可以说，如果你的经验以其典型和谐的方式持续展开，那么对你而言，世界的实在性就会具有相对的绝然确定性（*EP II*，397—398）。[1]

其次，如果悬搁涉及怀疑，那么，它将使先验现象学这门科学变得一文不值，因为正如我们稍后将看到的，这涉及对意识成就

的忠实描述——这种忠实性是通过对意识生活过程的纯粹反思而实现的。现在，我们可以期待对之进行一次忠实的现象学描述的就是关于实在世界的信念。但是，如果所有这些信念都被悬搁所清除或者以任何方式所改变，那么，这种描述也是不可能的。因此，就我们的自然经验的内容而言，悬搁要使一切事物都恰是其本来之所是，这一点至关重要。然而，这似乎又会使本应在第一沉思中所实现的成就更加模糊不清。或许我们此刻也十分纳闷，胡塞尔的计划与笛卡尔的计划究竟有什么关联。对确定性的某种探求真的是值得怀疑的吗？事实上，这确实值得怀疑；但是为了精确地考察这意味着什么，我们需要在考察了悬搁所不关涉的内容之后，来看看它需要我们切实地做些什么。

因此，我们不妨返回到试图去怀疑的现象，因为胡塞尔提出，悬搁能够"轻而易举地"从中"抽取"出来。尝试去怀疑与仅仅怀疑某物是如何的不同呢？区别之一在于：虽然后者必须被激发起来，但它无需是明确地反思性的，然而前者却必须是明确地反思性的。在尝试去怀疑某物，甚至在尝试去决定任何事物在任何程度上的"有效性"、认识论价值的过程中，你必须按照某种方式使假定的事态"暂时无效"，把它看作是"值得怀疑的"。因为如果对它的实存的信念完全支配了你的反思，那么，所有这些将变得毫无意义。这种对反思层次的关涉对于理解第一沉思是颇为关键的。因为，我们虽然不能掌控关于世界的自然经验，但是我们却能把握关于世界的可能的反思。在这里，我们是自由的。尤其是，我们不仅在将要反思的主题方面是自由的，而且在选择反思过程中激发或指引我们的内容方面，我们也是自由的。譬如，我可以决定去反思的事情之一就是，如果我的身高是现在的两倍，而其他人都保持其原来正常的身高，那么，对我而言，我的生活在情感方面将会是什么样的。在这种反思中，我永远都不会停止相信，我的身高仍是正常的，只不过我不会让这个事实在我的反思中产生影响。我给它"加上括号"。先验现象学所关涉的只是彻底免受依附于反思本身的设定的影响。悬搁不是别的，就是反思或者反思性，它通过真正的哲学彻底性贯彻到底。这种彻底性在于，通过悬搁，我们可以忽略我们的所有"设定"，忽略我们关于任何事实的一切信念——除了在我们的反思过程中所拥有的、关于我们意识生活本身的不可避免的、绝对的确定性。悬搁并不虚无化或者削弱我们关于世界的自然信念。相反，正如胡塞尔在某一处所说的，它给原初的信念增添了某种东西。这个增添物是一种"明确的、特殊的意识方式"（*Ideas I*，55）：一种更高层次的反思意识，它在自己的探询中不断前进，却不为它所秉持的信念所左右。在实现这种关于我们自身以及我们的经验的"断绝的"旁观者式见解的过程中，我们抛弃了胡塞尔所谓的"自然态度"——一种关于世界实在性的前反思的确定性，这种确定性不仅彻底地充斥于我们的日常生活之中，而且充斥于所有的"实证"科学之中。

悬搁只有作为关于某种理论关注、关于某种方向——反思思想能够沿着这一方向前进——的运作，才是可理解的。正如胡塞尔在前面所引的那段话中所说的，"我们可以直截了当地戒绝一切有效之物；也就是说，我们可以**基于某些特定目的**而使其失去作用"（*Crisis*，240［237］，强调是现在补充上去的）。在缺乏这些目的的情况下，虽然我们也可以承认实现悬搁的理论可能性——它一般处于反思的自由力量范围之内但是，这种实现似乎毫无用处。笛卡尔的有条理的怀疑的作用是一目了然的：那就是要去寻找具有绝然确定性的阿基米德点（Archimedean point），在此基础之上这些怀疑就可以被推翻，那样，我们先前的信念对象就能够重新得到肯定；从而也反驳了怀疑论者，尽管这可能是以更明白、更清晰的形式进行的。但是我们却不能推翻悬搁："'先验'悬搁是……一种习惯的态度，我们决心坚决地采取这一态度。"（*Crisis*，153［150］）"推翻"悬搁只会返回到"自然态度"，因而就不再是我们所发现的真正意义上的哲学家。因此，即使胡塞尔确实成功地发现了一个绝然确定的存在者，从而获得了超越世界之经验确定性的"绝对"知识，但是，这一事实的意义看起来可能仍是模糊不清的。

事实上，胡塞尔甚至没有声称悬搁所开启的意识领域的绝然性。在第9节中，他承认，虽然他的意识自我的当下存在是绝然确定的，但是其余的一切，甚至是"纯粹"意识领域之内的一切，似乎都并非如此。譬如，正如胡塞尔本人所指出的，记忆显然不能提供绝然的证明（61—62）；然而，我们却似乎不得不求助于它来确保我们的全部范围的意识现象，这些意识现象对于先验现象学成为它所自命的全权的、根本的探询来说，是必需的。[1]因而，胡塞尔能够谈到有必要对现象学知识进行"批判"。这样的批判可以提出诸如"先验自我能够在多大程度上对它自身产生错觉？""尽管可能

---

1 在这个方面，第73页末尾凯恩斯对"领域"（field）一词的使用是误导性的。在这个问题上，先验知识领域恰恰是尚未被"绝对保证"的。胡塞尔所用的词是"Erkenntnisboden"：它指认识的**基础**，而不是认识的**领域**。——原注

产生错觉，那些绝对确定的成分能够在多大程度上持续存在？"等问题（62）。然而，虽然这个问题在第一沉思中就已经被提出，但是它并没有得到直接的说明。在第二沉思的开篇，它又被重新提起，但是，正如我们将在下一章看到的，对它的解答再次被推延。事实上，在《笛卡尔式的沉思》一书中，这个问题从来都没有得到充分的阐释。尽管如此，尽管没能证明与世界的纯粹经验上的确定无疑性相对照的先验主体性领域的绝然性，胡塞尔仍然认为，他能够把第一沉思推进到底，从而达到关于先验主体性的一个重要结论。他坚信自己能够达到这个结论，因为先验经验具有高于世俗的、自然的经验的特权，即使绝然性问题就在左近，亟待解决。这一特权源于先验经验的某种优先性。

在《笛卡尔式的沉思》中，虽然胡塞尔确实十分重视绝然性，但是，如果细心地阅读第一沉思的前几节，读者就会觉察到，胡塞尔其实更加关注于某个具有证明优先性的概念。他决心实现一门"始于本质上之最初者"的哲学（49）；它涉及了"认知的次序，即从本质上较早的认知推进到本质上较晚的认知"（53）。他所探求的是"先于其他所有可设想的明证的那些可认识的……明证"（55），即那些"绝对最初"（58）或"自身最初"（54）的明证。事实上，在强调了绝然确定性对于真正的哲学知识的必要性后，胡塞尔首次使用这个概念就是为了满足以下的要求，即我们应该绝然地洞见到，某些类型的明证与所有其他类型的可设想的明证相比，是"自身最初的"（56）。只有到那时，他才会说这些明证本身也应该是绝然确定的。当他最后谴责自然经验缺乏绝然性时，他并不满足于让这些问题放任自流，而是直接敏锐地觉察到，"显然，自然经验也不能要求其作为绝对最初的明证的特权"（57）。正是这第二个不足把争论彻底推进到了那个"伟大的转向"。但是确切地讲，这里所讨论的是何种优先性呢？在第二沉思的开篇，胡塞尔谈到了"在知识次序上"的优先性（66）；但是胡塞尔显然不能主张，我们在认识世界万物之前首先逐步认识到了有关先验主体性的内容——如果只是因为，对我们而言，先验主体性本身不过是出于对我们所有人所由以出发的自然态度的非自然的、反思性的避免而出现的。正如胡塞尔在《危机》中所清楚地阐述的，"我们把悬搁……当作本质地而不是偶然地发生在前的自然的人的存在态度的转变来实行"（*Crisis*, 154［151］）。在《笛卡尔式的沉思》中，胡塞尔通过暗示驳斥了下面这个观点，即我们所争论的优先性允许先验主体性成为"通常意义上的所有客观知识的认识根据"。相反，我们所关注的是"关于知识的根据的新观念"（66）。

为了理解此处所讨论的这种优先性，我们需要认识到，悬搁的作用就在于，它赋予我们一个全新的、非自然的视角——先验的视角，正是从这个视角出发，我们才能够首次把"先验主体性"当作有关诸多事实与问题的全新领域来考察。这恰恰是笛卡尔自己的几篇沉思所全然缺乏的，同时，在胡塞尔看来，这也是——除了在贝克莱（Berkeley）、休谟和康德那里有些许犹豫暧昧的征兆之外——他本人理论的新颖所在。悬搁的关键在于"先验还原"。这两个术语并不具有相同的意味。正如我们所看到的，"悬搁"意味着为我们关于世界实在性的全部信念加上括号或者使它们失去作用，而"先验还原"则意味着把我们的哲学探求限定在"主体性"领域之内。但是这两个概念仍是密切联系的（虽然并非互不可缺，正如我们将在第三章看到的）。悬搁拒绝把我们的任何自然信念用作"前提"，它仅仅在涉及新颖的、非自然的关注时才具有意义。我们不应对世界及其所包含的万物兴味盎然，相反，我们必须要对另外某个东西——对于这个东西，提出关于我们的自然信念的对错问题是纯粹不合时宜的——充满兴趣。所谓另外某个东西，就是我们的进行经验的自我——即使我们所有的自然信念都是错误的，进行经验的自我也是可以得到保证、确定无疑的。只有当我们单独考察这个领域时，悬搁——正如在本篇沉思的背景中所介绍的——才会具有意义。反过来讲，如果我们纯粹地考察我们自身的主体生活，那么，悬搁一定能够实现，因为，以任何自然信念的内容作为"前提"，就会使我们关注某个在世对象的实在性问题，从而逾越了唯独与我们的主体性相关的、加诸我们未来探询之上的那个界限。这就是为什么胡塞尔有时候能够说，引入任何自然信念都是极为荒谬的，因为它与我们新确立的理智关注并不一致（譬如 *Crisis*，157［154］）。然而，胡塞尔为什么会把关于意识的考察称为先验的探询？他为什么会赋予它如此重要的意义呢？

为了认识到这一点，我们需要关注胡塞尔在他的著作中反复提及的一个主张，虽然表述会略有不同。在某一处，他把它称为"主要思想"（*EP II*，139）。譬如，在第一沉思接近尾声的一段话中，我们就可以发现它："那个为我存在的世界，那个一直为我存在并且仍将为我存在的世界，那个迄今为止只为我存在的唯一世界——这个世界及其所有客体……对我所具有的全部意义和存在的有效性都源于我自身。"（65）我将把它称为"先验洞见"。我们还可以在第四沉思中发现有关它的另一段论述："一切为我存在的东西，都因我的认知意识而为我存在；对我来说，它是我的经验活动所经验到的东西，我的思维活动所思想的东西，我的理论化活动所理论化的东西，我的洞见所洞察到的东西。"（115）正如胡塞尔所规范地表述的，对意识来说，所谓"先验的"东西，就是为意识构造其所有对象的东西。这个洞见的获得达到了第一沉思的顶点。正是由于笛卡尔没有清楚地达到这个洞见，而胡塞尔却达到了，因此，胡塞尔能够在先验现象学中看到哲学的第三个伟大"开端"。为了认识到笛卡尔为何会在这里迷失方向，进而，胡塞尔本人的研究步骤又如何在本质上不同于笛卡尔的研究步骤，我们有必要对本篇沉思的第6节予以特别的关注。

胡塞尔经常说，笛卡尔所关注的是世界的可疑性，而他所关注的是世界可能的非实存性（譬如，*EP II*，80和264），借此来对照笛卡尔与自己的兴趣的差别。虽然这看起来只是"细微的"区别，但却是极为关键的，因为在第一沉思中，在胡塞尔谈到"伟大的转向"——"如果以正确的方式实现这种转向，就会通向先验主体性"——的每个地方，它都在发挥着作用（58）。当然，这一转向得以实现的出发点就是笛卡尔式的认知，即虽然世界的实存并不是绝然的，但是你却能够对你自身意识的存在绝然确定。在这个紧要关头，胡塞尔尤其关注的是，世界的非实存是可设想的。一切都以这个事实的意义为转移。你要为你自己具体地思考下面这一思想——我将称之为"笛卡尔式的思想"：虽然我存在，并且正在以当前的方式经验着，但是我似乎正在经验的世界却并不存在。它没有任何实在性。你一定会对此不以为然，甚至不会赋予它哪怕是一丁点的可能性；但是你却能够条理清晰地思考它。万一你难以做到这一点，胡塞尔也经常会提供一连串思想来使所探讨的这种可能性得以存在。你要抱有这种想法，即你未来的经验过程不再具有迄今为止它所体现出来的那种连贯性（或者"和谐性"，胡塞尔对这个词有点偏好）。因为，恰恰由于这种连贯性，你才会首先相信世界的存在。如果我们认为，主体的意识生活有可能要么只是混乱经验的骚动，要么只具有暂时的稳定性，在此之中，没有什么东西能够证实别的东西，而主体的所有期望和希冀也几乎都会——落空，那么，我们当然必须承认，这样的主体与实在的世界打交道没有任何意义。你要想到，这是有可能发生在你身上的。确实存在着某些这样的经验过程，面对着它们，所谓"这没有什么是实在的，并且从未实在过"的思想会变得可靠又合理。事实上，这是胡塞尔试图使我们正在讨论的重要思想变得具体的唯一方式。然而，他本人并不认为，这种方式是毫无疑问的（*EP II*，391—393）。你已经发疯了，难道不是对这样一种未来经验过程的同样合理的答复吗？或者说，世界早已不存在了，但是它（或某个世界）可能再次形成？然而，正如我们稍后将看到的，虽然，胡塞尔选择以这种方式来充实笛卡尔的思想并不是没有任何意义的，但是，我们并不需要因为这些困难而在这一点上停滞不前，因为某种这样的思想的可设想性是为承认关于世界的信念并不具有绝然确定性所必需的——对于这一点，不仅我们的前人笛卡尔，就连胡塞尔也认为没有必要去费力探讨。

"笛卡尔式的思想"的重要性在于，胡塞尔认为它作为动机促发了"先验洞见"。要判定事实是否的确如此，我们需要看看反复提到的有关"洞见"的陈述确切地讲了些什么。因为人们通常认为这些陈述谈及两方面的内容，我将按照"强的"解读与"弱的"解读来进行对照。根据强的解读，这些陈述是观念论的陈述：一切有别于意识的东西都只是意识所产生的构建物，它们的存在依赖于意识。这确实是个伟大的洞见；它将远远超出笛卡尔的思想所及；它将确保把一切最终被奠基的科学和进行奠基的科学限定在意识自身的领域之内。而且，事实上，胡塞尔本人就是这样一位观念论者。[1]但是，难道胡塞尔真的认为他能够在自己探询的初期阶段就确立这样一种设定吗？这是一个有待质询的重要问题，因为，认为笛卡尔式的思想在根本上可以衍推出任何形式的观念论的那种主张，被普遍地认为是重大的谬误。因为这个论证将不得不沿着类似下面的路线进行：我存在，我至少似乎是在实在的世界中经验着各种各样的实在对象，这是绝然确定的；任何现世对象、任何与我的意识自我有别的东西在根本上是存在的，这并不是绝然确定的。因此，不论除了我的意识之外是否还根本存在着一个世界，我当前的经验以及我所确定无疑地意识到的一切都能够存在；因此，我的诸多经验对象独立于任何与我自身有别的东西的实存，它们的存在完全依赖于我。这种论证似乎会涉及从纯粹"认识论上的"可能之物——即可设想或可构想之物，到"形而上学上的"或者真正的可能之物——即万物一直如何存在的一种无效转换。[2]问题在于胡塞尔是否同意

1　应该说，这个主张并不是毫无争议的。我们会在第四章较为详细地考察这个问题。——原注

2　譬如，我能够轻松地设想，π的小数部分并不包含"731"这个序列。但是，在它被计算出来后，如果我们发现其中**确实**包含这个序列，那么，我们就必须得出结论：π永远不可能不包含这个序列，因为这些数学真理是必然的。关于此处所涉及问题的经典阐述，可参见 Kripke，1980。——原注

这样一种无效的论证形式。事实上，所谓他不同意这种论证的说法远远不够明晰。譬如，作为笛卡尔式的思想的直接结果，他可以声称，他的意识是一个与世界可以"完全分离开来"的领域（*EP II*，76）。此外，在表达笛卡尔式的思想时，他所运用的语法语气也是十分重要的。譬如，他说，"这种进行经验的生活存在着，它是我的生活，即使没有什么实在的东西**将会存在或者现在确实存在**"（*EP II*，81，我做的强调）。此处虚拟语气的使用似乎暗示着胡塞尔准备超越那个纯粹"认识上的"主张——即使（也许）实在世界现在并不存在，他自己的意识也必定存在，而接受"形而上学的"主张——即使实在世界未曾存在过，他的意识也会存在。另外，他能够把"先验主体性"解释为"即使世界不存在，也仍将留存的东西"（*EP II*，128）。因此，很可能唯有建立在笛卡尔式的思想的基础之上，胡塞尔才能够说，意识"Nulla're' indiget ad existendum"，即意识不需要任何（在空间时间实在性的意义上的）"实在性"来求得存在，"自然界的存在不能是意识存在的条件"（*Ideas I*，92，96）。事实上，胡塞尔经常以一种看起来令人难以容忍的方式来频繁使用从认识论问题到形而上学问题的推理。譬如，他似乎从怀疑我的自身存在的不可能性推断出，我因而是一个必然的存在者。他能够写道：

> 对我而言，不仅我存在是自明的，而且我必然地存在亦是自明的。在我看来，我不存在是不可思议的……只有就我如何存在、而不是就我的存在本身而言，我才总是偶然

的……我是一个绝对的、不可取消的事实。

（*Int II*，154—155）

事实上，在涉及传统中的为上帝所保留的意识自我时，胡塞尔频频使用短语的转换。在这里，本质与存在是不可分离的；自我"in se et per se concipitur"（在自身内并通过自身而被认识——斯宾诺莎［Spinoza］的回音）；它是"causa sui"（"自因的"）（*Int II* 159；257；292）。在近期讨论中，我将不会考虑胡塞尔思想的这一问题重重的方面；在当前情况下，我将抛开胡塞尔从笛卡尔的思想直接转向观念论的明显可能性。因为，胡塞尔事实上拥有比前述的那一连串错误思想（如果那就是它本来的样子的话）更好的维护观念论的论证，我们将在第四章中对此进行考察。因此，就当前上下文来说，我们需要看看，胡塞尔是否在第一沉思中成功地创建了关于主体性的"先验"本质——这种先验本质并不单纯是观念论——的重要思想。

这是关于"先验洞见"的较弱解读所止步的地方。这种解读能够通过把某些审慎的强调引入关于洞见的表述之中且被激发出来："那个为我存在的世界，那个一直为我存在并且仍将为我存在的世界，那个迄今为止只为我存在的唯一世界——这个世界及其一切客体……对我所具有的全部意义和存在的有效性都源于我自身。"（65）或者，我们还可以举另外一个例子："整个世界，因而自然地存在的一切事物，只有在它们曾经对我所具有的意义仍然有效时，只有在作为我的变化的……思维活动的思维对象时，才为我而存在。"（75）然而，此时"洞见"并不等于观念论，毋宁说，它可能会显现为最纯粹的陈词滥调，它不是胡塞尔所明确视为的对世界历史的揭示——尤其当他告诉我们，关于"为我"而存在的对象的谈论相当于说"只有当它们对我有效时——换句话说，它们在意识中作为思维对象而为我存在，这些思维对象每次都是在关于某种坚信的设定方式中被我们意识到的"（95）。显然，在这个意义上讲，只有当我存在于左近时，某物才能"为我"存在。也许，世界"得出其全部意义和存在地位"的那种主张——它对我具有什么意义，它如何对我"有效"——将会被给予类似的平实的解读。事实上，胡塞尔确实曾把洞见视为是某种陈词滥调，或者至少是明白无误的。有时他仅仅满足于断言洞见，而不去加以论证，满足于声称它就是显然为真的。譬如："我只是借助于某些种类的经验和主观习惯而拥有了一个世界，这难道不是不言而喻的吗……?"（*EP II*，448）再譬如："一切知识都是进行认知的主体性的成就，这完全是不言而喻的。"（同上，38）因此，我们就需要考察，胡塞尔能够在这样的显然真理之中发现什么意义。

对象的构造

虽然胡塞尔最终将会特别关注"存在的有效性",关注我们总把事物看作是实在的,但是他的首要关注点是,为什么会有在根本上"为我们"而存在的对象,他根据"构造"对象的意识对这个话题做了一番讨论。为了不在这个问题上对胡塞尔产生误解,清楚地理解"对象"一词在这个语境中的意义就显得十分重要了。在哲学当前的分析传统中,"对象"一词通常可以与"存在者"(entity)一词互换使用。然而,理解胡塞尔先验论之本质的绝佳方式,就是把"对象"一词解读为其原初的意义:一个"对—象"(ob-ject),类似于德语中的"Gegen-stand",它意味着对立于,尤其是对立于进行认知的主体。根据这种解释,并不是任何旧的存在者都是一个"对象";相反,只有当它"被认知"时——被感知,被思想,被设想,被涉及,等等——它才变成为一个对象。在那之前,它仅仅是可能的对象(虽然是现实的"存在者")。对象总是相对于主体的对象。于是,"先验的实在论者"——胡塞尔就是这样称呼自己的——是这样的人,他相信,在可以成为主体之对象的这些存在者当中，至少有很多是"自在地"存在的，它们完全不会变成意识的对象，甚至不能够成为意识的对象。把它们称为"对象"甚或"可能的对象"，都是"纯粹外在的命名"。它们自身拥有"外在于意识"的实存，但却能够与意识主体处于某种（通常按照因果术语来设想的）外在联系之中，正是凭借着这一点，它们才成为当前意义上的"对象"——近期讨论中，我们将只使用这个术语。此刻，胡塞尔将最终宣称这个设定是"无意义的"，但是需要马上指明的一点是，这个"自在之物"领域的绝对实存无论如何都不能根本说明对象的存在，更不用说任何这些存在者本身变成对象的可能性了。因为，即使这样一个领域被给予我们，如果根本不存在诸多有意识的存在，那么仍然不会有任何对象。即使存在着诸多有意识的存在，但是他们的精神生活只是经验的骚动，那么还是不会有任何对象。即使他们的精神生活在某种程度上并不是如此的混乱无序，因而须臾片刻的对象确实可以出现，但是它们也可能并不与实在论者的"存在者"相一致，因为它们可能只是与现实毫无瓜葛的完全主观的意识流之中的要素。胡塞尔所主要关注的是，这些对象、这些我们知道自己在与之打交道的形形色色的对象，根本上是如何可能的。胡塞尔尤其想要发现的是，如果主体在意识中与任何对象都有关联——不论这些对象实在与否，那么，主体的意识生活在本质上必须是什么样的。

不仅实在论者的"自在的存在者"的绝对实存完全不足以说明我们关于对象的意识，而且日益复杂的对象类型也需要日益复杂的意识过程。不妨想想你自己和一个五岁的孩子。有些事物——如原子、π 的小数的延伸、国情——是你的可能对象，但是对于孩子来说却是完全不可通达的。你的头脑构造必定在某些方面与孩子不同，因而才使你拥有了这些对象。或者，我们不妨就语词、器皿这些对象来比较孩子与马。或者，我们可以通过与主体——它的生活完全是经验的骚动，它甚至不会意识到持久地存在于其周围空间中的诸多一致的对象——相对照，来思考所有这一切。在每个层次上，我们都会遇到形形色色的体验，它们都由已经拥有甚或能够拥有的种种对象所预先设定。我想，现在没有人会否认这个主张，即，如果要有"为我们"而存在的对象，那么意识过程就是必需的，如果我们想要意识到某些特殊种类的对象，那么意识过程的某些特殊形式亦是必需的。但是，虽然这显然是胡塞尔通过"洞见"所部分意指的内容，但它并不是全部。因为胡塞尔显然认同下面这个主张，即，某些意识过程足以使对象呈现给我们。如果某些体验在你身上发生，那么——依据事实本身——某个种类的对象就会呈现给你的意识。对象伴随着这些体验而发生。譬如，在第二沉思中，胡塞尔写到了"意识自身"如何"凭借其当下的意向结构而使我们在它之中**必然地**意识到……对象"（85，我做的强调）。作为"构造研究"，现象学的详尽任务就在于，具体说明构造各种对象类型需要什么种类的精神成就：为了使各种对象类型被给予意识，什么种类的体验是充分必要的。然而，是否存在着一种诠释这个主张——它并不仅仅是对"先验洞见"的强烈的、观念论的解读——的方式呢？

很多先验实在论者都会认同，对一个对象本身的意识是伴随着各种各样的体验产生的，因为这样的一个对象有可能是完全虚幻的。在处于幻觉的情况下，在完全丧失实在世界中的相关对象的情况下，体验仍然能够包含一切。但是，这些实在论者将会坚持认为，某些对象——实在的对象——并不是这样相伴而生的，而是需要独立存在着的存在者的实存的。诚然，在他们看来，这些对象只是某些实在的存在者，把它们称为"对象"只是给某个认知主体引入了某种外在的、偶然的关系。如果在此阶段否认了这一点，那么我们将只能采用观念论。然而，一个较弱的主张认为，意识主体能够存在，即使它所有明显的现世对象都不是实在的。为了不从一开始就对物理主义是否为真的问题做出预判，我们最好把这个可能的主体本身的大脑（如果主体转而注意它，那么它就成为一个对象）从那些或许并不实在的对象的范围之中排除出去。因此，在这个较弱解读的基础上得到赞成的一切就是一种可能的意识，对它而言，笛卡尔式的思想是正确的；在这种可能的意识中，笛卡尔式的思想被限定在外在于主体意识的物理位置——如果主体有这种位置的话——的诸多对象之中。也就是说，我们要构想一个主体，它的全部感觉生活就在于某种或多或少连贯一致的幻觉——或者一个"连贯的梦"，如胡塞尔所表述的（57）——在其中，实在世界仅仅是看起来存在于那里的。在此，这个主张继续表明，还存在着关于进行经验的主体与经验对象的可能情况，在这种情况下，并不需要任何外在于主体的东西。

此前，否定这种可能性的人寥寥无几。然而，在今天，有许多拥护"外在主义"（externalism）的种种多样性的人恰恰却要这样做。这种外在主义的形式之一就是关于意识的所谓"对象依赖"观（譬如，参见 Mcdowell，1986）。按照这种观点，一个产生幻觉的主体恰恰什么都没有意识到。在赋予我们本体论上与我们不同的存在者的直接意识的过程中，知觉经验呈现出自身。当这样的存在者缺失时，恰如在幻觉中一样，就根本不会有什么知觉意识了。此刻，胡塞尔本人一定会把这个观点看作是荒谬绝伦的。不仅你的意识的存在是确定无疑的，而且你的意识对象也是确定无疑的。唯一的问题在于它们是否是实在的。事实上，胡塞尔在实现"伟大的转向"时所首先指向的恰恰是我们可以意识到对象的这种确定性：

> 简言之，从现在起，不仅物质自然，而且周围全部具体的生活世界对我来说都只是存在的现象，而不是存在的物。但是，不论这一现象的主张对于现实而言处于何种地位，也不管在未来的某个时刻，我是否会批判地决断，世界存在或者它只是幻象，**这一现象本身作为我的现象并非虚无**，恰恰是它使这种批判的决断根本上成为可能。

> （59，我做的强调）

当你再次步入笛卡尔式的思想，即使你抱有世界并不存在的想法，你仍然知道有很多形形色色的感觉对象呈现在你的面前，你可以转而注意不同的思想对象，等等。要否定这一点似乎是荒谬之极的，就像是要否定你所经历的意识生活的根本特征。事实上，"现象学"一词本身仅仅意味着对这些"现象"（及其前提，正如我们将会不断看到的）进行真正科学的研究。从世界的实在性进行抽象，我们只能以这些现象以及我们对它们的经验来作为我们的"基础"。

然而，对外在主义者提供一个不太难以容忍的答复是有可能的。首先，我们应该注意到，根据胡塞尔的观点，"对象依赖"与我们所讨论的外在主义者的设定是完全不相宜的，后者所表达的是"对象"与"存在者"这两者的典型的"分析的"合流。因为胡塞尔本人赞同，没有对象就不会有经验，或者更一般地说，就不会有意识。意识在本质上是关于对象的意识，它在本质上以"意向性"（intentionality）为特征——这个主张是胡塞尔全部哲学的奠基石，我们会在下一章对它进行考察。我们当前所讨论的观点可能更适合被称为"存在者依赖"（entity-dependence）观，因为它主张，如果在实在的世界中没有合适的对象，那么各种各样的精神状态和体验就不可能通达。现在，在这种设定的支持者当中还存在着某种分歧，那就是，此处所讨论的否定应该具有多大的彻底性。有些人似乎主张，如果没有实在世界的适宜对象——就像在幻觉中一样，那么，就根本没有什么意识状态能够被归结于主体：正如胡塞尔有时所表述的，"主体内部完全漆黑一团"。其他人则做了更多的让步。然而，他们一致认同的是，在这样一个"有缺陷"的情境下，主体不能意识到任何存在者。胡塞尔也同意这个观点。因为，正如我们将在下一章看到的，虽然诸多哲学家承认产生幻觉的主体能够意识到某个对象，并感到有必要引入某些特殊的主体存在者来担当这一重任——感觉材料、感觉、感觉印象等——但是胡塞尔却不以为然。甚至在笛卡尔式的思想中，我们亦能意识到那些我们通常觉得非常熟悉的相同种类的对象：自然的"现世"对象。胡塞尔认为，笛卡尔式的思想不应该使我们确信，在没有实在的现世对象的"有缺陷"的情境下，我们能够意识到一套特殊的主体存在者；相反，它应该使我们确信，我们根本不能意识到任何存在者，我们所意识到的对象要么是不实在的，要么是不存在的。既然分析传统实现了"对象"与"存在者"这两者的合流，那么在它最近的争论中，这个设定几乎不再被予以关注。因此，对于"存在者依赖"理论家来说更为宽容的答复是，请他们耐心地等待将在下一沉思中看到的关于意识的描述和分析。因为，假定产生幻觉的主体"内部完全漆黑一团"，这显然是荒谬的：这也就否定了幻想在主观上"与任何事物都是一样的"。胡塞尔一心想证明，甚至在这些情况下，我们也能够区分出对象与体验。关于所有可能形式的心理生活的描述切合性迫使我们进行有关"对象"的谈论。

那就是说，我们要认识的下一个问题是，并不存在对世界——面对着它，你仍然能够思考笛卡尔式的思想——的种类的限制。换句话说，向我们所假定的幻想主体纯粹地呈现的那个"世界"，它的丰富性与多样性并不存在任何限定。我们所拥有的任何一种经验都是可能的幻想主体所能够拥有的，只要我们没有以衍推出意识内容之实在性的武断方式来具体指明经验的种类。简言之，没有什么类型的现世对象不能够纯粹地呈现在那里，因为它不过是康德的那个命题——存在并不是一个"实在的谓词"——的内涵，"存在的"与"不存在的"，"实在的"与"不实在的"，在与此处相关的意义上说并不是对象类型。换句话说，先验现象学具有一个普遍的探询领域。它的目标是讲述一切可能的意识对象的"构造"故事，即对足以使任何这样的对象成为主体对象的主体过程进行阐述。后面的各篇沉思将会使我们对"构造分析"问题的广度和深度窥得一斑，当我们采取这种现象学的态度时——即忽略任何关于现世对象的实在性问题，而只是关注于，如果任何一种对象不论其实在与否，对于我们来说都是可能的，那么，意识会需要什么——构造分析问题就会向我们敞开。说意识是"先验的"，仅仅是赋予它"构造"所有对象类型的这种功能。

然而在这一点上，另外一类外在主义者会提出反驳。因为有许多人已经声称，如果某些种类的对象并不能够在实在世界中被现实地例证说明，那么某些类型的意识状态也是不可通达的。譬如，如果世界上并没有或者从未曾有过水，我们有可能去思想水吗（至少就对化学理论一无所知的主体而言，因而，他也不能把水想成 H_2O）？当世界上没有某种实在的水把思想内容与那个确定的自然种类联系起来时，什么东西会使我们纯粹幻想的主体所能拥有的任何可能思想变成"水的思想"？也许，这样的主体会想起某种无色、无味的液体等。但是，外在主义者认为，这并不等于想起了水；因为有些东西可能会符合水的概念，但它们却并不是水。于是这种观点进一步发展为，有可能存在两个主体，它们"在现象学上"是同一的，但是，仅仅由于这两个主体与不同的物理环境相关联，所以，它们的"精神内容"就变得迥然不同了。因此，胡塞尔以明显的纯粹内在的心理学术语，试图去清楚地说明，如果脱离了主体存在于实在世界中的方式，即使那些满足了某些种类的意识成就的东西，也注定会失败。对这种反驳的恰当答复，必须再次有待于我们去考察胡塞尔的现象学是如何展开的。但是，我们可以把下面的内容当作初步的答复。首先，胡塞尔当然无须假定，描述心理状态的任何方式并不依赖于那一状态的主体是否与实在世界相关。举一个明显的例子，"具有关于实在的物理对象的视觉经验"并不依赖主体与实在世界的关联。也许"想起了水"是另外一个例子。胡塞尔只需要某种层次的描述，即现象学的描述，它具有必需的独立性。其次，在回应前面的"外在主义者"的第一种反对意见时，如果人们认可幻想的主体实际上"类似于某个物"，那么我们必定有办法以一种仅仅依赖于进行经验的主体"如何存在"的方式，把这些纯粹的"主体"状态划分为不同种类。然而，这两点并不能够充分解除外在主义者的担忧，这种担忧所本真专注的，并不是以某种纯粹主观的方式来划分精神状态的理论可能性，而是任何这样的划分是否有可能公平地评判我们现实的精神生活——它以关于水的思想，关于实在事物的经验为特征——这个问题。因此，再次，我要得出的一个更为重要的初始论点就是，胡塞尔远远没有把关于实在性与客观性的问题统统丢到一边，正如我们将在第四章与第五章看到的。胡塞尔认为，这些主题也经得起现象学分析的检验。因此，当前这种外在主义者所力图辩护的关于精神状态的划分种类——这种划分实际上也适用于我们——可能会在现象学的基础上得以维系，这并不是不可能的。最后，我们可以在下文中预期大量的内容，虽然现象学在某种意义上是一门"主观主义"哲学，但它并不是个人主义的，或者正如胡塞尔所通常表述的"唯我论的"哲学。胡塞尔将会反复谈到，在悬搁的情况下，开始现象学家所必须由以出发的那些个人主义的描述，是我们现实的主体生活的抽象。事实上，正如我们将要看到的，胡塞尔认为，真正个人主义的精神生活、缺失实在世界的意识流最终是真实的可能性，这是远远不够清晰的。为了开启他的现象学计划，胡塞尔只需要，这种意识是可思想的。简言之，外在主义者对我们可以在文学中发现的现象学这个概念的反驳，并没有真正地把胡塞尔的所有思想纳入考虑之中。因此，我们不得不又一次等待胡塞尔计划的逐渐展开。事实上，外在主义与胡塞尔的现象学之间的关系远远不是直截了当的。也许，外在主义的某些极端形式是与现象学计划完全不容的。如果的确如此，那么，这样的外在主义者就应该能够精确地指出纯粹现象学分析对于某种既定的对象类型无能为力的地方。因此，由于当前问题的复杂性，我将让外在主义反对者自己去断定胡塞尔计划——随着我们看到这一计划详尽地开展——的充分性。这也会是胡塞尔本人认可的程序。因为他多次谈到，他的先验哲学的考验就在于具体地制定出现象学分析本身。

事实上，即使某些外在主义者最终对胡塞尔那不尽如人意的工作厌恶不已，但是他们仍然会认为，那项工作是具有哲学价值的。因为即使胡塞尔没能提供出意识构造任何可能对象的完整论述——这种纯粹依据体验的论述足以说明关于这样一个对象的意识——但是，如果他的分析揭示出一套日益丰富的、为这些意识形式所必需的条件，而此前的哲学家却从未充分地认识到这些条件，那么，他的成就也会具有极其重要的意义。因此，我在导论的开篇部分谈到，对于我们许多人而言，胡塞尔的伟大之处恰恰在于他所提供的详尽的现象学分析的深刻性与原创性。它们具有如此无与伦比的敏锐性，以至于没有一个自诩为自身负责的哲学家能够承担忽略它们的后果。然而，读者不应该被胡塞尔为自己设定的视野并不高远这种虚假幻象所迷惑。他所探求的正是关于所有可能对象的充分的构造论述。事实上，正如我们将在第四章看到的，他所探求的正是一种能够依据这些论述来为自身辩护的绝对观念论。

我们已经发现了一种对"先验洞见"的极为微弱的以至于不

能被立刻拒斥的解读，这种解读根本没有希望去维系充满哲学兴趣的考察。再重复一遍，对于独立于实在性问题而被详细说明的任何对象类型来说，意识生活的特定结构足以实现对那一对象类型的认识。有时候，胡塞尔把这（至少它的一部分）看作是"自明的"。正如我们已经看到的，它根本不是自明的：譬如，对于当今某些"外在主义者"来说就不是自明的。但是，如果胡塞尔本人认为它是显而易见的，那么，他为什么不仅在《笛卡尔式的沉思》中，而且在别的地方都感到，有必要通过使用极为强硬的绝然性标准对日常知识进行批判来逐步建立这种"洞见"呢？我想答案在于，胡塞尔感到，如果没有笛卡尔式的思想，我们恐怕很难认识到，为了让一个人处于任何形式的意识状态，实在世界的对象并不是必需的。很可能还有与这种观点相关的内容。那么，"先验洞见"究竟对于什么人来说是一目了然的呢？难道不是那些与怀疑论者的争论不期而遇并且对笛卡尔探求"阿基米德点"略知一二的人吗？心灵的特定结构足以意识到任何既定类型的对象，难道这对于任何人来说确实是显而易见的吗？那些感到笛卡尔式的思想不可思议的人，根本不能认识到这种"洞见"。

我们现在能够看到先验主体性领域优先于"自然经验"的意义所在。因为，考虑到任何种类的知觉经验以及这些经验的任何有限延伸的序列，我们就能够构想出一个在主观上与之相符合的连贯一致的幻觉。当我们研究这样的幻觉时就会发现，某个东西存在于有关实在世界的所有日常知觉之中，然而却不被承认。因此，主体生活的内在特征本身凭借它至少是任何自然经验的必然部分，而具有了某种认识上的特权。因为，不论世界上存在着什么样的"存在者"，也不论它们如何刺激我们的感觉表层，如果没有主体生活所发挥的某些功能，我们就根本不能意识到任何对象。正如胡塞尔所表述的，自然态度，包括最为复杂的诸多"实证"科学的自然态度，都是"素朴的"，因为，由于自然态度全身心地关注于现世的存在者，关注于那些被假定为实在的对象，所以它全然忽略了发挥作用的主体性，这些对象只有在主体性中才能够产生或者被构造出来。在自然态度中，正如胡塞尔所经常表述的，主体的这些成就仍然是"默默无名的"（譬如，179）。每当我们把对象看作实在的，每当我们假定世界整体是实在的，并且去追求我们日常的或"科学的"关注点时，先验的（进行构造的）主体性已经完成了某些事情。每当我们在根本上与任何东西打交道时，这种主体性总是被预先设定。此外，虽然到目前为止，这个主张仍然有赖于胡塞尔的现实分析才能够得到辩护，但是某些意识过程足以说明各种类型的对象对于我们来说意味着什么。至少，我们所视为对象的东西——不论我们认为它的存在是确定的还是可疑的，等等——确实只与我们的主体生活相关。因此，一门要求关于万物之洞见的真正科学，必须转向作为主要关注点的先验主体性，之所以说它是主要的，是因为它包含着"终极的意义之源"（*Crisis*, 197［194］）。甚至对我们绝大多数人而言足够确定的数学和逻辑知识，也暗暗地溯源于它在其中得以实现的意识本身，因此，在先验研究之前，这种知识也深受素朴的"实证性"的指责（譬如参见，*EP II*，31，在 *FTL* 中，事例随处可见）。我们指导性的哲学"理念"所要求的绝对清晰性必须采取"先验清晰性"的形式（*EP II*，22）。我们要认识到，意识具有一种涉及所有对象类型的构造功能，此种"先验意识"是彻底的哲学家的唯一关注点，这是第一沉思的真正的（与笛卡尔最为不同的）结论。

先验现象学与心理学

然而，我们还没有达到对先验观点的充分理解。现在我们知道，说意识是先验的，就是说它是涉及所有对象类型的构造性意识；但是，这很容易使我们不能理解胡塞尔所意指的这个主张的完全的普遍性。因为正如我所概括的，胡塞尔的计划听起来可能像是（某种）心理学。我们要把注意力从"外在世界"中的那些对象转移过来，从而关注于那些使世界显现在我们面前的精神成就。事实上，胡塞尔坦率地承认，心理学远比其他任何学科更接近于先验现象学。的确，如果操作得当的话，心理学会构成"先验现象学的精确的平行物"，二者之间的区别——正如胡塞尔在第二沉思的开篇所说的——在于貌似琐碎的"细微差异"（70）。另一方面，正如他后来所说的，从心理学转向先验现象学不亚于一场"哥白尼革命"（171）。因此，胡塞尔特别关注把先验现象学与心理学区别开来——尤其是那种赞同胡塞尔以正确的方式分析心理现象的心理学：胡塞尔通常称之为"现象学心理学"（或"纯粹描述的"心理学，正如第70页［本书第96—97页——译注］所示）。为了理解胡塞尔为何不从事于"纯粹"心理学，我们需要认识到，关于对象的"构造"方法甚至延伸到了你自身的心灵。

心理学致力于成为一门与诸多物理科学平行的"实证科学"。后者是从世界自身呈现给我们的诸多方面中抽取出来的，譬如，美学方面，社会的、政治的和心理学方面，以便关注于纯粹按照物理性来构想的光秃秃的"自然"。类似的，心理学从现实的物理基底中抽取出来，纯粹地关注意识。至少那是胡塞尔所以为的它应该做的；这是那种胡塞尔本人饶有兴趣的心理学。在尝试着把这种兴趣坚持到底的过程中，心理学家事实上能够认识到胡塞尔本人将在下一篇沉思中进行描述的种种构造成就。这种尝试或许可以这样开始：

> 我们在意识之中与对象发生关联的每个经验、每个其他方式显然允许一种"现象学转向"……在纯粹知觉中我们被指向被感知之物，在记忆中我们被指向被忆起之物……于是，每个这样的探求都有其自身的主题。但是在任何既定时刻，我们都能够实现关注点的变化，从而把我们的注意力从当前事物转换出来……进而指向这些事物在其中得以"显现"的繁多变化的"主体方式"，指向这些事物在意识中，得以认识的诸多方式。

> （*EB*，237）

在追求这种关注点的变化的过程中，我们放弃了"自然态度"而代之以"现象学的"态度。在这一联系中，胡塞尔能够谈到"心理学的还原"，甚至"现象学的还原"。[1]然而，不论所有这些听起来多么具有胡塞尔计划的鼓动意味，它仍然只是心理学的领地。而且，胡塞尔认为极其重要的是，心理学应该以这种方式在它自身的哲学的指导下被重新加以塑造："现象学事实上也意味着心理学的根本重塑。"（170）结果将会是"现象学的心理学"，胡塞尔认为这也是他自己的一大成就。然而，现象学心理学并不是先验现象学，也不是真正的哲学。原因在于，这种心理学仅仅把实在世界的一个方面（物质性）抽取出去，从而关注于实在世界的另一个方面（"精神的"或"心理的"方面）。心理学家们在某种程度上类似于笛卡尔，留给他们的也是"世界的断片"。因此，他们并没有完全抛弃仅仅以世界的实在性为前提的自然视角（参见第11节）。尤其是，心理学家们坚持认为，他们是实在地肉体化的。至少，他们会坚持认为，他们的经验与物质事物处于相同的层次，这样一来，假定这些经验之间能够存在形形色色的现世关系（如因果关系）就会富有意义。然而，以这种方式来思考人自身，这本身就是进行构造的意识的一大成就，对于彻底哲学家来说，这一成就不能被简单地看作是理所当然的。它是自身世俗化或自身客观化的成就，正如胡塞尔所表述的："先验的我纯粹地存在于自身当中；然而，它在自身当中完成了自身客观化，它赋予自己以'人的灵魂'与'客观实在性'的意义形态。"（*EP II*，77）彻底哲学家想了解的事情之一

1　在《观念 I》时期，胡塞尔以实际上相同的方式来使用"现象学还原"与"先验还原"。只是随着日益认识到有必要把他的严格哲学与现象学心理学区别开来，胡塞尔才在涉及真正的哲学事业的时候，只使用后一术语。——原注

是，在把某人自身视为世界的一部分的过程中，牵涉了什么？先验自我不仅构造诸多"外在的"对象，而且构造它自身的现世自我。只有当这一点得以实现时，当还原及其悬搁被普遍地应用时，先验视角才能够真正地达到。随着先验视角的获得，"心理"领域将会被远远地抛在后面。对于胡塞尔来说，根本区别不在于如此多的传统哲学所认为的"外在"与"内在"、物质与精神之间的区别，而在于被构造者与构造者之间的区别。

自明性与直观

到现在为止，读者很可能会十分好奇，全部这项事业得以随之顺利进展的认识论的关注点究竟发生了什么变化。在所有这一切中，人类知识的绝对依据，甚或人类知识的希望身在何方？事实上，只有看到先验现象学在实践中最终成为的那种事物之后，我们才能正确地解决这个问题。诚然，我会把有关它的讨论推迟到结论部分。但是在继续研究后面诸篇沉思中的现象学分析之前，我们确实有必要看看，胡塞尔在通常情况下着手考虑认识论的事物的那种方式。我们尤其需要考察胡塞尔在本篇沉思的开篇所做的关于"明证"的论述，这部分内容先前曾被我们所略过。在这一考察过程中，我将解释胡塞尔在这些沉思中使用的、但却没有费心说明的大量专门术语。

我所称为的"哲学还原"是对这个信念的表达，即代代传承的观念与理论的纯粹交流，不论它们多么古老多么顽固，都与作为哲学家之限定的自身负责相矛盾。相比之下，真正的现象学方法可以概括为一句话：回到事物本身！这也成为现象学运动的口号式的东西。胡塞尔在某一处宣称，按照这个口号的真正意义，可以说，他是一名经验论者，他把经验论等同于下面的这个主张："合理地或科学地判断事物就意味着朝向事物本身，或者从语词和意见返回到事物本身，在它们的自身被给予性中考察它们，抛开不符合它们的一切偏见。"（*Ideas I*，35，译文有改动）这种悬搁"偏见"、独立去考察的相同决断在《笛卡尔式的沉思》的结尾处——当时胡塞尔宣称，他所写的一切都是"直接从具体的直观"中得出的——亦有所表达（165）。现象学建立在直观之上，尤其建立在胡塞尔所称之的原初给予直观（originar gebende Anschauung）这种卓越的直观类型之上。[1]在《观念 I》中，他把"每一种原初给予的直观都是认识的合法源泉"这个主张尊奉为"一切原则之原则"，并把"每个被给予物的原初合法性的原则"称为"一切方法的最普遍原则"（*Ideas I*，43；48，译文有改动）。在《笛卡尔式的沉思》中，他说，"在构造的关联中，每一个真正的直观都有其自己的位置"（165）。我们应该准确地理解胡塞尔这些概念的意味所在，这一点显然是极为重要的。让我们从"本原的"或"自身给予的"直观开始。在这种直观中，一个对象是"自身被给予的"或者"亲自"被给予的；当所讨论的对象是具体的个体时——它与"抽象"的物对立，如数字或共相——这就等于它"亲身"被给予。胡塞尔通常用观看（seeing）一词来解释这些观点。他在某一处说，当某物"本

---

1 "给予的"（Giving）经常被译为"呈现的"（presentive）。按照胡塞尔的哲学语汇中这个复杂的、核心的术语的诸多意义之一，这些直观也经常被称为是"ursprünglich"，通常被译为"本原的"（originary）：特别参见 *Int I*，第346页及其后。——原注

身呈现在我们眼前"时（*EP II*，32），它就是自身被给予的，虽然他显然不希望把现象局限在视觉范围之内。在这个意义上讲，你此时正在聆听的小提琴的声音也是呈现"在你眼前"的。（诚然，我们稍后就会发现胡塞尔谈到了"观看"的本质，不过，现在我将暂时关注我们对具体对象的意识。）这种"观看"是"一切合理论断的最终的合法源泉"。唯有它能给予我们"事物本身"。反过来讲，"说明某断言'为何'是合理的，却不赋予作为问题之答复的'我观看它'以任何价值，这似乎是荒谬的"（*Ideas I*，36）。在涉及个体对象时，本原直观就是知觉。因为在感知某物的过程中，事物本身"呈现在我们的眼前"。至少那是"直接意识"的证明——在它还没有被哲学的或心理学的理论迷惑之前。

然而，直观之物的范围或者"给予"我们某物的行为的范围远远大于这些"本原"情形的范围。譬如，具体地想象某物的行为也属于直观的情形，具体地回想某物的情形亦是如此。直观之物或"给予"之物的通常种类是与空洞的行为相对照的。空洞行为的一种常见类型就是对谈话的理解。当你对我讲话而我理解了你的意思的时候，我的心灵并不关注你所发出的纯粹声音。相反，通过把握这些声音的意味，我被引向了你的谈话的"主题"，即你正在谈论的东西。然而，我根本无须想象你所谈及的各色事物，就能够明白你所讲的内容；我甚至无须感知它们（除了在语言并不能够自足的有关指示指称的特例之中）。然而，我却典型地能够想象并具体地想起你所谈及的事物。如果我这样做了，我先前朝向你的谈话主题的空洞指向性将会被直观地证明。另外一种可能性是，我应该现实地达到对我所理解的你正在谈论的内容的感知。譬如，假设你问我要一个烟灰缸。我随意走入隔壁房间，偶然看到了我所理解的你谈到的那件东西，认识到它就是这个样子。我们并不需要用关于烟灰缸的想象来为理解与这种知觉认识之间搭建桥梁。这里发生了一种"认同综合"（synthesis of identification），胡塞尔谈到，我们所讨论的知觉经验"涵盖"着空洞的"意味意向"（meaning intention）的内容，正是凭借着它，意味意向被知觉经验所给予的"亲自呈现"（bodily presence）所"充实"。当胡塞尔写道：

> 一个纯粹臆指性的判断活动通过有意识地转化为相应的明证而变得与事物或事态本身相适应。这种转化在本质上以充实纯粹意味的内容为特征，以意味内容在其中与自身被给予内容相符合并且被后者所"涵盖"的综合为特征；它是对先前与事物保持一定距离的意味内容的正确性的明确掌握。
>
> （51）

他心里所想的就是这一点。事实上，胡塞尔将声称，正是在这种知觉对纯粹思想的充实之中，我们发现了所有具有真理性、正确性的观念的起源；他能够把"对知识的探求"描绘为"对一个人的意味意向进行充实的探求"（52）。[1] 对语言的理解，或者更一般地讲，对符号的理解，并不是唯一的被空洞地指向对象的例证。诚

---

[1] 读者可能会奇怪，这种论述如何会被认为适用于那些逻辑的、抽象的和理论性的术语的意味。我们将在第三章来考察这个问题，不过简洁的回答是，那种直观并不必然是感觉的直观。——原注

然，正如我们将在下一章看到的，胡塞尔相信，精神指向对象的每一种形式都以某个空洞的成分为特征。然而，它也许是最清晰的例证，而胡塞尔本人在这个领域的思想正是从此处萌发的。胡塞尔关于直观之物的最一般的论述是依据明晰性给出的。由于明晰性有程度的不同，因此直观之物亦有程度的不同。譬如，你可能对某一张面孔的记忆如此的清晰稳定，以至于如果有些许天赋的话，你可能描绘出一幅较好的肖像。然而有的时候，我们却很难把一张面孔形象化：我们确实在专心致志地思想一张特定的面孔，但是它的图像却迟迟不肯"出现"，或者说，只是飘忽不定地、部分地出现。由于不仅本原直观，直观本身也可以"给予"我们对象，又由于在刚才提到的例子中，面孔并没有被本真地给予我们——它不会"出现"，或者不会本真地出现——因此，它具有较低程度的直观性。正如胡塞尔所说的：

> 在完全不明晰的情况下，也就是在完全明晰的极端对立面的情况下，根本没有什么东西被给予；意识是"晦暗的"，它不再具有哪怕是一点点的直观性，在严格意义上讲，它根本不是"给予的"意识。结果，我们不得不说：在隐含意义上的给予意识以及与晦暗的意识相对立的直观意识，彼此是对应一致的。它们的被给予性、直观性以及明晰性的程度亦是如此。

（*Ideas I*，126，译文有改动）

明晰性应该是哲学要求我们在思想中所坚持的那种自身负责

的本质方面，对于这个问题，我相信无须赘述。

在《笛卡尔式的沉思》中，胡塞尔还使用了超越前面那组区分的另外一组区分。这就是在某物的呈现（presentation）与它纯粹的"当前化"（presentification）或"现前化"（presentation）之间所做的区分，后者是胡塞尔的术语"Vergegenwärtigung"的通常译法。（这个德语词并不像这些英文术语那样罕见：它指记得某物，或者想起某物。）设想某物，回忆某物，期待某物的到来，以完全"空洞"的方式单纯在心里记得某物等都是当前化的形式；更为明显的是，在所有这些形式中，我们都没有直接面对事物自身。然而，它并不意味着，在这些情况中，我们在意向上被指向了有别于事物自身的其他东西。譬如，当我具体地回想起上一次看到我的母亲的时候，我所"意味"的是我的母亲本人，我在精神中指向的正是她，而不是关于她的某个图像。（想起图像将是一种非常复杂、不同寻常的精神运作。）但是这些行为并不完全指向它们当前的、明显的对象。不过，这些当前化本身却能够是直观的（参见，譬如78—79）。当然，它们自身并不会涉及关于其对象的直接的感官知觉，因为那是属于"呈现"的情况。然而，它们却能够涉及关于其对象的直观"例证"，譬如当我们想象或者具体地回忆对象的时候。因此，直观要么是呈现的，要么只是把它们的对象当前化；而当前化却可以要么是直观的，要么是不直观的。这里唯一的必然性在于，呈现应当是直观的，事实上它在本原上就是这样的。

胡塞尔对"Evidenz"的认识可以依据上面的区分与主张而得到理解。这个德语词被译为"明证"（evidence）既不完善又具误导性。指纹是某人曾经出现在某个现场的（相当好的）明证；但是对于胡塞尔来说，这个指纹根本不是什么"明证"。因为这个术语并不仅仅适用于这样的一些对象，而且更适用于意识状态或者我们对对象的统握。"Evidenz"应被理解为，正是由于它，某物对你来说才是明白无疑的。事实上，胡塞尔仅仅要求，它应该是"对事物本身的精神性的观看"（52），对"作为它自身"的事物的经验（54）。因此从现在开始，我会因循不同于凯恩斯的胡塞尔著作的某些译者，把"Evidenz"译为"自明性"（self-evidence）。（"明白性"［Evidentness］是另外一种合理的译法，只是会导致某些略显笨拙的短语转换。）简言之，正如我们现在可以说的，某物是"自明的"，当且仅当它在自身给予的直观中被本原地呈现给你。随着我们不断推进，我们会日益看到，本原直观的概念对胡塞尔的方法论来说是绝对关键的。现象学主要涉及"意义阐释"，即精确地说明我们种种意识状态或过程的内容或"意义"，而空洞的、非直观的状态在胡塞尔看来是本质上的怀疑对象。在对它们进行意义阐释之前，它们很可能是极其混乱或者根本没有意义的。它们总是需要去证明它们的认知资格，因为首先正是它们不能给予我们"事物本身"的。胡塞尔主张，只有把这些空洞的行为回溯到那些直观的（和本原的，理想地讲）行为——诸多空洞行为在其中得到了"充实"——我们才会清楚地看到它们的实在意味。"现象学在纯粹直观的范围内推进，或者毋宁说，在以进行充实的被给予性为基础的纯粹意义阐释的范围内推进。"（177）

返回到"自明性"的主题，读者现在很可能十分困惑，胡塞尔是如何能够把怀疑主义视为一个根本严肃的问题的。如果物理对象在知觉中是"自身被给予"的，如果这些知觉具有"自明性"——这种自明性在本质上具有为判断奠基的合法性，那么问题出在哪里呢？问题就源于这个事实——某物的自身被给予与它不完全地被给予是一致的，也源于相关的事实——某个自身被给予性能够与另一个自身被给予性发生冲突。正如我们将在下一章更为详尽地看到的，在论述我们如何能够在精神上根本地被指向对象的时候，胡塞尔使用了"空洞性"这个概念——它最早是在与语言意味相关时被胡塞尔引入的。譬如，还是以知觉为例，任何物理对象每次必然只能从一个侧面来被主体感知。作为三维物体，这样的一个对象在任何既定时刻都会在本质上对你有所保留。譬如，一切在视觉上可感知到的不透明物体，在任何情况下都会有一个背面被直接看到的对象的某一部分所遮蔽。然而你还是会认为这个物体具有这样的隐蔽部分，即使这并没有典型地涉及你对它的想象。因此，如果你将根本上拥有关于"物理物体"类型的意识对象——可以说，这种类型是与"阴影"（shadow）或"后像"（after-image）类型相对立的，那么你就会必然认为它具有未被你看到的遮蔽部分。但是，并没有在感觉上被给予或被想象正是"空洞性"的标志。因此，甚至在"给予"这样一个对象、"亲身"给予它的知觉中，存在着"未被充实的成分"，"前意味以及共意味"（55）。[1]（正如我们现在能够说的，这些要素在学术层面上讲是"非直观的当前化"。）对象是自身被给予的，但仅仅是通过胡塞尔所谓的"侧显"

---

[1]　正如我们将在下一章看到的，胡塞尔对"至少我们自己的体验是被切合地给予我们的"这个观点的拒斥建立在根本"流动的"、时间性的经验本质之上。——原注

（adumbrations）——事实上，"各个侧面"——而部分地被给予的。现在，恰恰因为空洞的意味指向了采用认同综合形式的可能的感觉充实（"这是我之前所想到的"），所以，这些共意味在原则上存在着无效的可能性。因为在任何时候，这些对象的没有明白地呈现给感官的内容总是多于明白地呈现给感官的内容，因此总是存在着这样的可能性，即这种"更多"——它恰恰是知觉的"意义"所要求的——不能够被具体化。因此，当你四处走动，观察并谈论着你所看到的面前那只花瓶的最远侧面的时候，你会发现"花瓶"事实上不过是一个纸板图案，或者更生动地说，它是一张全息图。原初的知觉，正如胡塞尔带有纪念意味表述的，于是就"迸裂"了（*Ideas I*, 287）。你现在认识到你对花瓶的知觉（以及在第二例中，对物质对象的知觉）是虚幻的。这种不一致是我们的虚幻感的根源——这就是为什么胡塞尔为了激发起"笛卡尔式的思想"而总是提起它的原因。

现在，胡塞尔引入"切合的"（adequate）一词来指称所有那些其中不存在未被充实成分的自明性。在这些情况下，对象并不仅仅是自身被给予的，而且是完全被给予的。所有与之相关的东西也同时一并被给予。我们刚才看到，没有什么物理物或物理现象可以在此意义上被切合地给予——甚至是神，正如胡塞尔有时补充的（譬如，*Ideas I*, 315）。在这里，切合性仅仅意味着一个"完满的理念"（55）——"康德意义上的理念"或者理想。然而，如果切合性在任何领域中都能够实现，那么我们似乎就可以得出，这种切合的自明性就等于绝然确定性，就等于对象的非实存或非实在性的绝对不可思议性，因为与对象的实存相关的一切，没有什么不能被给予我们。只有当对象的某个内容从我们的"视野"中消失的时候，我们似乎才会有可理解的怀疑可能性。反过来说，那些并没有被切合地给予我们的东西——因为它们的某些内容逃离了我们的视野——如何能够被绝然地认识到呢？诚然，在《笛卡尔式的沉思》出版的前几年，胡塞尔曾明确地谈到，"绝然的"与"切合的"这两个术语是有共同外延的（coextensive）（*EP II*，35）。胡塞尔在其事业早期曾采用了传统的观点，即体验是被切合地给予的，因为它们并没有遮蔽面，也因为我们不能对它们采取不同的视角：我们只是彻底地经历着它们。然而，在《笛卡尔式的沉思》时期，胡塞尔开始排斥此种观点，这一转变可以通过他在本篇沉思中所表达的对"切合的自明性是否并非必然地遥不可及"的担忧而反映出来（55）。相反，他开始相信，绝然性"甚至在涉及那些不切合的自明性时也能够发生"（55）。在另一个文本中，胡塞尔说，我们对正在流向过去的当前经验的把握是"不可取消的"，但它并不是本真地切合的（*APS*，369）；而在另一个文本中，胡塞尔说，"我思"是绝然地可知的，但并不是切合地可知的（*EP II*，397）。然而，即使考虑到胡塞尔往昔立场的诸多变化，考虑到绝然性或许可以达到而切合性却万万不能达到，胡塞尔在本篇沉思中关于绝然性的论述也仍是令人费解的。因为，有人可能会奇怪，事物是如何能够更有可能被问及自明性而不是它的"切合性"？因为即使这是一个"遥不可及"的理想，胡塞尔仍然声称，"这个理念不断地指引着科学家的目标"（55）。然而，他立刻接着谈到，科学家赋予绝然性以"更高"的认识论尊严。事实上，胡塞尔在当前语境中所说的一切都不能保证任何一条这样的判断。诚然，当他继续关注绝然性的价值时，他把绝然性与自明性本身，而不是切合的自明性作了对照。对这个问题的解决可能存在于下面这段话中，胡塞尔在其中指出，为了使某物是绝然的，它的非存在必须不仅在它被经验的时候是不可思议的，而且在任何时候都是不可思议的："绝然的认识是能够以同一的有效性完全地重复的。曾经绝然自明的东西不仅产生了曾经拥有这种自明性的可能的回忆，而且产生了它对现在乃至永远都有效的必然性：即可靠性。"（*EP II*，380）因此，胡塞尔能够说（与前面引自 *APS* 与 *EP II* 的段落相反），甚至在现象学态度的范围内，没有什么时间性的存在是绝然地可认识的（*EP II*，398）。原因可能在于，即使当前的在现象学层面上被纯化的我的经验，它的非存在此时对我来说是不可思议的，但是这种无疑性并不是可以"完全重复的"。在我不再经历那个经验的未来任何时刻，我都不能绝对确定它的存在。按照这种方法，我们会十分自然地推断出，只有一般的、本质的真理才是绝然知识的可能对象，因为它们是非时间性的主题——这就可能说明，胡塞尔为何在当前的段落中把绝然性的"更高的尊严"与科学家对原则的探求联系了起来。[1] 然而，这个问题很快就会得到解决，在下一沉思的开篇，胡塞尔将会重复那些已经提到的怀疑，其大意为先验经验领域可能并不是绝然地可确定的。事实上，他在那里谈到，在《笛卡尔式的沉思》的剩余部分，他将把对其现象学发现的绝然地位的考察暂时放到一边。

---

1 然而，事实上，这种推论可能是错误的——正如胡塞尔本人反复坚持的"至少，'我思'是绝然的"这个主张所表明的。对这个明显问题的解决办法是，在胡塞尔看来，"我思"是与**先验**意识相关的；正如我们将在下一章看到的，严格地讲，这并不是在时间**中**的，而是"超时间的"。——原注

"笛卡尔式的道路"

因此，这篇第一沉思所提供的通向现象学的道路看起来有些问题。我们被绝然知识这个"诱惑"所引诱，然后这个诱惑就被无限期地推延了。从1920年代早期起，我们就能够发现胡塞尔在勾勒通向现象学的可选择的"道路"。《笛卡尔式的沉思》《观念Ⅰ》以及早期的《现象学的观念》都遵循着胡塞尔所称为的"笛卡尔式的道路"，即一条通过认识论的批判而得以推进的道路。不仅如此，有些时候，胡塞尔还对笛卡尔式的道路多么令人信服持保留态度（譬如，*EP Ⅱ*，第46节）。事实上，在胡塞尔生前未能完成的《危机》一书中，他不仅重新开始了这种批判，而且似乎还提供了通向现象学的两条选择道路，这两条道路都特别地优先于笛卡尔式的道路。这就使某些评论者提出，胡塞尔逐渐抛弃了《笛卡尔式的沉思》所代表的现象学方法。[1]虽然这本导论性的著作并不是根本讨论这个多少有些混乱的评释性问题的场合，因为读者此刻可能会非常担心，《笛卡尔式的沉思》根本没有为他或她提供关于现象学的本真的介绍，而只是提供了胡塞尔逐渐抛弃的东西，但是，我还是想以再次保证的方式，就该书作为胡塞尔的经过深思熟虑的哲学立场的代表作所具有的价值来谈谈我的看法。

在这种关联中，首先要理解的一点是，此处所讨论的并不是研究先验现象学的不同道路，而只是通向这种现象学的不同道路，只是胡塞尔尝试使其读者理解并接受先验视角的不同道路。事实上，我们在这里所探讨的不是别的，正是胡塞尔毕生都在为之苦恼的问题，即如何才能最好地把先验现象学介绍为唯一的、真正的哲学视角。最重要的是，读者不应该怀疑，胡塞尔是否曾经认为，在这篇第一沉思中颇为重要的先验还原及其悬搁并不是现象学的绝对本质的成分：它们从未被这样看待过。虽然在某种意义上它们是达到现象学的门径，但是在当前意义上，它们并不是通向现象学的"道路"。胡塞尔本人所提到的可选择的道路是达到先验还原本身的不同道路。正如我已经提到的，胡塞尔在其最后一部著作中研究了通向现象学的两条非笛卡尔式的道路，但是在先验还原及其悬搁尚未达到之前，这两条道路都不能实现其目标（*Crisis*，第55节、第71节）。如果没有彻底地"断绝"所有自然的、世俗的信

1　此处，经典的文本是 Kern, 1964, 第17节。（在 Kern, 1977 中，我们也可以看到其观点的英文说明。）我认为，关于这个问题的更令人满意的阐释，可参见 Drummond, 1975。——原注

念，那么先验视角就根本不能够实现。因为，你会记起，先验视角看到了意识所具有的对现世对象的每种类型，包括我们自身的那种构造作用。现在，考察意识如何实现了这种构造就成了我们这些哲学家的唯一关注点。任何对被构造者的实在性的关注都将是十足的主题转移，是向一种迥然不同的、本质上非哲学的关注的矛盾倒退。即使胡塞尔已经抛弃了"笛卡尔式的道路"——事实上，我们对此毫无证据——这也并不等于兰德格雷贝所设想的以及导论中所提到的那种"对笛卡尔主义"的任何"背离"。胡塞尔对先验现象学的理解并没有发生任何彻底的变化：只是对它所涉及的深刻性与复杂性有了日益增进的认识。对绝然知识的关注——这种关注是笛卡尔式的道路所特有的——也没有发生任何彻底的变化，也许正因如此，笛卡尔式的道路才是可选择的。因为在《危机》中，那一点既普遍地得到了重申，又在每条非笛卡尔式道路的语境中得到了重申（譬如，192，263，275［188，259，340］）。笛卡尔式的道路的特点是，它最初聚焦于对绝然知识的哲学需要以及由此导致的对所有"实证"知识的批判，以此作为践行先验还原以及成为现象学家的原因。因此，笛卡尔式的道路是达到现象学的"认识论的"道路。当然还存在着其他可选择的道路，正如胡塞尔在《危机》中所证明的。在这部晚期的著作中，一条路线通过心理学而达到了现象学，另一条通过对"生活世界"（life-world）的反思而达到了现象学（我们会在后面对此进行详细的讨论）。尽管这些"道路"提供了不同于笛卡尔式道路的诸多选择，然而，它们并不是它的替代品。如果情况并非如此的话，我们就会感到十分困惑，当胡塞尔在1920年代早期勾勒出了通向现象学的诸多可选择的道路，并且指出了笛卡尔式道路的可能缺陷之后，他为什么仍然在《笛卡尔式的沉思》中遵循笛卡尔式的道路。而且在该书中，胡塞尔也指出了这两条达到现象学的可选择路线：第35节末尾提到了心理学的道路，第59节提到了依凭于生活世界的那种道路。我相信，胡塞尔对笛卡尔式道路的批判性考察只有作为对"那条道路如何可能被误解"之担忧的表达，才能得到最好的理解。这种担忧是高于"呈现"的。譬如，他在《危机》中说，笛卡尔式的道路的"重大缺陷"就在于，"虽然它通过一次跳跃就仿佛达到了先验自我，但是由于没有任何先行的说明，它使这个自我看上去是完全空洞无物的；因此，人们在最初并不知道，通过它能够获得什么"（158［155］）。因为，通向现象学的所有非笛卡尔式的道路的共同点（事实上，这样一来，它们就可能被视为不同于笛卡尔式道路的那种选择的诸多变更）在于，它们并不是从担忧知识本身的可能性出发的，毋宁说，它们致力于反思知识在某个特殊领域所取得的明显成就，譬如心理学或日常经验领域。在关于绝对奠基知识的那种理念的引领下，胡塞尔相信这种反思将会通向"先验洞见"，进而通向先验还原。因此，这条路线涉及关于假定知识的预先被给予领域的认识，对此，我们能够"在构造层面上"加以考察。相比之下，胡塞尔的担忧在于，由于笛卡尔式的道路仅仅以对绝然性的关注为指引，因此，它就使我们只对可能存在某个绝然可靠的存在者饶有兴致。于是，问题就产生了，我们要知道如何在哲学上对这个事实有所作为。然而，确实重要的是，在《笛卡尔式的沉思》中，这个问题完全没有作为疑问而出现，即使它一心一意地遵循笛卡尔式的道路。事实上，在第二沉思的开篇，它才被明确地提了出来——"在哲学上，我能用先验自我来干什么呢？"（66）——但是它马上就得到了答复：先验还原向我们呈现的并不是某个空白的存在的自我，而是"一种全新的、无限的存在领域，一种全新的经验领域：先验经验的领域"。因为，在确保了先验自我之后，胡塞尔在后面的诸篇沉思中所做的，就是把我们所熟知的最重要的、最基本的对象种类看作"先验导引"（transcendental clues），它们为我们提供了关于构造研究的诸多特定任务（譬如，参见第21节）。相反，笛卡尔本人的研究步骤"却仍然是贫乏无趣的，因为笛卡尔忽略了……要把他的注意力转向这个事实，自我能够通过先验经验无限地、系统地阐释自身"（69—70）。确实，如果"笛卡尔式的道路"仅仅在于探求某个绝然真理，那么这样一个由之而生的研究领域将不会自然地把自己当作一项任务而向我们提出。对先验知识的绝然"批判"的无限期推延也将是很成问题的。但是我们已经看到，这篇第一沉思所包含的内容远不限于这一研究。尤其是，而且极为关键的是，它包含着"先验洞见"。我们从对自然经验的绝然批判出发，当然能够发现它的不足。此刻，重要的是，我们在其中发现自然经验有些缺陷的那条道路。正是因为"笛卡尔式的思想"，事情才会是这样子的。这个思想随后作为动机促发了"先验洞见"，先验洞见又进一步促发了作为利用洞见之唯一方式的先验还原。这种情形之所以累进到还原是因为，正是在还原之中，我们自身仅仅关注于这个问题，即如果存在着我们没有考虑到的却"为我们"而存在的任何种类的对象，那么意识需要什么呢？这种还原需要悬搁，因为只有不考虑一切有关对象实在性的问题，我们才能够全身心地关注于这种为了意识的存在。如果没有悬搁，我们就是素朴的：我们把对象视为已经造好的、纯粹被给予我们的"物"，从而忽略了意识的构造作用。通过对这种作用的细致考察，对"为了使任何类型的对象通达意识，意识需要什么"这个问题的深入研究，我们会逐步达到对这些对象之本质的更充分的理解——对它们的"意义"的更充分的理解，正如胡塞尔所表述的；因为"对于我们来说"，一个对象之所是仅仅与该对象在其中被给予的意识的特定构成相符合。一旦实现了还原，人们就达到了先验现象学的设定，除此之外，再没有别的什么达到先验现象学的道路了。因此，如果读者已经认识到了实现这种还原的哲学重要性，甚至必然性，那么胡塞尔当前这篇导论性的沉思也就实现了它的目标。读者不必担心后面诸篇沉思的内容是对胡塞尔曾经抛弃的现象学的说明（当然，虽然胡塞尔也总想详细地发展、修正这些内容）。然而，恰恰在后面的内容中，在细致的构造分析中，先验现象学必须证明其决心。正如胡塞尔本人所说的：

> 悬搁的空洞一般性本身并没有澄清任何东西；它只是人们为了能够发现纯粹主体性的全新世界而必须穿越的门径。现实的发现仍然是一项具体的、极其细微的、辨别性的工作。
>
> （*Crisis*，260［257］）

我们现在就必须转向它。

第二章

第二沉思

（第12—22节）

胡塞尔认为，我们已经发现了"一种全新的、无限的存在领域"（66）。这是"先验经验"的领域，它关涉到我的"纯粹"意识生活及其所有要素，以及有可能被给予意识，即有可能在意识中被构造出来的对象的一切"纯粹"类型。由于悬搁，全部这个领域已经"纯化"了关于现世实在性的任何设定，甚至是心理学所涉及的"主观"设定。对于很多人来说，仅仅根据前一章的发现而把这个领域描绘为全新的存在领域，无疑是一大跳跃，甚至可能大错特错。因为迄今为止，我们确实只是发现了一条思考我们的意识生活的新路径，抑或我们的生活所达到的一种新功能。想必没有什么形而上学的或本体论的结论，譬如"存在"一词似乎所意味的，能够在这个阶段被证明是正当的吧？正如我在前一章所指出的，我希望把所有关于这些问题的思考推延到第四章。因为，如果承认胡塞尔至少已经开启了一种全新类型的探询，对主体性的构造功能的探询，对一切种类的对象如何与意识状态的某些类型必然关联的探询，那么我们就能够向前推进。这一点，也唯有这一点是我们作为彻底哲学家的永恒探询的领域。现象学这门全新科学"可谓是绝对主体的科学，不管世界存在与否，它的主题对象总是存在的"（69）。唯有在这里，我们才会发现"一切科学的最深刻的根据"（66）。我们不会像笛卡尔那样，竭力推断外在于这个经验领域的东西的实存。事实上，正如我早先提到的，亦如我们将在第四章更为详细地看到的，胡塞尔认为这样一个"外在于"（outside）的概念是毫无意义的。作为"淡然的旁观者"（73），我们仍将把自己限定在这个领域之内，并满足于忠实地描述和分析那里向我们所展现的一切。先验现象学将是"意识生活的解释学"（*P&A*，177）。

因为这里所讨论的意识生活对于每一个彻底哲学家来说都是"我本己的",因此现象学也不是别的,它就是"自身阐释"(*CM*, 76, 97)。

尽管在第一沉思中,胡塞尔特别重视在我们的哲学探讨中所需要的绝然确定性,尽管他声称他本己的意识存在的绝然确定性,即 ego cogito——我思的绝然确定性,但是,这篇第二沉思却是通过他重提早在前一章就已经指出过的那个主张而展开的,即到目前为止,胡塞尔还不能声称这个全新的先验经验领域具有绝然确定性:"对于自我本身来说,不论它的存在是多么绝对自明的,但是对于先验经验的**杂多材料来说**,它却不是如此直截了当地成为自明性的。"(67,我做的强调)在第一沉思中,胡塞尔已经指出,用记忆来确保"绝然确定性可能被局限于人们的意识生活的当前时刻"这一怀疑,是个恶名昭著的错误。在本篇沉思中他也暗示,"习惯特性"——胡塞尔用它来表示心理倾向或能力,以及性格特征——可能也在这种确定性的范围之外。事实上,对第二沉思的开篇所做的细致解读将会表明,在这个阶段,胡塞尔甚至不会主张他当前的思想和经验的绝然确定性:"在先验还原的态度中作为被感知到的,被回忆起的,等等,而被给予我的种种思维活动,就其**现在**或过去的存在来说,绝不能宣称它们是绝对无疑的。"(67,我做的强调)在同一页向下的地方,胡塞尔含蓄地指出,我们只能从"ego sum"的绝然确定性,从"'我在'的空洞同一性"的绝然确定性出发。因此,确保先验主体性这个必然领域就显得有点问题了。正因如此,胡塞尔允诺对先验经验进行批判(critique)(凯恩斯译为"批评"[criticism]),他想借此对先验知识做出评价,来看看它是否与绝然确定性的基准相符合。胡塞尔在很多场合谈到，如果没有这种批判，我们将在"先验素朴性"之名下白费力气，徒劳无功（例如，*EP II*，170）。

在《笛卡尔式的沉思》中，虽然胡塞尔并没有对绝然批判之后还能残存什么进行扩展性的论述，但他确实向我们提供了某些暗示。譬如，他指出，当自我的先验生活在时间中展开时，虽然我们可能不会拥有关于它的某些特定内容的绝然知识，但是我们却能够拥有关于自我的结构的绝然知识（67）。譬如，你拥有这样的绝然知识，即你的先验生活在本质上是时间性的，不论它包含了什么样的特殊思想和经验：它"流动着"。虽然，你的过去具体是什么样的并不会涉及绝对确定性，但是你拥有过去却是绝对确定的。在比这些沉思略早几年的一个文本中，胡塞尔主张，至少我们关于刚刚逝去的过去的回忆具有绝然确定性（*APS*，374）。但是，即使我们承认了这一点，它也似乎不能为我们提供很多东西；当然也不能提供一个有待研究的"无限领域"。在这种联系中，需要指出两点。首先，正如我们将在下一章看到的，先验现象学总是被规定为本质（eidetic）现象学。也就是说，胡塞尔的主要兴趣点并不是具体事实，哪怕是先验纯化的事实，而是本质：特别是任何可能意识的先天必然的结构与规范。即使个别的、先验沉思的自我的存在是绝然确定的，但是，在对本质可能性的探求中，这个现实的自我及其生活仅仅起着例证的作用。在第二沉思中，胡塞尔在此简要地指出了这一事实：

还存在着另外一门把自身限定在纯粹可能性的领域（纯

粹的可表象性，纯粹的可想象性）之内的先天科学，它并不对那些先验实在性的存在做出判断，而是对那些先天可能性做出判断，因而同时也规定了各种实在性的先天规则。

（66）

甚至是怀疑论者也会承认，我可能拥有一段完整的可能的过去。胡塞尔更为感兴趣的是，譬如，如果过去将成为我的现实的过去，那么任何这样的过去与我的现实的当前具有什么样的必然联系，任何现实地延展的意识生活所必须拥有的那种时间结构又是怎么样的。其次，胡塞尔指出，先验现象学必须分两个阶段推进，其中，后一阶段将实行对先验经验的绝然批判。如果没有这种批判，第一阶段"就还不是完全意义上的哲学"阶段（68）。在这里，我们"通过全身心地致力于先验经验的和谐流动所固有的自明性"而对先验经验进行了考察（同上）。这种对和谐性的关涉表明，在这个第一阶段，我们将在先验层面上满足于与自然经验的诸多对象所具有的"经验确定性"——这是我们在前一章所指出的——相类似的某种东西。既然曾经许诺过的批判从未得到贯彻，"同时，我们认识到要把关于绝然性……的范围的诸多问题……搁置一旁"（70），那么整部《笛卡尔式的沉思》就只是在这第一阶段上操作了。虽然这些问题最终可能确实需要得到说明，但是现象学的第一阶段——在近期的论述中，我们将满足于这个阶段——已然十分重要了。在某一处，胡塞尔区分了先验还原与"绝然还原"——在先验领域之内，后者把注意力限定在真正绝然的东西上——他说，"在我进行绝然批判之前，我必须拥有实现那一批判的领域：在当前情况下，就是经验的领域。这个关于先验的自身经验的领域是我最初通过先验还原的方法获得的"（*EP II*，80）。我们将满足于考察这个领域，而不过分关注绝然性的终极奖赏。[1]因为，正如我们在前一章所看到的，我们已经有了在哲学上对这个领域感兴趣的理由：先验研究与任何"实证的"因而"素朴的"探询相比，具有某种优先性。正因如此，我们一方面可以在我们正在从事的知识中安然地前行，另一方面，如果这种知识不是"第一哲学"，那么它也至少会优先于其他任何学科，我们因而也可以在这一知识——凭借在纯粹经验中发现的那种和谐性，我们的诸多发现将至少具有关于任何经验探询的确定性——中安然地前行。（关于这种方法，可以参见*APS*第367—368页的例子。）

---

1 在《笛卡尔式的沉思》时期，胡塞尔已经开始把"绝然还原"与在"具体的当下"（譬如，*EP II*，465—467）之中，在胡塞尔日益称为的"生动当下"——这个主题将稍后在本章中关于时间的那一节中提出——之中的发现物的限定结合了起来。——原注

意向性

虽然纯粹意识将是我们真正的探询领域，但是，如果意识在本质上并不具有指导我们随后的所有研究的某种特征，那么这种探询也就不会特别地有趣。那种特征就是意向性：意识在本质上是关于物的意识。相对而言，"意向性"这个术语在分析哲学家的语汇中出现得较晚，它在多种意义上被使用。一些人用它来代表关于或涉及实在的"外在"（external）世界的一些物件的那些"精神状态"的能力。问题通常会在先验实在论者视角的背景下显现出来，那就是，我们如何能够获得"外在"（outside）意识。然而，按照这种方式对意向性所做的解释，最终不可能具有任何关乎胡塞尔的意味，因为胡塞尔是一名观念论者。但是甚至抛开那个问题，这个首要的问题无论如何也不等同于胡塞尔所理解的意向性，因为意向性不仅以我们关于"外在"对象的意识为特征，而且以我们关于自身的精神状态和体验（不论它们是否被先验地纯化）的反思意识为特征。此外，对意向性的这种解释把这个问题看作是，各个独特的实存（existences）、各个独特的存在者是如何能够在认识论上或者在认识上联系起来的。但是，按照胡塞尔的观点，这就把两个问题结合在了一起：一个是关于指向对象的意向性本身的问题，另一个是截然不同的、关于对象的实在性的问题。在分析传统中，有些人已经试图用被明确定义的内涵性（intensionality）这个语义概念来阐释意向性。[1]但是，这不仅引起了它自身的不确定性——譬如，[S确实看到了x]这一语境是外延性的，但是视觉感知却是一个意向现象；很多人把"……是自然律"看作是内涵性的，但它显然与意向性毫不相干——而且，如果这两个概念之间在根本上存在着任何有趣的联系，那么解释的方向必将是从最初的意向性的精神现象出发，进而发展到作为它们之表达的语言现象。在分析传统中，与胡塞尔的意向性概念最为贴近的是这个主张：一个精神状态或事件是意向性的，当且仅当它拥有一个对象，只不过这个对象无需在现实中存在。庞塞·德·莱昂（Ponce de León）寻找青春之泉[2]，小孩子会等待圣诞老人，尽管现实中并没有这样的存在者。然而，虽然这确实适用于大多数意向状态，但它并不是普遍为真的。因为胡塞尔认为，我们对某些对象拥有绝然确定性——只要它是我们本己的自

---

1 如果外延相等的一个表达式在某个语境下代替了另一个表达式，但却不能够保证保持原句的真值（真或假），那么，该语境就是内涵性的。如果指称表达式指称相同的事物，那么它们在外延上相等；如果某些谓词适用于相同的事物，那么它们在外延上相等；如果某些句子具有相同的真值，那么它们在外延上相等。——原注

2 庞塞·德·莱昂（约1460—1521）是一位西班牙征服者。1512年奉西班牙国王之命寻找传说中的比米尼岛，据说该岛上有一眼四季长流的泉水，凡饮此泉水者，可永葆青春。莱昂率领探险队最终抵达了北美的佛罗里达，但他最终还是没有找到这眼神奇泉水。后来许多美洲人都效仿他，但都无功而返。——译注

我。我们关于这些对象的意识是意向性的例子，而绝然性却完全排斥可能的非实存。此外，甚至当某个对象的非实存是一种可能性的时候，这种可能性本身也不能为我们提供关于意向性的根本解释。相比之下，胡塞尔所提供的关于意向性的论述，对可能情况下的意向对象的可能的非实存做出了说明，并且使之可以理解。

胡塞尔写道："意向性一词不指别的，它仅仅是指意识的普遍根本的特性：意识是关于某物的意识。"（72）"意指"（intend）一个对象仅仅意味着以任何方式根本拥有或者在精神上指向一个对象——如在知觉、思想、回忆、想象、期望之中，又如在欲望、情感之中，等等。它与"意味"（meinen）一个对象的意思是相同的。因此，笛卡尔的确定性的完整表达并不是"我思"，而是"我思—思维对象"（74）——可以解释为"我意识—到某物"。严格地说，这就是胡塞尔"意向性"一词的全部意味。事实上，甚至这个显然十分简单的主张也很容易遭到误解。因为人们极易假定，胡塞尔通过求诸意识这个早已被理解的、日常的概念，来试图解释意向的"关于'……的意向'"（of）。[1] 然而事实上，解释的次序最终是以相反的方向进行的：我们将根据把我们与对象联系起来的特殊的"关于性"（of-ness）来理解意识为何物。因为正如我们将要看到的，胡塞尔随意谈到的意识活动与意识状态根本不是通常意义上的所谓"有意识的"。意识这个概念并不是现象学家简单地从日常思

---

1 "意识到某物"对应的英文是"be conscious of something"，其中介词of的本意是"关于"，在这里，它连接着意识的对象something，也就是说，of是意识与意识对象之间的连接物，它具有意向指向的功能。因此，本书作者在这里提到了intentional "of"，即意向的"关于"。——译注

想中接收过来的。毋宁说，它必须在现象学阐释的过程中重新加以塑造。事实上，这一点普遍适用于现象学的"概念体系"。诸多概念和术语必须在对主体成就——它在先验反思中被"看"到——纯粹描述的背景下，"以原初的方式"被重新规定（譬如，180）。于是在现象学自身的研究过程中，现象学概念出现了，并且得到了改进。然而，胡塞尔将由关注日常意义上的诸多意识状态出发，来揭示这些状态与在它们之中被清楚发现的对象之间的联系。问题就在于，要充分地理解甚至在"意识到某物"这一显然十分简单的概念中所包含的内容。当我们做到了这一点，这种与诸多对象的意向关联性——唯有它是意识所确切具有的——就有可能扩展到通常被我们看作是意识状态的领域之外。[1]在理解甚至是"意识到某物"这个日常概念所包含的内容的过程中，第一步就是认识到在我们的精神生活中的综合作用："对我们所谓的综合的特性的阐释，首次使作为关于某物之意识的我思、意向经验的展显成效斐然，从而也首次使得弗朗兹·布伦塔诺的重要发现——意向性是精神现象的基本特征——富有成果。"（79）为了正确地认识胡塞尔对意向性，从而对意识的理解，我们需要看看为何"综合"会必然地包含在其中。

现象学还原所涉及的内容之一就是注意力从现世事物转向了我们的体验。胡塞尔认为，如果我们这样做了，那么跃入眼帘的第一个东西就是体验的多样性（multiplicity），它甚至与关于最简单的对象的意识相符合。从经验角度讲，你不可能得到比感知一个物

1　事实上，正如我们稍后将要看到的，甚至还存在着并不指向被充分构造的**对象**的意向性。这也是后来对这个概念所作的改进。——原注

质对象更简单的经验了。在知觉中，物质对象似乎只是存在于那里，"亲身"（bodily）呈现在你的面前。但是

> 反思经验教导我们，根本不存在日益增多的被感知物，被感知物当中也不存在任何确定的被感知要素，在感知过程中，这种要素并不会出现在不同表象的多样性之中，即使它是作为持续存在的同一事物而被给予并把握的。但是在正常的、正在进行的知觉活动中，当所经历的经验的作用过程仍然是在主题之外的、未被把握的和潜在的时候，只有这个统一体，只有事物自身才是理解的关注点。知觉并不是对被感知物的某种空洞的"占有"，而是在关于自我同一的存在者——它以这样或那样的方式存在——的意识之中，综合地联结其自身的主体诸表象的流动的、生活的经验。
>
> （*EB*, 238）

在《观念Ⅰ》之后，胡塞尔首次尝试把他的哲学引介给公众：这就是《不列颠百科全书》的"现象学"词条，上面这段话就出自该词条初稿的开始部分。至少在那时，胡塞尔就清楚地认为，关于现象学，人们首先要了解这些内容。在《笛卡尔式的沉思》中，他给出了心中所想的那种事物的具体例子：

> 譬如，如果我把对这个骰子的感知活动当作我的描述主题，那么在纯粹反思中，我认识到，这个骰子以显现方式的多重形式和可变的多样性——它们都确定地属于骰子——而

持续地作为对象性的统一体而被给予。这些方式在它们的时间流动中并不是诸多体验的非连贯的前后相继。相反，它们在综合的统一性中消散流逝，因此，在它们之中，我们才会把同一的东西意识为显现的东西。这同一个骰子时而在近的显现中显现，时而在远的显现中显现。

(77—78)

综合就是这些不同的意识状态之间的关系，正是凭借着它们，同一个对象呈现在意识的面前，尽管还存在着差异。凭借着这种综合，甚至在给世界加括号并转向纯粹的体验之后，我们仍然会发现对象的二元性以及对象在其中被给予的体验的二元性——这里的二元性涉及与体验的流动多样性相对照的对象的统一性。这一点最早似乎是作为启示而被胡塞尔想到的。在1907年的"五次讲课"中——这是胡塞尔采用先验现象学视角所取得的初步成果之一——我们发现了下面的话：

> 甚至在现象学还原之后，如果我们更加切近地考察并留意，在［感知］一种声音的体验中，显现以及显现物是如何相互对照的，这种情况在纯粹的被给予性中，进而在真正的内在性中是什么样的，**那么我们就会大吃一惊**。
>
> (*IP*, 11，我做的强调)

正因为这一点（以及向《笛卡尔式的沉思》的回归），"对意识的研究才涉及了两个方面"（77），胡塞尔称之为"意向行为的"（noetic）（就其所涉及的对象指向性来说，它考察的是关于主体性的内容）方面和"意向对象的"（noematic）（关于对象）方面（74）。只有当我们具有这种二元性时，我们才会具有意向性。意向性就是在流动的主体生活的"赫拉克利特之流"（86）之中，关于同一性意识的某种"成绩"或"成就"的代名词。任何对象在这种赫拉克利特之流当中都是"同一性极"（83）。因此，在新的精神行为中，我们在原则上总是有可能把一个对象当作始终同一的对象而"返回"到它，再次意指它。如果没有这种可能性，那么关于"对象"的谈论都是不合适的（譬如，*FTL*，140—141，251；*APS*，326—327）。

因此，要理解胡塞尔的意向性概念，第一步就是要认识到，诸对象与意指这些对象的主体状态或过程并不具有对应的关系。事实上，这正是胡塞尔的"构造"一词的精确意义。他在"五次讲课"中是这样介绍这个概念的："'构造'是指，当它初次显现时，内在被给予物并不像装在盒子里的东西那样存在于意识当中，相反，它们在某种类似'显现'的东西之中呈现自身……这些显现在其变化不定的、极为独特的结构中，在一定意义上为自我创造对象。"（*IP*，71）因而，谈论意识"构造对象"仅仅是在谈论这种方式，正是在通过它，对象在意识过程流动的多样性中作为同一性极而出现，仅仅作为这些过程的产物而出现。

因此，胡塞尔揭示出了我们将在纯粹意识领域之内发现的"超越性"（transcendence）的意义。甚至在悬搁之后，我们还是会发现意识与它自身中的对象具有相关性（71），这一对象"内在于流动的意识之中，并在其中得到了描述"（80）。为了澄清"内在超越性"这个概念，胡塞尔引进了专门术语"reell"，凯恩斯通常把它译为"实在固有的"（really inherent）或"实在本质的"（really intrinsic）。如果某物在严格的意义上讲是意识之流的一个成分，如果它是我们经历的某种东西，譬如知觉经验、思维过程、情绪、感觉以及这些精神现象的任何组成部分，那么它就是意识所实在固有的。相比之下，如果某物并不是意识的这种实在固有的部分，那么它就是超越的。因此，甚至是完全不实在的对象，譬如幻想的对象，也是超越的，因为它们也不是严格意义上的意识成分，而只是涉及主观过程的多样性之流——它是意识的真正成分——的同一性极。正如胡塞尔在第一沉思行将收尾处讲到的，毫无疑问，我们要避开主观唯心论的谴责，

> 正如被还原的自我并不是世界的一个部分，因此，反过来说，不论世界还是任何现世对象也都不是我的自我的一个部分，它们都不会作为我的自我的实在固有的部分，作为复合的感觉材料与复合的行为，实在地存在于我的意识生活当中。这种"超越性"包含在任何现世之物的本质意义之中。

（65）

在实现了先验还原之后，这一点得到了断定，因此，此处所探讨的世界及其对象只是纯粹的"现象"。

与关于物质对象的知觉相比——胡塞尔通常把它视为意识的典范形式——意识的对象显然超越了经验之流，因为它所包含的内容远比它在这种经验中所"本真"显现的多得多。譬如，你所看到

的面前这本书，它有一个背面当前并未向你显现。当然你可以翻阅它，直接经验到它的封面；但是当你这样做时，你必然又失去了这两页纸的原初显现。这一点甚至适合于最简单最小的可感物体。转换到另外一种感官，如果你可以把一个小的物体完全掌握在手，那么你就可以得到它的所有表面的触觉显现；但是甚至在这种情况下，你必然不能同时感觉到它的内在各部分。甚至当我们转向某个二维现象时，譬如阴影，它根本没有被遮蔽或被阻塞的部分，我们仍然会发现这个对象相对于意指它的经验中的所有实在固有成分的一种超越性。因为，甚至是阴影也会由于我们倾斜地看它或是正面充分地看它而呈现出不同的显现；如果我走近它，它会在我的视域中占据比先前更加广大的范围。当我因此而改变了对阴影的观察点时，我的经验的感觉成分就会发生变化，但是对象，甚至当它恰恰被视为向我所显现的样子时，都不会发生变化：甚至在看起来改变了形状或大小时，对象本身也不会发生变化。变化的东西，或者说被视为正在变化的东西，仅仅是我与对象的知觉关系——我投向它的"视角"。甚至在诸如颜色等关于对象性质的例子当中，情况也是类似的。因为正如"颜色恒常性"的现象所示，性质不同的感觉状态可能会包含在显现为相同的对象颜色的呈现之中，尽管处于不同的光照条件下。在这种联系中，胡塞尔谈到了由知觉经验的实在固有的感觉特征所侧显的物理对象及其特征（*Ideas I*，74，202—203；*LI* VI，第14节 b）。这些事实并不依赖于任何关于现世对象的实在性的自然信念，认识到这一点是非常重要的。问题并不在于我们仅仅"知道"物体有背面或内在各部分等，而是在于这些对象显现为具有这样一种本质，不论它们是否确实具有：以至于我们不假思索地按照这种方式来看待它们，如此看待它们就是对所探讨的那种对象和经验的确定。这个事实在悬搁之后仍然存在，因为它所关注的是我们某些经验的纯粹"描述性特征"。即使你本人确信，此刻你的视觉发生了幻觉，但是这本书仍然会显现为带有遮蔽方面的三维物质对象。正如胡塞尔所表述的，这一点对于具有物体"意义"的对象来说是确定的。

关于物质对象的知觉涉及对在那一经验中并没有在感觉中显现出来的该对象的诸多方面的指向，这一事实使我们回想起了我们早（在前一章）就已经看到的胡塞尔所研究的主题："意义意向"的空洞性，与之相对照的是意义意向的"充实"（fulfilment），这种充实是通过与被空洞意味的对象的知觉联系而得以实现的。胡塞尔所觉察到的是，甚至在关于对象的亲身呈现的知觉经验中，也能够发现"空洞的意指"："每一个个别的知觉都是已被充实和未被充实的意向的混合。"（*LI* Ⅵ，690［714］）当你看着这本书时，它显现为一个物质对象，只不过其中的一部分遮蔽在了你的注视之外。它之所以能够显现为这个样子，仅仅是因为知觉的主体"成就"涉及对遮蔽面的指向，这种遮蔽面是在纯粹经验某个似乎没有任何遮蔽方面的感觉的过程中所缺失的某种东西。[1]如果你把这本"书"拿起来，发现它事实上只不过是两页纸，那么你就会越发清晰地认识到，在你对这本书的知觉中存在着这种指向：因为你会感到十分惊

---

[1] 这样的感觉可能有**未被注意到**的方面：譬如，你可能没有注意到，感觉缓缓地逐渐强烈起来，或者，感觉有轻微的震颤。但是这些并没有被意识之流所实在固有的东西**遮蔽、完全掩盖**。——原注

讶。这里，对遮蔽方面的"指向"是以预期的形式出现的。反过来说，如果事物确实就是它们看起来所是的样子，那么当你翻阅这本书时，你对封皮的知觉就会充实并且证实对它的原初"空洞"的指向。如果你早已对这本书烂熟于心，那么当你翻阅它时，你就会对你将要看到的内容有着相当确定的期望。相比之下，如果你看到了一个完全不熟悉的对象，那么，情况就大不相同了。然而，如果一个事物看起来与某种物体十分相似，那么你必然会对它的遮蔽侧面怀有某种期望：至少它会有一个遮蔽侧面。意向性恰恰存在于经验中空洞的、未被充实的成分的呈现中：

> 意向分析由一个基本的认识所引导，即每一个我思作为意识，实际上都（在最广的意义上）是对它所意味的东西的意味，但是在每一瞬间，这个被意味的东西（被意味之物）远远多于在那个瞬间被明确意味的东西。在我们的例子中，知觉的每个阶段都只是在知觉中被意味的对象的纯粹某个方面。这个存在于任何意识之中的超越自身的意味必须被视为意识的本质要素。

（84）

诚然，胡塞尔主要依据空洞意指才倾向于想起"意向行为"，他经常拿这些行为与"充实行为"相对照（譬如，*LI* V，第13节）。然而，尽管充实行为具有感觉呈现的"完满性"，但是甚至它们也是真正意向性的，这只不过是因为它们也把关涉"超越意味"的空洞意向包含在自身当中。意向性在本质上牵涉缺失。

胡塞尔经常用两个相关的术语来表达我们的意向指向性，它超越了在感觉显现中严格地表现出来的内容：这就是"统觉"（apperception）与"共现"（appresentation）。当你看着某个物质对象时，你只是"本真地"看到它的有限一面；而对于一个不透明的物体，你甚至只能看到它的表面的有限方面。正如胡塞尔所表述的，只有这一点被"展示"在你的感觉经验中。然而，你还是基于被指向这些遮蔽方面的空洞意向而认为，你在感知一个带有遮蔽侧面的、连贯的三维物体。胡塞尔是这样表达的：你把物统觉成了一个连贯的物体。因此，当你把某物感知为某个种类的物时，你就统觉了它；当你这样看待它时就会牵涉某种认识，即关于在知觉所包含的感觉状态中超越了本真的显示者或"展显"者的那个东西的认识。统觉是一种"再感知"（perceiving-in-addition-to）（"又感知"[ad-perception]）。正如我们刚刚看到的，因为胡塞尔主张，一切知觉都涉及这种在本真的被给予者之外的"超越意义"——这种统觉的"剩余"，正如胡塞尔有一次这样称呼的（*LI* V，399［567］），因此，他主张一切知觉都是统觉。然后，他说，被"本真地"看到的对象的诸方面共现出了本质上暗含于该对象的其他方面，但这些方面也仅仅是被空洞地意指的。

在继续深入之前，我们也许应该略微论述一下胡塞尔的这个主张——意识在本质上以意向性为特征，意识的每个状态都是关于某个对象或者其他对象的意识——因为这个主张经常遭到质疑。在这种关联中首要指出的一点是，胡塞尔并没有否认，在意识中确实有一些实在固有的要素缺乏意向性。正如我们稍后将在本章中看到的，胡塞尔把"感觉材料"视为任何知觉经验的补充：这些要素说明了把这种经验与纯粹的思想或想象区别开来的感性直接性（immediacy）。胡塞尔认为，这些要素在本质上丧失了意向性。然而，这些感觉要素却是更为复杂的行为——成熟知觉的要素，这些知觉全体是具有意向特征的。胡塞尔只把意向性赋予了这些具体的、完整的行为整体。然而，还有两种具体的意识状态，它们即使作为整体，通常也被认为是缺乏意向性的。首先就是感觉。譬如，通常我们并不认为疼痛是"属于"某物的，它只是意识中的一种强制的（brute）呈现。另一方面，一些哲学家主张，甚至痛感也确实涉及朝向对象的指向性。譬如，按照这个观点，你的脚有点疼就意味着你以某种方式意识到了你的脚。至少在正常经验的范围内，胡塞尔是同意后面这种观点的。然而，这种在疼痛时意识到你的脚的可能性是有其前提条件的。特别是，你的身体必须已然为你而被"构造"。因为，一个非常低级的意识形式——其中，疼痛会在关于身体主体的任何意识出现之前而发生——难道不是不可思议的吗？也许处在发展的某个阶段的子宫中的胎儿的意识，就是这种可能性的现实事例。如果事实确实如此，那么感觉就不会必然地涉及对任何事物的意向指向性。事实上，基于我们稍后要在本章中加以研究的那些原因，胡塞尔并不认为，甚至关于这些"齐整"的感觉的意识，也能够仅仅通过意识中的某种非意向的疼痛"材料"的强制呈现而得到说明。甚至对于这些感觉，胡塞尔也会做出对象以及我们关于它的意识这两者之间的区分。[1]因此，对于胡塞尔来说，甚至对于感觉而言，一种强制的、非意向的"原感觉"也只是从更加全面的、完整的行为中得到的抽象物。

可能会对胡塞尔的主张提出质疑的、完整的意识状态的第二个类型就是情绪。因为，难道某些情绪——譬如某些种类的焦虑，通常的厌烦、不安、奇异感——不能完全缺乏特定的意向对象吗？诚然，正如胡塞尔充分认识到的，当然可以；但是这并不能剥夺它们的意向指向性。因为，正如我们将在第三章更为详细地看到的，意向性并不总是涉及对确定对象的指向性。尤其就情绪而言，胡塞尔早在《逻辑研究》中就已指出，他认为它们可能涉及对不定对象的意向相关性（*LI* V，第15节b）。缺乏确定性并不是情绪所独有的。不定的意向指向的另外一种情形就是，我们绞尽脑汁去想某个东西的名字，却总是想不起来。在这里，我们似乎并不像在意向上进行摸索那样，在很大程度上意向地"指向"某物。胡塞尔本人在刚才谈及的那段话中提到，"朝向未得到表象的目标的含糊的冲动或压力"以及"我们尚未赋予其语言表达的观念"是这种现象的进一步的例证。因此，返回到关于情绪的情形当中，虽然我们不能用手感触到我们的焦虑对象，但是这并不意味着焦虑是某种空白的、自我封闭的状态。在他晚期的一段话中，胡塞尔把情绪写成"为一切显现赋予色彩的感觉统一体"（M Ⅲ 3 Ⅱ 1，29）。在胡塞尔看

1　胡塞尔并不是总能认识到这种区分的，譬如在早期的《逻辑研究》中他就没有认识到。他关于我们即将看到的**时间意识**的深入分析，使他想到有必要作出这种区分。——原注

来（在海德格尔那里，这一思想更加有名），情绪一词的德文——Stimmung——意味着个人与环境的协调。在晚期手稿里，胡塞尔把情绪与我们的生活进程联为一体（譬如，A Ⅵ 34，22）。绝不能认为那些非常密切地关注我们的生活"处境"的东西缺乏意向性。因此，在一定限度内，一种情绪能够被看作是在意向上指向了世界或现实整体——海德格尔将会利用这种可能性。

视域的概念

为了表达处于意向性核心的呈现与缺失的相互作用，胡塞尔引入了在现象学后来的全部发展中一直十分关键的术语："视域"。胡塞尔通常会在一个对象的内视域（inner horizon）及其外视域（outer horizon）之间做出区分。它的内视域包括我们最近一直思考的、在关于对象的知觉中所"缺失"的东西：在关于对象的特定经验中并未展显出来的，而仅仅是被"空洞地意味"的对象本身的更多的部分和方面。相比之下，一个事物的外视域包括那些根本不是它本身的部分或方面的东西，但是这些东西却仍然在任何关于它的意识中得到暗示。"超越自身的意味"作为意向性的构成要素，不仅超越了对象在感觉上的显现部分而趋向全体，而且还超越了事物自身这个整体，这是胡塞尔的一个基本洞见。因为每一个物质对象在本质上都位于空间当中。每个个别知觉都必然具有仅仅作为对世界的某个片断的特定"观照"的意义。每个场景都必然引出另一个场景，另一个场景又引出其他场景，这样，在无限的空间中，就能够无限地考察它可能包含的其他对象——它必定能够包含的其他对象。超越既定的被感知物而指向其空间环境，这对于显现为其所是的那一种类的对象——物体——来说是十分根本的。对于根本拥有任何"世界经验"的任何主体来说，这种外视域将不仅仅是空洞的潜在性。因为我们所有人都有熟悉的区域，在其中，我们可以"找到通向四面八方的道路"。空间延伸开来，进入只是超越了这一区域的几乎完全不定的"未知领地"。然而，我们甚至并不总是转向我们的"家庭领地"所拥有的诸多熟悉的对象：它们主要作为我们在任何既定的瞬间所专注考察的那些特定对象的背景而发挥作用。为了表达背景这个观念，胡塞尔引入了关于"实显的"与"潜在的"（或"非实显的"）意识、"明确的"（explicit）与"隐含的"（implicit）意识的区分。胡塞尔认为，知觉一词在其完满的意义中涉及对对象的明确"把握"（seizing），涉及注意力朝某物的转向。事实上，他为那些（或许不是知觉的）行为——在其中，人们通过关注可以明确地转向某物——保留了我思与我思思维（cogitatio）。为了把握作为"关于的意识"的意向性这个概念，我们自然会首先考虑这些。然而，任何这种作为知觉的"我思思维"总是对从"共同被给予"的诸对象的背景中选取出来的某物的把握。在这些纯粹的共同被给予的对象中，离手头最近的就是那些进入我们的知觉领域并在知觉中显现的那些对象，只不过我们并没有对之加以留意：

> 在作为专注感知的严格意义的感知中，我转向了对象，比如一张纸；我把握到它存在于此时此地。把握行为是一种"选出行为"；任何被感知物都有其经验背景。在这张纸的周围有书、铅笔、墨水瓶等，它们也以某种方式在"直观域"

中"被感知"为在那里；但是，在对这张纸的留意过程中，它们甚至没有得到次级的关注与把握……按照这种方式，每一个关于物理物的感知都有背景直观的晕圈……那也是一种"意识体验"，或者更简单地说，意识，特别是"关于"一切事实上存在于共同被看到的客观"背景"中的"意识"。

（*Ideas I*，第35节，译文有改动）

在当前时刻，从视觉角度上讲，只有你对这本书或者这些语词的意识是我思思维，是以"实显性"方式出现的"明确"意识。而你对那些朝向你的视域外围而存在的对象的意识却并不是这样的；它是一种"隐含的"或"非实显的"意识。胡塞尔也称之为"潜在的"意识，因为它承载着你转而关注这些对象并明确地"把握"它们的可能性。[1]除了可能有点古怪的词语之外，这里没有什么需要说明的。然而，胡塞尔却把这些考察加以扩展，使之涵盖了你的视域之外的所有东西。你对存在于你的视域边缘之外的东西，甚至存在于你背后的东西都有一种意识。胡塞尔并不是在赋予你某种"第六感"；他只是在指出，你有关于某物在那里的意识，即使它实际上只是一个空洞的区域。你能够认识到空间延伸到了你的知觉域的界限之外，这一点会趋向于把你关于确实存在于知觉域之内的东西的明确意识，构造成为关于世界中的某物的意识，在空间中

---

[1] 视域的中心与注意力通常是结合在一起的；但这并不是必然的。如果你在不转移你的视线的情况下，把注意力不自然地转向处于你的视域外围的东西，这就是一种"我思思维"，那时，你只会拥有关于这本书的隐含意识。——原注

排列的场景。这种"认识"并不是纯粹的概念的再现，并不是关于存在着一个更广阔的世界的纯粹"知识"。它是一个知觉事实，被暗示、"暗含"于任何被指向世界的知觉中。在这里，胡塞尔确实有一个合理的思想，即在现象学中，一个既定的知觉根本不是关于空间场景中的物质对象的知觉，如果它在原则上并不承载着改变你的注视点以达到感知邻近区域的诸对象的那种可能性——我们认识到，这种可能性是由知觉意识本身所激发的。我们不妨以类似的方式返回到对象的内视域，你对物质对象的背面的意识是隐含的或潜在的。观看一个对象，会把感知更多的内视域的可能性隐藏在内视域之中——胡塞尔会说成隐藏在内视域的"意义"之中。如果你并不认为会有"更多"的内视域，那么对象就根本不会向你显现，不会被你"统觉"为物质对象。在这两种情况中，我们都拥有视域，外在的和内在的，它们是"预先被描绘的潜在性"（82），被任何现实知觉的"意义"所预先描绘。作为潜在性，它们朝前指向了可能的实显化或者充实。因此，我们能够"询问每个视域中存在着什么东西，我们可以阐释它，并揭示特定时刻的意识生活的潜在性"。当我们这样做时，"我们恰恰借此揭示出了在现实的我思中被隐含地意味到的对象意义（object-sense）"（同上）。"对象意义"（gegenständlicher Sinn）是胡塞尔经常使用的一个专门术语。任何对象都有某种"意味"或"意义"。存在的那种对象为与之关联的意识衍推出各种各样的可能性和不可能性。譬如，一个物质对象必须同它可能的邻近对象一起处于空间之中，而且必须使自身从各个不同的角度被感知。反过来说，这二者却被排除在了与之迥然不同的本体论类型的对象之外，譬如后像（after-image）。这些可能性与不可能性包含在这些对象的"意义"之中。我们知道这些事物，先天地知道它们，因为在先验还原的情况下，对象就是它们为我们之所是：它们的本质被我们关于它们的可能经验，被事物自身在其中被给予的经验所穷尽。对象之所以能够拥有这些不同的本质，仅仅是因为意指它们的意识过程的种类是不同的。通过挖掘与既定的对象类型相符合的复杂的精神成就，揭示隐含于这一成就中的诸意向性形式，我们将会具体地阐释这个对象的"意义"。

然而，视域概念还有更加广泛的使用，它可能有助于减轻某些读者对先前关于胡塞尔的意向性概念的阐释所一直怀有的一丝担忧。因为，如果在任何意向行为中都必然包含着一种空洞意向，那么，我们该如何谈论我们对自己当前的意识状态的意识呢？因为胡塞尔显然认为，这种反思意识是以意向性为特征的，因为它是"关于"某物的意识；然而，我们自身的精神生活中的诸要素，几乎不具有我们对其采取不同的视角所造成的能够在显现中被看到或者被改变的那些方面。因而，它们似乎就不是"被侧显的"。我们甚至无需反思就可以得出结论：身体感觉绝不能以一种仅仅被空洞意指的"缺失"为特征。感觉似乎充实了意识。事实上，胡塞尔在其早期著作中对"超越"（transcendent）对象与"内在"（immanent）对象的比较正是基于这个原因的：一个对象，譬如物质事物，之所以是超越的，恰恰是因为它不能够被完全地包含在原初给予的经验中，而经验本身之所以是内在的，恰恰是因为它们能够被包含在其中。正如胡塞尔所表述的，我们仅仅"经历了它们"，彻彻底底地经历了它们。诸经验被"切合地"给予，超越对象则通过"侧显"而被不切合地给予（譬如，*Ideas I*，第41—42节）。因此，表达当前担忧的另外一种方式就是去说，在当前对意向性的解释中，在意向行为中切合地被给予的某物的观念似乎是前后不一的。事实上，虽然胡塞尔将继续谨遵内在对象与超越对象之间的区别，谨遵作为意识之流的实在固有部分的对象以及那些并非意识之流的实在固有部分的对象之间的区分，并将依据视角与遮蔽的可能的呈现来这样做，但是他日益看到，切合性——它被理解为对象对意识并在意识之中的彻底、完全的呈现——实际上是不可能的，甚至我们对自己的意识经验的意识都是值得怀疑的。在这种关联中，需要特别指出的是胡塞尔后来对我刚才所提及的《观念Ⅰ》中的那段话的修正。后来的这些表述与他试图比较关于内在体验的意识与关于"外在"超越对象的意识是相符的，这种比较依凭前者缺乏任何侧显而得以完成。他现在所说的是，体验并不是根本不能够被侧显；而是说，它们不能被"单面地"侧显。在单个时刻下，这里并不可能存在多样的侧显（*Ideas Ⅰ*，81）。换句话说，存在着关于"内在"意识过程的侧显，但是它们具有时间特征。因为虽然这种过程的每个阶段都是我们的主体生活的实在固有的部分，但是我们对任何这种过程的意识都超越了当前时刻，以至于包含了该过程的过去诸阶段。因此，胡塞尔才能够在最后一篇沉思中说，每个知觉都是这样的，"当它在那里时，它所设定的东西远远多于它在任何时刻所实际呈现出来的东西……如果我们只是在更宽泛的意义上来理解'呈现'"（151）。按照胡塞尔的观点，甚至主体状态和过程也有其视域，因为它们也能够被"感知"。在那种情况下，视域就是时间——我们很快就会研究这一主题。

"感觉主义"与感觉材料理论

通过把胡塞尔对意向性的独到理解与他主要致力于拒斥的相反设定进行对照，或许我们能够更加充分地认识其意向性思想。这个设定就是他所称为的"感觉主义"（sensualism）（76）。我们也通常称之为感觉论（sensationalism），在布伦塔诺的"具有重大意义的发现"之前，它主宰着哲学与心理学。按照这种方法，当我们反思被直接给予意识的感觉经验时，我们发现了形形色色的感觉"材料"：色斑、声音、各种各样的可触摸性质等。我们通常认为，这些材料既是意识之流所"实在固有的"，又是意识对象所"实在固有的"。正如休谟在某一处所说的：

> 每一个外在的印象和内在的印象，情感、感情、感觉、痛苦与快乐，最初都处于相同的立足点之上；并且……不论我们在它们之中发现多少其他的差异，它们全部都会按照其本来面目显现为印象或知觉。
>
> （Hume 1739/1740，p.190）

由于人们通常认为，譬如对于痛苦和我们关于痛苦的经验，根本不能作出什么区分，因而，人们也在这里主张，在根本的层面上，在全部经验范围之内，意识行为与意识所关乎的内容并没有什么区别。这里并不存在着那种作为意向性学说之核心的意向行为—意向对象的二元性。意识生活的根本要素是"无意义的感觉"：之所以说无意义，是因为感觉本身并不使我们留意超出其范围之外的东西。它们是缺乏意向性的强制（brute）材料。因此，按照这个观点，并不存在意向性——各种各样的精神状态正是因为它而以不同的侧显方式同等地指向同一个对象的——的容身之所，也不存在空洞意向的本质作用。诚然，这些"感觉主义者"除了认识到各种感觉之外，也确实认识到了意识中的诸多认知要素；但这些"观念"本身却只是被看作苍白无力的感觉"复制品"，因此，它们与它们作为其复制品的纯粹感觉同样缺乏意向性。胡塞尔写了下面的话来批判这种设定：

> 意识并不是有关"精神复合物"、被熔铸在一起的"内容""感觉"之"束"或"感觉"之流的名称，所有这些东西本身并没有意义，也不能把任何"意义"赋予任何混合体；毋宁说，意识完完全全就只是意识……因此，意识与感觉主义本身所理解的内容截然不同，与事实上毫无意义的非理性的质料截然不同。

（*Ideas I*，176）

胡塞尔认为，如果一个存在者的主体生活仅仅是由这些感觉的接替所构成的，如果这种情况在根本上是可以设想的，那么，我们就不应该认为这个存在者具有心智（"ein psychisches Wesen"，*LI* V，第9节）。无意义的要素的纯粹堆积并不能够使我们脱离无意义的东西。如果某物完全是在感觉中向意识呈现，那么，事实上，它根本没有真正地向意识呈现：它只是作为完全无意义的主体性"片断"呈现在"意识"之中；因此，它所"在"之处几乎根本不配称为"意识"，按照胡塞尔所青睐的表述方式，至少在"隐含的意义"上不配——按照这种意义，意识是关于某物的意识。感觉主义者的论述所缺乏的恰恰是赋予意义的"诸多空洞意向"，这些意向被任何意识状态都会包含的综合所暗示。

然而，并不是只有感觉主义这个派别没有能够认识到意识的意向性。感觉材料理论——虽然是由早期的罗素（Russell）与摩尔（Moore）在有意识地反对感觉论派的过程中发展起来的——在胡塞尔的眼里也同样糟糕。摩尔认为，精神行为是"心灵的行为或意识的行为：每当我们进行其中任何一种行为时，我们都会意识到某物"（Moore 1953，p. 4）。他认为，正是这些行为是世界中的无可争议的精神项。在任何情况下，这种行为都会与我们在该行为中所意识到的对象明显地区分开来：

> 被经验到的存在者可能会有许多不同的种类……但是，不论它的本质是什么样的，被经验到的存在者在任何情况下必定能够与存在于其被经验的状态之中的事实或事件区别开来；因为说它被经验到了，就是指它与其他的某物具有某种

联系。

（Moore 1922，169）

类似的，罗素写道，"熟识是主体与客体之间的二元关系，它并不需要任何自然共同体。主体是'精神性的'，客体除非在反思中，否则就不会被认为是精神性的"（Russell 1913，p. 5）。"感觉材料"一词在19世纪末就广为流传，但是这二人却借用它来代表指向感觉对象的任何这种意识行为的对象。他俩都感到，"感觉"一词——正如早先的感觉论者所使用的那样——表达了行为与对象这二者之间的并不协调的融合。然而，就胡塞尔所视为的本质问题而言，尽管胡塞尔明显地拒斥感觉论者的传统，但是在这里，感觉材料论者与感觉论者都处于相同的境遇之中，因为他们都坚持诸对象与诸意识行为之间的一一对应的相互关系。这是因为，虽然感觉材料理论确实认识到，"意识行为"与对象迥然不同（以至于一一对应的相互关系并不是纯粹同一的相互关系），但是这些行为根本没有什么本质特征。它们是纯粹"透明的"，仅仅负责把各种对象赋予意识。这就意味着，感觉经验的每个可觉察特征就是那一经验的对象的特征；因而，这一经验中的每个变化都是在经验对象中发生的变化。毫无特色且处处同一的纯粹行为意识根本不能实现什么作用，它只能开启那种抽象的可能性，即作为意识对象的那些东西本身，可以无需作为对象，无需与意识行为发生任何关系而存在。事物的"精神"方面与意识对象相比，仍然没有什么复杂性。

这似乎对感觉材料理论不太公平。毕竟这个理论并不主张，感觉或对感觉材料的感知就是所有那些能在我们的精神生活中发现的东西。心灵哲学的大部分都致力于展现，行为在这一基础上能够日益被构建得何等复杂。特别是，感觉材料论者通常会认识到"感觉"（sensation）与"知觉"（perception）之间的区别，因此可以毫不费力地接受本章先前提到的胡塞尔的"统觉剩余"这个概念。如果感觉材料论者像通常那样并不遵循"感觉主义者"的那个假定，即意识生活中的一切有别于感觉的认知要素仅仅是苍白无力的感觉复制品，那么也许有人会感到好奇，这个思想流派与胡塞尔之间是否存在着根本的差异。更确切地说，也许胡塞尔对某种可能的感觉材料理论的反对，实际上就等于一个方法论问题：你从何处开始？这一点似乎被胡塞尔在《笛卡尔式的沉思》中的一席话所加强，当时，胡塞尔主张，从"事物本身"之外的任何地方出发，从关于"纯粹的，也可以说，还是哑默的心理学经验"（77）的证据出发是一个根本的错误。他继续澄清他所谓的这些主要材料："第一次真正的表达……就是笛卡尔关于我思的表达，譬如：'我感知——这所房子'或者'我记得——某个街道的喧嚣'。"简言之，意识主要与或多或少"丰富"的、日常的对象相关，而不是与感觉或感觉材料相关。正如他在《危机》中更为充分地阐述的：

> 我们首先必须做的事情就是……彻底地排除偏见，把意识生活看成它作为自身完全直接呈现的那个样子。此处，在直接的被给予性中，人们所发现的绝不是颜色材料、声音材料、其他的"感觉"材料或感情材料、意志材料等；也就是说，人们不会发现在传统心理学中所显现的那些东西，它们曾被想当然地看成从最初就直接被给予的东西。相反，甚至

像笛卡尔所发现的那样，人们……发现了我思，发现了意
向性。

（236［233］）

虽然，关于世界的实在性的问题已经与我们的哲学探询相
"分离"，但是，我们的经验都是关于这个世界的经验这一事实却
根本不能被否定或改变。事实上，悬搁的主要目的就是使我们能够
第一次公正无私地按照其本来面目来"观看"没有被偏见所曲解的
关于世界的自然经验。当然，这种经验并没有把自身呈现为与感觉
材料或色斑相关，而是与日常生活诸对象相关。确实，这种忠实于
日常经验的生活特征的正是"现象学的"（Phenomenological）这个
术语所主要蕴涵的。这个术语通常可能与胡塞尔往昔的学生——海
德格尔的联系更为有力，海德格尔在下面这段话中恰到好处地表达
了现象学的方法：

我们从来没有在诸事物的显现中原初地、确实地感知到
感觉的涌现，譬如，乐音与噪音的涌现……相反，我们听到
了狂风在烟囱上呼啸，我们听到了三马达的飞机，我们听到
了与大众汽车迥然不同的奔驰汽车。与任何感觉相比，离我
们更加切近的是事物本身。我们听到房子里"砰"的关门声，
但我们永远都听不到听觉的感觉或纯粹的声音。

（Heidegger 1977，364［156］，译文有改动）

然而，人们或许会认为，"忠实的描述"的哲学价值极为有限。

毕竟，感觉材料论者（甚至是"感觉主义者"，就这一点来说）并不需要否定这些论述。哲学的真正任务当然是要分析和说明这些日常的显现。事实上，胡塞尔也赞同这一点。他写道："反思的本真任务并不是重复原初的体验，而是思考它并阐释能够在其中发现的东西。"（72—73）事实上，当我们通读《笛卡尔式的沉思》时，就会反复发现胡塞尔为我们提供了关于形形色色的意识现象的分析：这些分析不仅揭示了经验在意向上所"隐含的"东西，而且通过深入开掘日常经验的基层结构，揭示出了"确实包含"在意识之中的诸要素。事实上，这是胡塞尔与海德格尔之间最为显著的差异。因为后者在被充分构造的、有意义的、人的生活的层面上，纯粹描述性地、解释性地进行操作——按照胡塞尔的术语学，就是阐释如何成为一个"人"。然而，我们只有超越了这种描述，并开始分析这些意向性成就，把它们的前提条件一直追溯到在人之先的"隐匿发挥作用的主体性"层面，我们才是在研究胡塞尔所谓的先验哲学（譬如参见，*Ideas II*，增补XII，尤其是第II部分，第12节）。我们将在下一章返回到胡塞尔与海德格尔之间的这一分歧；但是对我们来说，当下的重要问题是，胡塞尔与感觉材料论者之间假定的根本分歧现在有可能会从我们的视野之中消失。显然，当我们发现胡塞尔写道，"在哪些情况下，在短语所具有的哪些不同的含义上，感觉材料或许能够……被正当地表明为［意向经验的］成分：那是……揭示性的与描述性的研究所产生的特殊结果"（77），情形只会变得更糟。虽然在《笛卡尔式的沉思》中，胡塞尔并没有深入探讨这个问题，但是在别的地方，他却一再地把感觉材料视为感觉经验的"正当成分"。事实上，他（特别地）引入了自己的专门术语来指称它们：质素材料（hyletic data）或者"质素"（hylé）（希腊语，指物质或质料）。当胡塞尔在《观念Ⅰ》的第85节较为详尽地讨论这些感觉材料时，他就它们提出了三点主张，两点是肯定的，一点是否定的。首先，它们肯定地以"感觉内容"为特征。它们包含诸如痛苦等身体感觉，"无疑也包含属于'冲动'领域的感性因素"，而且，与我们最为休戚相关的是，它们还包含那些赋予感官知觉以感性直接性的感觉内容："颜色材料，触觉材料，声音材料以及类似的东西。"其次，它们与意向行为的功能一并被看作是意识所"实在固有的"，从而与意向对象的或者仅仅是在意向中向意识呈现的东西相对照。最后，否定的一点是，它们以"不具有意向性"为特征。正是精神生活的意向行为成分赋予了精神生活朝向对象的意向指向性。感性材料"把自身呈现为意向形成或者意义给予的质料"，后者是意向行为过程的工作。这些材料是"范围更加广大的具体体验的成分，这些体验在整体上是意向性的；更特别的是，我们会发现，在那些感性因素之上有一个似乎是'活跃化的'、赋予意义的层面"。因此，我们很可能会感到好奇，是否胡塞尔的现象学，至少在局部上讲，并不仅仅只是构建的镜像——感觉材料论者尤其在与感觉主义交流时可能会提供部分材料，当我们最终发现胡塞尔开始谈论"联想"原则时（正如《沉思》的第39节），这个问题就会迫不及待地呈现自身。

事实上，我们并不是在此探讨颠倒地呈现这个简单问题，尽管确实出现了一些类似物。一方面，虽然胡塞尔本人反复使用"感觉材料"（Sinnesdaten）和"质素材料"这两个术语，但是它们并不是严格意义上的"材料"，它们并没有被"给予"意识（至少在正常的、非反思的经验中）。正如感觉材料论者所认为的，它们并不是主要的意识对象。因为，正是我们的意识生活中的意向行为功能决定了我们意识到什么对象；甚至在简单的感官知觉中，这些功能主要把我们指向了现象学中的"丰富"对象，如房子、街上的喧嚣、汽车等，至少指向了在空间中排列的物体。其次，与之相关的是，质素材料只是所有意识经验的依附方面，我们只能通过把它从同等地、必然地包含意向功能的某个具体的经验阶段中抽离出来，才可以在反思中关注它。最后，在胡塞尔看来，这就意味着意向性"沿着这条路径直走了下去"——甚至达到了"感觉"或"感觉材料"本身的层面，尽管它采取了不同的形式。正如胡塞尔在一篇手稿中所写到的，"我们的每个质素材料都已是一个'发展的产物'，因而都具有回指到综合的那种遮蔽意向性"（F I 24，41a）。所有可能的经验都会涉及作为意向性标志的那个"超越意义"。由于没有能够从意向性出发，感觉论者与感觉材料论者都未曾真正地认识到它。人们也许会感到奇怪，胡塞尔对感觉材料日益复杂的论述竟然源于他对我们的时间意识本质的研究——这个主题在《笛卡尔式的沉思》中屡次浮现。

时间意识与质素

我们能够意识到的所有（非抽象）对象的一个明显方面就是它们的时间特征。诸多事件偶尔发生；诸多过程在时间中展开；不论多么短暂，物质对象都能够持续存在一段时间。一切事物都在时间中有其位置，都可以按照"之前""之后""同时"而相互联系。我们意识到它们有这样一个时间特征。当然，这个从属于被构造对象的特征本身就是意识的一大成就。因此，现象学家必须要做的一件事情就是对意向成就——正是凭借它，具有这一时间特征的对象才能够达到意识——予以阐述。此外，经验本身也在时间中展开，一些特定的经验在时间中相互关联。事实上，正如我们将要看到的，仅仅因为意识本身是时间性的，时间性的对象才能够为意识而构造。胡塞尔把我们的时间意识，尤其是我们对意识本身的时间性特征的意识，视为所有意向成就之中最基本的意向成就，因为它奠定了意识生活的所有其他特征，并且唯有它才使这些特征成为可能。胡塞尔也认为，这是现象学澄清中最困难的一个主题（*Time*，276）。

我们不妨举胡塞尔在这个领域中所酷爱的一个例子，假定我听到了一段旋律。不论我们把它看作是在客观世界中所听到的实在的旋律，还是作为纯粹现象的"被加了括号"的旋律，它都是时间性对象：它是在时间中展开的，其间，一个音符衔接着另一个音符。在我对这样一个具有时间特征的对象的意识中，包含着什么东西呢？当然，这就需要我对它的经验必须恰恰按照音乐对象存在的那种方式来延伸："关于某个时间本身的意识［需要］时间；关于一段绵延的意识需要绵延（duration）；关于一系列接替的意识需要接替（succession）。"（Time，192）旋律在时间中的流淌必须与我的经验之流相匹配，与经验之流的每一个当前点相匹配，这些时间点记录了当前聆听到的那一旋律阶段。但是，它本身并不足以说明我们关于现象的意识，最早认识到这一点的可能就是康德。因为，当我正在聆听某段旋律中间的某个音符时，如果我刚刚听过的前一个音符已经全然退出了我的意识，以至于在现在看来，它似乎从未被听到过，那么此刻，我就不应该把现在的音符经验为先前音符的继续，因而，我也不应该有关于在时间中延伸的旋律的总体意识。正如胡塞尔所说的，我们需要认识到，"每一个知觉阶段都对时间对象的延伸部分有意向上的指涉"（Time，239）。这里就有一个问题需要说明，因为，简短说来，经验的接替，也就是这个例子中的对这段旋律的每个音符的经验，甚至是一个单独的主体中的经验的接替，并不明显衍推出关于接替的经验。事实上，持续的、不变的经验显然也不能衍推出关于永恒的经验，正如我们聆听一阵连续的、不变的音调时所感受到的那样。这里也一样，在我所聆听到的正在发声的这个音调阶段的每一点上，如果我要意识到音调的延伸的持续性，那么就像胡塞尔所表述的那样，音调早先的延续必须在某种程度上"保留在理解之中"（retained in grasp）。此外，这种对我刚刚逝去的经验所提供之物的理解，甚至对于我听到旋律或音调开始响起，也是必需的：以某种方式开始经验，这显然并不能够衍推出对某种开端物进行经验。因为在这种情况下，当第一个音符开始响起时，我需要在此时意识到，就在现在之前我所意识到的是寂静。事实上，虽然它们可能并不是直接明了的，但是上面的事例对于胡塞尔来说正是关于衍推的事例，这仅仅是因为诸多经验本身必然具有一个晦暗难辨的深层结构，而我们若想去理解时间现象，就必须通过细致的现象学分析来揭示它。在意识的这个本质结构中，我们所遭逢的第一个要素就是理解中的保留物（holding-in-grasp）。"如果过去没有表现在现在之中，那么它对于现在的意识来说一无是处；如果现在在那个意识之中并不作为过去存在之界限而处于我的面前……那么，现在也将不称其为现在。过去必须在这个现在中被表现为过去。"（*Time*，280）

意识除了以我们刚刚提到的关于先前诸瞬间的"理解中的保留物"为特征之外，它还必须是连续的，至少在我们清醒的时候。经验并不像丝线上的珠子那样串在一起，不论它们被挤压得多么紧密。经验的明显的现象学特征就是"流动"。每当我们意识到一个连续展开的现象，譬如一段连续的音调时，显然必须承认这一点。关于连续的某物的经验需要意识之中的连续性。但是，甚至在我们的诸多意识对象并不连续的时候，比如当我们听到一连串断断续续的信号时，我们对这个现象的意识也必定涉及严格的意识连续性。因为只有当每一个信号与相关的寂静相继相随时，这些信号才会向我们呈现为断断续续的。如果我们想要意识到这些信号的断断续续的发声，就必须意识到这种寂静、这种无声本身。这些信号在时间中被感知为更为分散还是更为紧密，有赖于我们所感知到的这些寂静本身的时间长短。感知寂静并不意味着没有任何意识，相反，它本身就是一种意向成就。要感知到信号是断断续续的，就必须有关于寂静而后信号的连续意识。

把这两点结合起来，我们就会认识到，意识必定涉及一种连续的综合。每当一个经验（譬如知觉）把它的对象呈现为现在的时候，这种呈现只有脱胎于生活过的、经验过的过去才具有意义："现在总是诞生于过去。"（*Time*，106）世界的任何当前阶段的显现同时也在滑脱到世界的另一个、直接在先阶段的过去当中。这一点也同样适用于你自身经验的诸多阶段，如果你在反思中转向了它。我们同样经验到了这种滑脱，它是关于时间"之流"的所有谈论的基础。胡塞尔把使我们经验到这种滑脱的"理解中的保留物"称为"持存"（retention）。持存并不是在通常的回忆（recollection）意义上所讲的记忆（memory），那只是再次得到过去的对象，把它看作是已经完结或完成的东西，看作是在全身心地关注过去的某个现象的断断续续的回忆行为中所实现的东西。相反，持存至少在最初就被理解为，我们对不断地滑脱到过去、因而首先作为我们的过去感之基础的现在的一种认识。正是持存使得回忆成为可能。它不是一个行为，而是一个过程：正如胡塞尔所表述的，一个流逝到过去之中的、实显现在的连续的"意向变样"（intentional modification）。除了这种持存，意识的每个当前瞬间还都拥有胡塞尔所谓的"预存"（protention），凭借着它，我们对即将呈现的、我们经验的内在的将来阶段有所意识。这并不是通常意义上的期望，期望是一种断断续续的行为，它以预存为前提。相反，预存却是面向全新领域的纯粹的、持续的开放性，即使这个领域只是崭新不变的。正是由于预存，清醒的生活才是"朝向的生活（living-towards），从现在朝向新的现在的生活"（*Time*，106）。特别是，被预存的东西是由我们直接经验到的东西所决定的："过去所具有的风格被投向了未来。"（*Bernau*，38）因此，胡塞尔才能够说，预存为我们提供了刚刚被经验到的东西的"类似物"，预存是"被投向前方的阴影"（*APS*，288，289）。除了这些向前或向后的方面，每个意识到的现在都以胡塞尔所谓的"原印象"（primal impression）或"原感觉"（primal sensation）为特征。事实上，它是质素的要素。它也是实显性的要素；是那些实际上全新的且当下的东西的要素："正在沉入过去的现在不再是全新的东西，而是被全新的东西推到一边的现在。"（*Time*，63）有人试图把它与严格意义上的正在经验的和经验过的现在同一起来。虽然胡塞尔有时会把原印象称为严格意义上的"现在"（譬如，*Time*，67），但是他非常清楚，"原感觉是某种抽象物"（*Time*，326）。在谈到这样一种原印象时，我们所关注的只是意识之流中一切实显的、完全具体的要素的某个方面，因为任何这种要素都必然涉及刚才所辨识的所有三个方面：原印象、持存和预存。这是因为，与持存和预存一样，原印象或质素本身也是一个过程。它不断地充实意识，持续进入新的意识。现在所具有的持存方面似乎只是这个印象长列的阴影，只是质素过程的那个阶段的连续的意向变样，这个意向变样被全新的、实显的阶段"推到一边"。事实上，我们看到的胡塞尔所说的推到一边，正是质素的现实化所产生的这种变样过程。这里所探讨的变样是关于意识所"实在固有"的东西转变为只在意向上向意识呈现的东西。假定你刚才听到一声我先前所提到的那些断断续续的信号。当你现实地听到它时，某种质素材料实际上就包含在你的意识之流中。一旦信号停止发声，那种材料就不再现实地存在了。在这个新的瞬间，实际上包含在你的意识之中的（除了新的质素材料和更新的预存之外）就是那个信号的持存，它以一种不真实的（irreell）或意向的方式包含着信号，因而它不再是现实的，而是过去的。简言之，由于相关的质素材料从意识所"实在固有"的东西转变为在意向上向意识呈现的东西，信号也就从原初的被感知转变成为被持存："就其包含着这些未被改变的材料来说，原呈现在自身中拥有'实在固有的'核心材料，因此，每一个原持存在自身中也都拥有核心材料，虽然它们所包含的这些改变的材料并不是实在固有的。"（*Bernau*，212）流动的、前行的现在是从真实之物"消逝到"不真实之物的过程（*Bernau*，213）。事物的预存一面也只是新的质素材料之涌现的另一个变样的方面，只不过是从相反的意义上讲的：这一次，我们朝向即将迫近的未来的空洞指向性不断地被全新的、实在固有的材料所充实。因此，胡塞尔才能够说，"原呈现"或者新的质素材料的涌现本身，就是预存的"充实"（*Bernau*，7，14）。

随着意识之流向前流淌，曾经当前的诸经验阶段毫无保留地滑脱到无区别的、一般的过去之中。譬如，我们正在聆听一段旋律，我们对确实正在聆听一段旋律的当前感——对此刻正在聆听一个本身更长的时间对象的一部分的当前感——需要已经流逝的诸旋律阶段以一定的次序保留在理解之中。这是可能的，因为当经验的当前阶段有保留地滑入过去时，它是通过自身对其直接的过去（及其被持存的过去）的有保留的把握来这样做的。因此，从当前的现在视角来看，这个先在的过去本身更进一步地滑入深远的过去中。随着现在的意识之流继续向前，所有这些环环相嵌的持存都经历了一场连续的变样，这种变样构造了经验以及在其中得以构造的诸对象之朝向过去的结构性的流逝（譬如，参见 *Time*, No. 50）。这正是胡塞尔在《笛卡尔式的沉思》第18节的开篇所写的"以连续的、内在的时间意识的形式出现的支配一切、被动地流动的综合"的部分意指所在。我们越从我们所亲历其间的生动当下进入过去，我们就越能发现模糊性与不定性，因为这样连续的持存的变样会发展到一个必然的界限：

> 随着这种意向的变样，就会相应地出现显著性的逐渐降低；恰恰因为这种变样有其界限，在此界限上先前显著之物会沉入普遍的基底，即所谓的"无意识"之中，它并非现象学的虚无，而是意识的界限方式。

（*FTL*, 280）

随着某个经验阶段有保留地滑脱到过去之中，通过这种方式，它不仅逐渐失去了明晰性，而且日益脱离了我们的视线（*Bernau*, 263）。虽然我们必须"把握"正在聆听的旋律的先前诸阶段，但是当它们滑入过去时，我们并不会自然地关注它们。那会涉及注意力的非自然的、反思的、现象学的转换。相反，我们的注意力被新近呈现给我们的东西所俘虏："在生动当下中，假如其他情况都相同，使显现成为原印象的东西比已然持存的东西具有更强的激发倾向。恰恰由于那一原因，被激发性在延伸方向上始终如一地倾向于未来。意向性主要指向未来。"（APS，156。也可参见 Time，118）然而，返回到含有"持存之积淀"的"无意识"的"基底"，胡塞尔描绘它具有"沉睡"意识的形式（FTL，255）。这里出现了我曾在本章早先时候所指出的一种情况：意向性最终决定我们对"意识"的理解的那种方式，而不是相反。这种"无意识"的基底仍然是意识的"样式"，因为它必须以具有意向性为特征。它是"在生动当下的过程中生动地建立起来的**对象的贮藏库……意义仍然隐含在那里**"（APS，177，我做的强调）。这可以由该"贮藏库"的内容所具有的两个能力表现出来。首先，意识的这些沉睡样式能够被回忆唤醒，它们能够重新激活早已具有其意向指向的、尚未被激活的东西。[1]因为回忆涉及一种双重意向性（Time，182—183）。譬如，如果我此刻回忆起昨日看到的一只特别引人注意的小鸟，我的回忆当然被指向了小鸟：它就是回忆的"对象"。但是在回忆中，我也和我对小鸟的观看发生了关联。譬如，我可能回忆起小鸟的清晰呈现；但是清晰性是我的知觉的特征。事实上，我之所以能够回忆起小鸟，仅仅是因为我唤醒了自己过去对它的知觉。我的回忆继承了知觉的意向对象。那就是为什么如果我真正地、确切地回忆起小鸟

1　回忆并不局限于已经脱离了我们明白的持存把握的那些对象。我们能够回忆那些以相对的清晰性仍然处于"流逝"过程中的事物（譬如，Time，376）。本质的区别在于，回忆是断断续续的行为，它专注地再现过去的一段经验以及作为统一体而在其中被构造出来的对象，而持存却在其被动流逝的过程中，涉及对某个意识阶段和对象的**持续的**把握。——原注

时，它只能以我曾经观看它的视角显现在我的记忆中的原因。虽然在进行任何回忆之前，昨日的知觉已经"沉陷"到了模糊的"无意识"之中，但它仍然保留着自己的意向指向性。此外，在这种回忆中，我们还拥有某种综合：当前的回忆被指向了知觉中的那个相同的对象，我们在亲历这个过程时能够意识到正在这样做。但是一般来说，综合是"意识所独有的结合样式"（77）。意识只能与意识综合。这不是纯粹的因果联系，因为它在本质上涉及同一的意义。因此，"无意识"的记忆是意识的一个样式。相同的结论也可以由持存贮藏库的内容所具有的第二个能力来表明。因为，这些在意识之中蛰伏或者"隐含"的东西仍然能够激发那些指向新对象的新经验。我们过去的对世界的经验为我们后来的种种知觉"涂上重彩"。我们依据我们的过去来"解读"世界。更确切地说，诸多空洞意向——它们构成了作为一切知觉之要素的"统觉剩余"——在我们过去经验的贮藏库里有其依据和源头。这是我们将在下一章讨论的重大主题。目前，我们足以认识到，由于该贮藏库把诸多空洞意向赋予诸多新的经验——这是它在意向上所承担的责任，因此，它必定是意识的一个样式。

因为意识的任何当前瞬间都必然具有持存、预存与原印象这三个方面，因此，通过回忆所实现的"贮藏库"里的任何过去经验的复现——不论这个经验曾经多么短暂——都将是对那个拥有所有这三方面的经验的复现。任何这样的经验都将被复生为，它一方面具有对深远地潜藏于过去的一种经验过去的向后的指向，另一方面具有向前的、预存的指向："每个记忆都包含着诸多期望意向，它们的充实会导向现在。"（*Time*, 52）[1] 然而，回忆并不会把这些预存恰如其分地恢复为其原初的样子，因为在此刻的反思中，它们是被充实的预存："它们不仅存在于把握将要到来之物的过程中；而且它们已经把握了它。它们已经被充实，我们在回忆中意识到了这一点。"（同上）正是由于回忆，我们才认识到，时间是静态的框架，可变的事件能够在其中被一劳永逸地分配以位置：胡塞尔通常称之为"客观时间"。"现在"本身并不是时间中的一个位置，毋宁说，它是赋予我们的经验以不同"视角"的一个"观察点"，随着诸多对象伴着日益遥远的"距离"而流逝到过去之中，它们的各个时间方面在其中被构造了出来。胡塞尔频频把这些视角称为"流逝样式"（running-off modes）（譬如，*Time*，No.53），而且正如我们已经看到的，考虑到通过变化的感觉材料而得到的与物理对象之显现的相似性，它们也被称为"侧显"。然而，某个时间对象，譬如经验，由于它与常变的现在的变化关系而在时间中拥有了一个固定的、不变的位置。时间中的一点，如1756年7月26日凌晨5时15分就是时间中的一个不动点，那一时刻所发生的一切都被永恒地固定为在那一时刻发生。这对我们来说是有意义的，因为从原则上讲，我们能够在回忆中反复地返回到过去的那个相同的构造时期，并且通过我们的其他生活片断认识到，它是相同的："时间的客观性在主体的时间之流中产生，对于它来说至关重要的是，它应该在回忆中保持同一，并且它本身应该是时间谓词的主词。"（108）

1　这一点也适用于持存，它在理解中保留了我们经验的较早诸阶段的预存方面。（关于这一点，特别参见 *Bernau*，2—49。）——原注

虽然我并不知道胡塞尔是否曾经试图去（或者能够）为之辩护，但是事实上，他坚信每个经验都永恒地潜伏于无意识的贮藏库之中，并通过上述的两种能力来激发未来的经验。从来没有什么东西能够完全地为意识所丧失（譬如，*APS*，266；*Bernau*，46）。事实上，胡塞尔从对内在时间意识的分析中得出了一个更加惊人的结论。现在在本质上是流动的现在；它"并不是与非现在（not-now）迥然不同的东西，而是不断地在与非现在进行调和"（*Time*，40）。每个现在都必然是"对过去的充实"（*APS*，378），更确切地说，是对此刻刚刚成为过去的刚刚消逝的现在的充实。但是，如果每个现在在本质上都是流动的，那么结论就是……意识所度过的时间是无限的："不断地向前生活的我是不朽的——注意，这里的我指的是纯粹的先验自我，而不是指经验的现世的我，那个当然会死去的我。"（同上）由于缺乏持存的现在也是不可思议的，因此，纯粹的意识生活在回归过去的相反方向上也是无限的："意识绝对地产生于无意识，这是无意义的。"（B Ⅱ 2，4b）因此，"先验生活与先验的我不能被诞生出来；只有现世的人类能够被诞生出来。我，作为先验的我，是永恒的"（*APS*，379）。此外，"虽然终结只有在［意识生活的］过程之中才是可以设想的，然而，过程的终结本身却是不可思议的，同样，开端只有在意识生活的过程之中才是可以设想的，但是，过程的开端却是不可思议的"（*APS*，378）。这并不意味着意识生活将以变化多端的、清醒的形式永远继续，并不意味着这一切总是处于就绪状态。胡塞尔认为，下面这一切都是不可能的：大段大段的时间都会涉及"沉睡的"意识，注意力在其中无缘无故地产生，因为感觉领域缺乏任何性质的差别（B Ⅱ 2，6），这是"一段寂静的、空洞的生活，一场无梦的、空洞的睡眠"（*APS*，380），然而，它却并不仅仅是虚无，它与我们前面所讨论的记忆贮藏库差不多。正因如此，任何这种沉睡意识在原则上都能够被唤醒。我们将在第四章结尾更细致地考察胡塞尔现象学的这些"形而上学"方面。

到现在为止，我们已经考察了时间对象以及这些对象在其中被构造出来的我们的经验。然而，胡塞尔关于时间性论述的一个完全深远的、更加深刻的向度，我们还没有触及，至少没有明确地触及。之所以需要这个补充层面的探询，是因为我们的经验本身是时间对象："它本身是一个时间对象，这是关于时间对象的知觉的本质。它在任何情况下都具有时间向度。"（*Time*，232）由于这个主体过程本身持续着，并且在涉及其他经验时有其时间位置，因此，如果我要意识到它是持续的，那么它自身的各个阶段就必须通过不断的改变、环环相嵌的持存以及预存而被综合地联结起来，如果它们要被认为在时间中具有位置，那么它们必须在我的其他经验阶段中与预存和持存关联。把关于对象的感知本身说成是对象，这可能显得有点古怪。然而，就像在现象学的反思中那样，它确实能够成为一个对象。正如我们将在下一章看到的，胡塞尔主张，我们所认真关注的任何对象（在当前情况下，这种关注是反思性的）必定已然在其统一性中被构造出来，从而"预先被给予"我们。因此，对象的时间统一性甚至需要先于现实的回忆而得到说明。胡塞尔在《笛卡尔式的沉思》中关于我们的意识生活整体所谈的内容，在指明省略的情况下，能够适用于所有个别经验："仅仅因为它已经显现为一个……统一体，它才能够用以关注和把握行为为特征的卓越方式而被'沉思',从而成为……认知的主题。"(81)胡塞尔认为,甚至在我们不进行反思的时候,我们也至少经验或"亲历了"(erleben)那些经验本身,我们经验到了它们的时间延伸性。因为正如我们已经看到的,这种经验,譬如知觉经验,有其"实在固有的"部分。譬如正是由于存在着感觉材料的变化系列,我们才在我们的知觉对象中意识到了诸多变化的特征,这些变化系列"侧显"了那些特征。在某种程度上讲,正是由于我们经验到了这些感觉,我们才感知到了我们的对象的诸多变化特征或方面。因此,被感知对象的持续性涉及关于对象的感知的经验持续性。毕竟,我们确实意识到了知觉本身以各种各样的方式终结或变化,甚至在我们关注它的对象的时候,也能意识到这些内容。一言以蔽之,经验本身的时间性必须予以说明。恰恰由于在涉及经验对象时我们所遭逢的相同原因,这种说明必须通过现在所具有的三重结构来实现——正是这种结构使意识延伸到了现在之外。但是,正如我们已经确立的,如果诸多对象凭借经验的三重结构而在其中从时间上得到了构造,那么经验自身的时间性又在什么之中得到构造呢?因为,即使经验内在于意识当中,它们本身仍然在时间之流当中具有其时间的连贯性和位置,正因如此,我们才能够从现在的常变的观察点形成各种不断变化的视角。譬如,某个知觉经验此时被经验为在当前不断地展开;我们不妨假定,稍后,这个相同的经验被回想为早于牙痛的发作。因此,胡塞尔不得不更深入地挖掘意识的深层领域,他发现了比在时间中延伸的、稍纵即逝的"经验"层面更加深远的一个层面:他所称为的"绝对意识"层面(*Time*,补充文本54)或"原意识"层面(*Bernau*,264)。现在我们认识到,"原印象""持存"和"预存"并不最终指向作为时间过程的经验本身的实在固有特征，而是指向绝对意识本身的实在固有的特征，所有时间过程本身正是在绝对意识中被构造出来的。正因如此，意识与其自身是内在地相互关联的。胡塞尔在这种联系中谈到了贯穿于绝对意识本身的"纵向意向性"（Längsintentionalität）（*Time*，80—81）。当胡塞尔在《笛卡尔式的沉思》中写到"自我的非凡的自为之在（being-for-himself）的一个方面：在这里首先就是以反思地、意向地与自身相关的形式出现的他的意识生活的存在"的时候（81），他所特别意指的正是纵向意向性。唯有如此，各个分散的、统一的经验以及在其中被构造出来的诸多对象本身，才能够在时间中得到认识。胡塞尔在这种联系中谈到了"横向意向性"（Querintentionalität），它指向了被构造出来的、统一的、时间性的诸多对象：首先指向我们的种种经验，由此再指向种种"超越"对象（*Time*，82）。

但是，"绝对的意识之流"本身又是怎么样的呢？如果它是现象学反思的主题，我们大概能够知道它是时间性的。正如胡塞尔本人所说的，"我确实知道意识之流是一种流动。我能够思考它"（*Time*，378）。但是，如果我知道这种意识流在时间中展开，知道它有各个阶段和范围，而且我可以把这些阶段和范围看作是在时间中相互关联的多个统一体，那么我们就不必去认识意识之流本身在其中被无限地构造成为时间性等的那个更深的意识层面了吗？当胡塞尔在本篇沉思中谈到"意识生活的一个悖论式的根本特性，即意识生活似乎受到了一种无限回溯的浸染"（81）时，他提出了这个问题。我们不可能探究由这个问题所产生的一切问题——譬如，即使这种回溯得以终止，我们似乎还会处于构造自身的意识流之中，胡塞尔说，这种情形看起来令人震惊，甚至荒诞不稽，虽然他也试图使这种可能性虚妄不实（譬如，*Time*，378—380）。在胡塞尔的全部哲学背景之下，更为重要的是要认识到，胡塞尔如何认为这种回溯能够被终止。而这最终是因为，他拒绝把绝对之流看作是在时间中展开的一个过程。胡塞尔坚持认为，时间谓词并不能够真正地适用于它：严格地讲，它是先于时间或在时间之上的。胡塞尔能够把绝对之流称为一个"过程"；但是，尽管假定任何真正的时间过程都应该比它实际展开的过程稍快或者稍慢，是有意义的，然而，绝对之流"有一个荒谬的特征，即它恰好按它流动的那样而流动，它的流动既不'稍快'也不'稍慢'"（*Time*，370）。事实上，甚至把它称为意识"之流"，就像胡塞尔所反复称呼的，也是隐喻性的：

> 流动是我们所谈到的与被构造者相符合的某种东西……它是绝对的主体性，它具有关于某种被隐喻地称为"流动"的东西的绝对特性：关于实显性之点的绝对特性，关于原发源点——"现在"的绝对特性等。在实显性经验中，我们拥有原发源点以及回响的连续性。对于所有这一切，我们都没有命名。
>
> （同上）

这就是胡塞尔所频繁使用的那个短语——"生动当下"一词的意味（譬如，*Int Ⅲ*，348），他通常把它形容为"停滞之流"

（standing-streaming）（譬如，*Int Ⅲ*，590，670）。说它"停滞"，是因为它并不通过时间而前进或发展；说它"流动"，是因为它涉及三重的质素——持存——预存"过程"，或者毋宁说，它就是这样的过程。它并不在时间中流动；相反，时间在它这个所有构造的绝对的、鲜活的发源点之中流动或涌现。作为先验的主体，我们最终就是这种绝对之流。事实上，正如我们将在下一章明白的，与任何"我"或"自我"相比，这种绝对之流更为基本：它在本质上是"无我之流"（I-less streaming）（*Int Ⅲ*，598），因为一个人格的、中心的自我正是在其中被构造出来的。它是"最终地、真正地绝对的"（*Ideas Ⅰ*，163）。"流动"曾经（或者更恰当地说：现在）处于开端之中。

时间意识或内在时间性意识——这种时间性并不只是诸多经验的时间性，它最终是这些经验本身在其中被构造出来的那种绝对意识的时间性——对现象学研究来说是至关重要的，因为它为所有其他的构造成就所预设。这正是胡塞尔在本篇沉思中说下面这句话的意味所在，"这种普遍综合的基本形式，这种使其他一切意识综合成为可能的形式，就是无所不包的内在时间意识。这个意识的相关项就是内在时间性本身"（81）。我所感知到的每个现世事物都被感知为具有一定的绵延，不管这种绵延多么短暂。任何关于客观变化或停滞的知觉都以恒常消逝的内在时间意识为基础，它只是关于我们自身的不断流动的意识生活的经验。不论是内在的还是超越的时间对象，它们本身都是时间性的，这仅仅因为它们是在绝对意识之流之内被构造出来的统一体。因为，如果在生活经验的层面上没有任何这种时间综合，那么，对我们来说，也就不会有任何种类的综合统一的对象。

这与我们直接相关，因为它涉及了意识之中的感觉要素——质素的问题。质素不能等同于传统的"感觉论者"所构想的感觉，也不等同于感觉材料。因为在胡塞尔看来，这些都是被构造出来的统一体（譬如，*PP*，486）；然而在它们各自的理论中，它们都被视为意识生活中的基本成分，或是意识生活的相关项（relata）。因此，在1920年代的一部著作中，胡塞尔能够并不从纯粹方法论的依据上来批判感觉论者，而是对感觉论者"从可谓是作为完成对象的材料出发，来构建意识生活"进行批判，其实他本来可以更早地这样做（*FTL*，252）。与此相对照，胡塞尔断言，"甚至在自我固有的'内在性'当中，也没有什么对象预先存在"（*FTL*，253）。然而，质素（因此，这个集合术语要比可数名词"质素材料"更为贴切）却先于一切构造，它是意识生活的基本成分。它绝不是"被给予"我们的，它甚至不能存在于反思之中，因为反思只能给予我们被构造出来的统一体。它只能通过对我们的意识生活的分析才能被挖掘出来，才能引起我们的注意，从而充分地评价意识生活的明显的感觉方面。它的认知涉及对经验的抽象，不论我们把经验想象成何种简单的形式，因为任何经验必定至少已经涉及内在时间意识的综合，因而也涉及了构造。与指出它的感觉特征不同——这可能是人们对它所能说的一切，胡塞尔有时会说，质素就是对自我来说"陌生的"（alien）东西。胡塞尔并不是说，质素在本体论上完全不依赖于意识，因为质素是意识所"实在固有的"："诚然，我们确实说质素材料对我来说是陌生的；但是这个陌生的东西有其特殊性，即它能够只属于一个单独的、个别的主体质素与每种经验都有这个特性。"（D 3，11）胡塞尔所谓的对自我来说是"陌生的"，是指质素有别于而且先于自我的任何现实性，不论这种现实性的级次是多么的低微。至少在作了区分之后，正是质素在原印象的时刻激发了自我，引起了自我的注意力——我们将在下一章中研究这个主题。

意向性在本质上以"超越意义"为特征。我们在对时间性的分析中所发现的正是这种"超越意义"，它甚至被感觉经验，或者被某些人所解释为关于感觉材料的意识的那种东西所预设，因为任何这种意识都涉及指向现在之外、指向"原感觉"之外的持存与预存。当然，在这个基本的层面上，我们距离把我们引向现象学的丰富对象——它们充斥着我们的日常生活——的诸多意向功能还很遥远。这些更丰富的意向性是如何在内在时间意识的必然基础上被建立起来的，这将是我们在下一章所重点讨论的问题。

意向分析

作为意向分析或构造分析的现象学以许多不同的方向朝前推进。首先，也是最为明显的，它涉及关于意识的意向行为与意向对象这两方面的相关研究。任何意向对象，任何仅仅被意指的对象，都将通过分析该对象在其中被构造出来的复杂的精神成就而得到探察。这将导致对意识生活的"实在固有"的成分（既有意向行为的成分，又有质素的成分）的揭示。这种相关分析的一个方面就是我们所谓的"基础分析"（foundational analysis）。因为我们会看到，某些精神行为将会展显一种层化（stratified）的复杂性——一个意向层以另一个意向层为基础和前提，我们的任务就是向世人揭示这种层化的复杂性。与之相关，对象之中也会有层化的复杂性。我们将在第三章之中来研究这个主题。正如我们已经看到的，这种意向分析的另一个方面就是我们所谓的"视域分析"（horizontal analysis）。它所揭示的是存在于任何意识行为之中的隐含的、空洞的意向性：

> 我们能够询问每个视域之中存在着什么，我们能够阐释
> （揭开）它，并且揭示意识生活在某个特定时刻所具有的诸种
> 潜在性。然而，我们恰恰因此揭示出了在现实的我思之中所
> 隐隐意味的对象意义……这种意义，这种作为思维对象的思
> 维对象……只有通过对这个既定的视域以及不断唤醒的新的
> 视域的阐述，才能够得到澄清。

（82）

自始至终，胡塞尔的研究都被他所秉持的"一切原则的原则"所支配。现象学研究必须最终以"事物本身"为指引。因为这些事物只有在直观中才能被自身给予，因此，一切分析与澄清都必须与直观本身相适应。作为意向"变样"，所有纯粹空洞的意向都返身指向了事物在其中被给予的直观，并且最终指向了这些事物在其中"自身被给予"的本原直观。因此，胡塞尔能够谈到"依据它的**正当内容，也就是说，它的充实内容**"来阐释意向成就（123，我做的强调）。事实上，直观的这种特权可以在视域分析的实践中得到反映，因为后者"涉及揭示在意向上隐含于作为先验过程的经验本身之中的东西，涉及**通过向可能的、充实的自明性的转化**来系统地阐释预先被勾勒的诸多视域"（98，我做的强调）。因为，除了现实地规避物理对象之外，现实地包含在"阐释"、具体地实现物理对象的某个类型的视域——比方说，内视域——之中的是，我们要尽可能具体地想象，当我们在考察对象先前遮蔽的侧面和方面的时候，我们能够感知到什么。现在，虽然正如胡塞尔反复讲的，想象在"仿佛"（as if）的领域里运作，它具有凌驾于一切纯粹空洞

的思维之上的特权，因为它按照对象在被感知时所显现的样子来呈现对象。想象是一种直观行为，它能够使我们在事物没有现实地呈现出来的情况下，同样切近地达到关于事物的原初经验。当我们具体地想象某个物质对象时，我们必然以我们的某种特定倾向（orientation）来想象它。即使我们能够以这种"幻想的方式"迅速地、完全地考察某个宏大对象，甚至地球或者太阳系，但这只是我们在原则上可以感知到的那一种事物的加速版。即使我们不能明确地设想自己处于想象的情境之中，但是倾向性的视角却表明了"我们不可避免地'仿佛在那里'"，从这个视角出发，我们必定可以想象我们有可能想象的任何对象。在想象中，不仅某个对象仿佛在那里，而且它在其中被给予的我们的某种知觉似乎也正在发生。因此，想象为我们提供了一个"仿佛"的现实（94）。正因如此，虽然到目前为止，我已经像胡塞尔本人经常做的那样，对空洞的意向与知觉经验的"充实"进行了比较，但是，甚至想象也具有某种充实的功能，更确切地是"例证的"或"澄清的"功能。比如说，虽然想象一只鼹蜥与现实地看到它截然不同，但是与那些仅仅听说过它们或者知道它们是某种爬行动物的人相比，能够想象它会使你置身于一个更加"真实的"或"本真的"认知地位。因此，就其涉及从诸多空洞意向到它们的直观例证那种想象的转化来说，视域阐释以直观的"原初合法性"（original right）为前提：

> 同一对象能够在诸多迥然不同的意识样式中（某些本质类型如：知觉、回忆和空洞的意识）被先天地意指。在这些意识样式中，"进行经验的"样式，也就是我们所讨论的关于

对象意识的原初样式，具有一种优先性；所有其他的样式都作为意向变样而与它互相关联。但是非常普遍的是，意向变样具有返身指向某种未被改变的东西的本质特性。可以说，当我们审问改变的被给予性方式时，它本身告诉我们，它是关于那个原初的被给予性方式的变样。这就使意识主体有可能……从特定的非原初的被给予性方式出发，去为原初的被给予性方式努力，也许可以使之明确地显现，或者使"意识主体明了"对象意义。进行充实的澄清在综合的过渡中发生，其间，具有非原初的意识样式的对象被给予为与"经验"样式（"它本身"样式的另一种说法）中的意识对象完全相同的东西，或者被给予为同一的"被澄清的"对象——也就是说，被给予为在"可能的经验"中它本身"将"被给予的样子……作为"关于［某物］的意识"，意向的被给予性的每个方式都能够按照这个样子而被"静态地"阐释。

（*FTL*，276，译文有改动）

胡塞尔的"回到事物本身"的口号并不仅仅是对稀奇古怪的思辨的约束。更重要的是，它预示着一种颇具意义的理论。任何"空洞的"、纯粹象征性的思维只有凭借着与可能经验——相关对象本身在其中"亲身"被给予——的固有关系才具有它所具有的内容。如果不是因为与经验的这层关系，这样的思想就确实会变得空洞无物，即缺乏确定的内容。当你想起一只蠹蜥时，你的思想依据什么而具有确定的内容？它如何与某种特殊的事物相关？胡塞尔的观点是，要使这个最初"空洞的"思想与人们所认为的它所关涉的东西——鬣蜥本真地相互关联，只能当它在原则上内在地与你在经验中遭遇到这种爬行动物并颇有见识地宣称"这就是那个事物本身"的能力相关联——这种能力与想象被讨论物的能力自然地（虽然不是必然地）并行发展。胡塞尔写道："一般来说，对于作为现实性而呈现在相应的直观中的东西来说，空洞的表象只是一种潜在性。"（*APS*，244）当然，现在并不是说，如果你缺乏这种关于鬣蜥的认知能力，那么在任何意义上都不能说你能够想到它们。近些年来，尤其在美国，有关最后这个事实的重要性的论述颇为丰富。（希拉里·普特南［Hilary Putnam］与泰勒·柏格［Tylor Burge］的著作，例如参考文献中所引用的那些，在这个方面尤其具有影响力。）按照这种方法，可以说，人们能够真正地想到鬣蜥——这些鬣蜥本身进入了他的思想"内容"之中——即使他们不能识别鬣蜥，进而不能把他们的空洞意识转化为充实的，甚至是澄清的直观性。也许情况确实如此；但是它根本没有触及胡塞尔的论述。胡塞尔能够愉快地认可这些事例，但也会指出它们只是不真实（inauthentic）思维的例子。譬如，人们的这些特别指向鬣蜥的思想依赖于在其语言共同体之中的他人的识别能力。因为，当人们看到一只鬣蜥时，如果没有人能够认识它，那么我们关于它们的所有思想与言谈——如果不是完全虚假的话——在指称上也会是不确定的。正如胡塞尔在某一处所说的，"恰恰因为每一个自身给予的意识按照事物本来的样子来给予其对象，因此它能够针对不同的意识（针对关于某种不清楚的、极为混乱的东西的意识，或者针对……以某种其他方式并非自身给予的意识）来创建一种正当的正确性"（*FTL*，142，译文有改动）。所有服从于普特南—柏格的心理归属风格的情况都涉及主体思维之中的某种不清晰性和不完美性。但是，我们恰恰不能最终满足于这种思维。正是与满足于这种不真实性——它会导致思想的败坏，并最终导致人类精神的败坏——相对立，胡塞尔的返回"到事物自身"得以着手进行。

然而，胡塞尔在赋予"经验"以更多特权的方面走得更远；因为他断言，对象只能在直观中被构造出来："知觉是个体所具有的原初给予意识。在原样式中，在原初性中对象的意义和存在方式被构造了出来。"（*APS*，243；可与*Time*，41相对照）相比之下，胡塞尔谈到空洞表象时说，"在严格的意义上讲，没有什么对象意义在它们之中被构造出来"（*APS*，72）。所有的空洞意向都依赖于相关对象在其中被"原初构造"的在先的直观。因此，现象学除了包含前面的"静态"研究，还必须包含发生分析（genetic analysis）。意向分析的诸多较早方面联系得如此紧密，以至在胡塞尔的任何延伸性讨论中，它们通常都会发生作用。然而，发生分析虽然必然地蕴含于现象学的研究之中，但是胡塞尔也只是逐渐认识到了它的必要性的。我们将在下一章中明确地考察这个问题。

先验现象学的抱负是为所有可能的对象类型规定本质的构造条件。这个任务就是：

> 要去认识……在意识生活的内在性之中，在这个不停的意识之流的被如此这般决定的诸多意识样式之中，像静止不动的、持久的对象统一体这样的东西如何能够被意识到，特别是，构造同一对象这种非凡绝妙的工作在每个对象范畴中

是如何完成的。

（85）

　　如果这一点得以实现，那么现象学家将能够规定一门作为所有可能科学之基础的先天的、普遍的本体论（譬如，参见第59节）。现在，我们能够更充分地认识到这个抱负的依据。它源于构造分析的独一无二的清晰性与可理解性。因为，虽然哲学通常探求先天的知识，但是这种知识本身是"素朴的"，当它仅仅涉及概念的分析时，它将与真正的直观有一定的距离。事实上，只有当先天知识被证明是"源于最终的先验现象学的源泉时"（181），这种素朴性才会被完全抛到身后。在构造分析中，我们把对象展显为意识自身的诸多理想结构；当且仅当我们把某物展显为意识的一种"构成物"时，我们才使它对于我们来说是充分可理解的。胡塞尔在第四沉思中说，这种理解性是"合理性的最高的可设想的形式"（118）。相比之下，"在严格的意义上讲，没有什么客观的科学可以解释或者曾经能够解释什么东西，不论它多么精确。推演并不是解释……解释的唯一真正的路径就是使［事物］在先验的层面上可以理解"（*Crisis*，193［189］）。在下一章中，我们将更加深入地探察这种先验的自身阐释与澄清所肩负的无限任务。

第三章

第四沉思（的大部分）

（第30—39节）

因为简短的第三沉思为只是在第四沉思的最后两节才明确得出的那些重要的形而上学结论铺平了道路，所以我想把它们合并在单独的一章中进行考察。此外，由于那些结论与第五、第六沉思的主题密切相关，尽管介于其间的第四沉思的主要部分仍然在展现我们正在考察的现象学研究的多样性特征，因此我仍将以实际上相反的顺序来考察第三沉思与第四沉思。采取这种考察顺序的另外一个原因是，第三沉思试图使我们转向的形而上学设定是彻彻底底的观念论，而在今天，几乎根本没有人会同情这个设定。我将采取的陈述顺序具有这样的优点，它强调的是胡塞尔的现象学能够在多大程度上被讨论或者被接受，而无需提及它所无情导致的、胡塞尔本人却坚定不移的观念论。除了其最后两节，第四沉思向我们介绍了先验现象学的三个新方面：发生学、被动综合与本质还原。然而，在介绍这些主题之前，胡塞尔却把注意力更直接地转向了我们目前为止一直在研究的意向成就的实现者——先验自我本身。

自我，人格，单子

在我们从素朴地投身于世界到考察纯粹意识的彻底的哲学转向中，首先引起我们关注的就是意向性：在这种方式中，经验之流通过综合而被极化为诸多感觉统一体，也正是凭借这种方式，我们意识到了同一的、再次同一的诸多对象。因此，在事物的主体方面，让我们最为关注的是与对象的相对稳定性相对照的、我们所亲历的诸多经验的流动、变化特征。此时，胡塞尔指出，第二种极化在先验生活的展开中发生，它实现了事物的主体方面的持久稳定性。因为甚至在主体方面，反思所发现的不仅仅是生活经验的"赫拉克利特之流"，而且还有自我（ego）——"我"（I），"自我"（self）——它是这些经验的主体，同一的、持久的主体。在《笛卡尔式的沉思》中，胡塞尔只是简单地断言，我们对完满的笛卡尔式的我思持有绝然的确定性：我得到保证，正是我在"进行思想"。胡塞尔因而完全忽略了里希腾伯格（Lichtenberg）所提出的那个著名主张，即，笛卡尔在声称"我思"的绝对确定性时，他已经走得过远了；因此，这个主张进一步认为，事实上笛卡尔仅仅有资格来声称"思想"（意识经验）正在发生。正如我们已经看到的，虽然胡塞尔确实许诺要对先验经验进行"批判"，但是这种批判将会涉及超越"我思"的那些绝然物的范围，而"我思"本身的绝然性却从未被质疑过。事实上，里希腾伯格的反对意见并不值得我们予以特别关注。唯有那些能够反思其本己的意识生活的存在才能够理解当前的诸篇沉思；这种反思本身与其他任何意识行为一样，都是绝然确定的；缺乏主体的反思没有任何意义。然而，更令人惊讶的是，胡塞尔忽略了下面这个主张，即如果自我不是外在地相互联系的、人的纯粹经验之"束"（因为这和我们前一章所研究的经验在本质上的流动本性相矛盾），那么它或许只是流动的经验本身。因为胡塞尔显然认为自我的内容远不只此。之所以说它令人更为惊讶，是因为胡塞尔本人在先前是赞成那个观点的。我们在《逻辑研究》中发现了一段讨论，它重复了《人性论》中休谟的那段名言：

> 就我而论，当我非常亲切地体会所谓的我自己时，我总是遇到这个或那个特定的知觉，如热或冷，明或暗，爱或恨，苦或乐。在任何时候，我都不能抓住没有知觉的我自己，除了知觉，我什么都不能观察到。

（Hume 1739/1740，252）

作为主体的"自我"被认为是与我们现实亲历的经验迥然不同的，胡塞尔本人声称，"我必须坦白地承认……要寻找这个自我，这个原始、必然的关系中心，我实在是无能为力"（*LI* V，第8节）。然而，在大约与《观念 I》同时出版的《逻辑研究》的第二版中，胡塞尔在他所补充的一个人尽皆知的脚注里声称，"后来，我想方设法去寻找它！"胡塞尔在本书中所假定的就是这样一个"本质"自我的存在。

胡塞尔在其研究的中期特别关注作为这个自我之明证的注意力（attention）。我们能够把我们的注意力从感觉场景的某个部分转向另一个部分（而无需移动任何感觉器官）；我们能够关注既定对象的一个方面，然后再去关注它的另一个方面；我们能够关注那些闪过脑际的思想或想象，而不去关注那些可感地显现在我们面前的东西等。胡塞尔通常把这种现象称为从自我发散出来的注意力射线（ray），它照亮了某一组而不是另外一组对象——所有这些对象都是被给予我们的，虽然它们并不具有也不可能具有相同的显著程度。正如我们已经看到的，并不参与这条注意力射线的体验被称为"非实显的"或者"潜在的"。它们构成了我们的"思维活动"的恒常背景，正是在这些体验中这条注意力射线才有所指向；因此，自我包含在体验之中，或者说，自我"主要生存"于体验之中（譬如，*Ideas I*，第 37、45 节）。换句话说，自我通过精神活动才被揭示出来。令人吃惊的是，直到 19 世纪初，哲学才充分认识到活动——不仅是"精神"活动，就此而言还包括动觉活动——都不能被还原为任何一组印象、知觉或感觉。休谟和里希腾伯格所处的那段时期显然没能看到这一点。当费希特（Fichte）与美因·德·比朗（Maine de Biran）等伟人开始承认这个事实时，我们才拥有了哲学新纪元的曙光——这一点仍未被足够广泛地认识到。这个诉诸活动的领域不应该被低估，因为胡塞尔认为，每个"我思思维"都涉及某种形式的活动。

然而，即使这一点得到认可，我们还是没有走得如胡塞尔所期望的那么远。因为在《笛卡尔式的沉思》中所讨论的自我并不是人的主体，甚至不是心理学的主体——胡塞尔称之为"灵魂"，而是先验自我。甚至承认意识具有构造功能的萨特（Sartre）也认为，这样走得过远了，他质问道："难道这个精神的、心理—物理的我还不够吗？"（Sartre，1992，18—9〔36〕）海德格尔也在这个问题上与胡塞尔分道扬镳：这一点可能在他最初与胡塞尔关于《不列颠百科全书》之"现象学"词条的合作交流中表现得最为明显。然而，胡塞尔认为，与萨特和海德格尔一起止步不前，会完全错失唯一具有真正哲学性的先验视角，因为心理—物理的自我本身是现世的、因而是被构造出来的对象。胡塞尔赞同海德格尔的观点，每个"人格"必然拥有一个世界（至少作为现象），它被卷入这个世界之中，被这个世界所激发。但是，我们作为肉体的、世俗的个体向自身显现，这本身就是需要构造分析来说明的一种意向成就。与任何地方一样，我们在这里也必须探求现象背后的东西，揭示唯有它们才能使该现象产生的那些体验。在每个被构造者的背后，我们必定会发现一个进行构造的（因而是先验的）自我。另一方面，我们不应该沿着梅洛-庞蒂（Merleau-Ponty）所严厉批判的理智主义路线来解释胡塞尔的先验自我。先验自我并不是它自身生活的沉着的、完全理性的命令者；它的世俗化与新柏拉图主义的"堕落"毫无相似之处，而只是意识的自我实现的必然形式，这一点我们稍后会看到。事实上，当我们对构造分析探寻到一定深度时，我们就会发现被胡塞尔称为"被动综合"的那些过程，这些过程并不是"自我行为"（ego-acts），并不是由特别主动的自我所产生的。这些过程包含在先验自我本身的构造之中。然而，自我行为必然包含在关于世界的构造之中：一个世界为一个从未注意到任何东西的主体而存在，这几乎毫无意义！因此，我们不能仅仅满足于任何纯粹现世的自我。即使存在着"前自我"（pre-egoic）的构造，它也是"先于"先验自我；先于先验自我的一切本身就是先验的，即，"先于"作为现象的世界。

然而，本篇沉思的目的并不是要证明存在着先验自我，而是要表明，它并不仅仅是事物主体方面的某种空洞的同一性"极"，"正如任何对象也不是同一性极一样"（100）。虽然起初，胡塞尔把先验自我与主动性联系了起来，但是此时，他却说它是"**主动的和被激发的**"（100，我做的强调）。事实上，此时他通过对乍看起来与活动风马牛不相及的东西——习惯（habitualities）的思考，引入了关于自我的明确论述。自我并不仅仅是"他的行为的极点"，而且也是"诸习惯的基底"（103），这些习惯描绘了自我的"特性"。更确切地说，它们是精神倾向与能力。然而，事实上，虽然习惯本身并不是任何种类的活动，但是它们都是在自我的活动中产生的，我们很快就会看到这一点。

胡塞尔通过探讨决定对我们施加的影响而引入了关于习惯的话题。当我做出一个决定时，我就按照一定的方式而被改变了。这不是纯粹形式的或逻辑的变化，它只等于一个事实：我现在是那个做出如此这般决定的人，而此前却不是。因为即使我取消了自己的决定，这一点也是确定无疑的。胡塞尔对我在做决定以及坚守这个决定时所发生的变化饶有兴趣。它以某种方式为我确定方向或者使我具有一定倾向；如果我取消了决定，我还是被设定了不同的倾向。虽然这些习惯显然是主观的——它们是我的特性，甚至达到了先验纯粹性的最高程度——但是它们不能被视为"经验对主体时间的不断充盈"（101）。当我的思想完全指向别处以及处于最深度的睡眠中时，我仍然拥有它们。它们在主体经验的流变中也保持着持久的同一性，因而，这种同一性也指向了自我——习惯是其确定的特性——的持久同一性。习惯之所以是先验自我的特性，就在于它们具有意向的内涵。一方面，它们为我们的意识生活增添色彩——我们很快会对这一点进行考察。但是与所有潜在性相似，它们也可能成为现实。譬如，以做决定为例，我们有可能"返回"到决定的内容，在这个决定中我认识并且再次肯定了我的立场。考虑到迄今为止《笛卡尔式的沉思》的焦点，胡塞尔以认知决定，也就是判断，作为出发点是不足为奇的。譬如，如果你判断某些不明飞行物（UFOs）确实是地球之外的飞行器，那么如我们所说，此时你就是赞同那种看法的人；这个事实在你的认知生活中具有重要的影响。虽说它不是不可动摇的，但是它将对你乐于接受什么样的其他命题产生影响，也会对你认为什么样的推断可以接受产生影响。但是这些决定显然并不局限于纯粹的认知领域。因为你的习惯包含着你的意向和价值。事实上，习惯通常会决定我们所称为的"个性"或"性格"——伴随人们一生的"持久风格"（101）。它们对胡塞尔所称为的"人格"（person）来说是不可或缺的。[1] 胡塞尔引入的

1　正如在《笛卡尔式的沉思》的第32节中的讨论所表明的，对于胡塞尔来说，"人格"是某种艺术术语，因为他有时甚至能够依据具有习惯而把非人类的动物称为"人格"。关于这个概念的广泛讨论，以及它如何不同于纯粹自我和心理学家所谓的"灵魂"，请参见 *Ideas II*，第3节，以及其他种种补充文本。——原注

另外一个表示自我的术语是"单子"(monad)。所谓单子，胡塞尔是指"在充分的具体性中"(102)被考察的先验自我：也就是说，不仅结合其习惯（"人格"）来考察，而且要结合其完整的、现实的意向生活以及在其中被构造出来的诸对象进行考察。（正如我们将在下一章中看到的，单子的莱布尼茨式内涵丝毫不能被低估）

胡塞尔此时所主要关注的是我们的习惯与世界——当然是"为我们"的世界——的特征相互关联的方式。正如一些批评家所指出的，当我们建立先验还原时，我们并没有把我们自身还原为某种非现世的、空洞的主体性。当我们实现还原时，一切作为现象的东西都没有发生变化。尤其是，世界对于我们来说仍然是触手可及的，尽管它在"括号"之内。事实上，现象学的主要任务之一就是去探询现象世界本身，揭示使世界向我们显现的先前隐匿的意向状态和活动，进而更充分地理解作为现象的世界所具有的复杂的、结构性的意义。当我们这样反思时，我们会立刻认识到，世界并不仅仅是对象或存在者的全体；它具有，并且必然具有某种结构，该结构可以根据熟悉性而部分地得到说明。下面是对胡塞尔关于这种世界结构的最广泛讨论的一段摘录：

　　除了那些在此刻被我实际感知到的对象之外，还存在着另外一些对我来说确定的，或多或少有所了解的现实的对象，它们自身并没有被感知到，或者甚至没有以任何别的直观方式呈现出来。我可以让我的注意力从刚刚看到和留意到的写字台游移出来，穿过我背后的未被看见的房间部分，到达阳台，进入花园，达到凉亭里的孩子们，等等，达到我直接

"知道"的、存在于我可以直接同时意识（co-conscious）到的周围各处的一切对象……但是甚至这个在直观上明白或模糊、清晰或不清晰的共同呈现（co-present）领域——它构成了实际知觉场的一个恒常的边缘域——都不能穷尽在每个清醒瞬间被我意识到的"手头的"世界。相反，世界在其存在的固定秩序中，伸向无限……我的不确定的周围环境是无限的、朦胧的、永远不能充分确定的视域必然存在于那里。

（*Ideas* **I** ，49）

对我来说，这种结构性的世界基于两个事实而必然产生。第一个事实是知觉世界具有空间的特征，其中的每个对象都有其内视域和外视域。尤其是，后者意味着每个场景必然会朝向另一个在原则上能够达到并且得到考察的场景，即使它只是一块空无的荒地。虽然当前，我的书房的墙壁会在某种意义上限制我对周围世界的认识，但是它们只是介于我与整个周围世界之间的暂时的屏障，周围世界为我恒常地存在于那里，甚至在某种意义上说，在知觉中存在于那里，因为它蕴含在我的知觉意识的根本特征之中。我把那里当成这样的世界，并不是因为边缘影像扩大了知觉。这些影像可能向我发生，也可能不发生。甚至当它们确实发生的时候，它们也只是以一种或多或少确定的方式来填充世界的更广阔布局的细节，而世界作为世界，作为我当前知觉以及任何可能知觉的暗含的视域，已经在那里了。第二个事实是我的每个认知成就都变成了一种"获得物"（acquisition），在此基础上，实际上没有被我感知到的世界的各个部分具有一个持久的特征。正如胡塞尔在本篇沉思中所说的：

设定存在和解释存在的自我能动性导致了我的自我的一个习惯，由于这个习惯，具有其多重规定性的对象持久地成为我的对象。这些持久的获得物构成了我当时所熟悉的周围世界以及这个世界的未被我所熟悉的那些对象——也就是说，虽然这些对象仍有待获得，但是它们已经借助于这个形式上的对象结构而被预期——的视域。

（102）

在探究世界的过程中，我偶尔会遇到在日常意义上不太熟悉的对象和区域。但是，与我先前的经验不连贯的彻底不熟悉的东西，却是不可思议的。不论多么离奇古怪，任何对象都必须至少与支配我的现实经验的可感知性的基本结构符合。譬如，在知觉中随着内外视域而被"侧显"出来，在原则上讲，外视域会引领我返回到我所熟悉的区域。不熟悉是"熟悉的一种样式"（*EJ*, 34［37］），它返身指向熟悉，同时又从熟悉中产生其自身的意义。胡塞尔通常把所有这些概括为一句话：世界具有某种风格。

胡塞尔能够把世界称为"我们所有习惯中的最坚定、最普遍的一个"（*EJ*, 424［350］）。由于世界的意义横向地隐含在每个知觉中，又由于何种世界为我们存在，是我们的诸习惯和正在进行的经验的功能，因此，胡塞尔能够说"对这个单子性的自我进行现象学解释的问题（自我对其自身来说的构造问题）必然无一例外地包括一切构造性问题。由此导致的结果是，这种自我构造的现象学与现象学全体相符合"（102—103）。由于意向行为—意向对象的平行论,（为我的）世界能够从关于我的主体性的全面分析中得到解读。但是反过来说，由于这种相同的平行论，我也可以从我的世界中得到解读。正如胡塞尔在晚期的一个文本中所说的，"在本体论上说明［auslegen］世界就是在它的全面具体的结构中说明处于其中的人类"（*Int Ⅲ*，617）。

静态现象学与发生现象学

　　胡塞尔把诸多习惯形容为"获得物"。因此，它们以过去的某种"创建"或"构建"（Stiftung）为前提。我们曾在导论中与这个术语打了个照面，不过，现在是时候来充分认识这个现象学的中心概念了。由于在时间中指向过去，习惯只是先验生活的某个特征的特例，胡塞尔日益认识到这一特征的重要性，而该特征也日益影响胡塞尔的现象学方法。这个特征就是（先验的）发生，它所产生的方法叫作"发生现象学"（genetic phenomenology）。迄今为止，在这些章节中所主要表现出来的那种探询——"开始哲学家"以此为出发点是很自然的——叫作"静态现象学"。当我们从与世界的关涉转向对自身的经验自我的纯粹反思时，我们并没有发现大量初始的经验，而是发现了关于世界的连贯的意向经验。这个假定的世界以及其中的各种各样的对象都已经为我们构造好了。因此，我们可以把后者视为意向分析的"先验导引"，这种分析涉及阐释这些对象在其中被我们所意指的诸多经验的意义。正如我们已经看到的，这里，兴趣与挑战存在于对这些经验所隐含的意向成就的揭示之中，并且含蓄地决定它们的"对象意义"所规定的内容。静态现象学是意向行为的—意向对象的视域分析。然而，这一过程并不能够穷尽我们的现象学兴趣。因为，除了探询种种经验包含什么或者实际上是什么之外，还存在着一个问题，即具备这些经验及其对象的前提条件是什么。我们此处所探询的并不是这些经验之中存在着什么，而是说什么在历史上先于这些经验而存在。譬如，此刻我坐在书房中，环顾四周，看到了许多书。"隐含"于我的知觉经验之中的是空洞的"前意味和共意味"，它们指向了我认为它们将包含的未被知觉到的书页与字迹。正是这种隐含的意向性使得这些事物作为书而向我显现。然而，如果我在两岁时环顾这个相同的房间，这些都不会适用于我。在那个年龄，我根本不知道什么是书。在那个年龄，我所看到的事物只能是具有各种各样形状与颜色的不熟悉的事物。我现在的经验由于我过去的经验而是其所是。与此处相同，对象所具有的视域通过进行经验的主体所获得的习惯、认识的"拥有物"（possessions）而得到表明。在所有意向行为中都存在着隐含的、空洞的意向。但是，在任何既定情况下，为什么只是这些隐含的意向而不是其他的意向呢？这也要求现象学的研究：但不是"视域的"研究，而是宛如"考古学的"研究。正如我们已经看到的，作为这种研究之主题的发生将是关于自我的发生——关于能够实现我们所讨论的意向成就的那种主体的发生。

现象学具有这种发生学的向度，根本不足为奇，因为正如胡塞尔多次在诸篇沉思中所指出的，意识生活的最根本形式是时间性，构造的根本层次是时间本身的构造。我们总是，并且必然处于生成过程之中，一切对象都在意识之流中形成。正如胡塞尔在第

37节的标题中所宣称的，"时间是一切本我论发生学的普遍形式"。我们现在需要特别指出与发生现象学相关的持存所具有的作用。我们已经看到了持存在其中对于生动当下之存在至关重要的那种方式。同样重要的并且对当前的语境十分关键的是，持存在其中怀有未来可能经验之含义的那种方式。当然，这种含义之一就是可能的回忆。但是还有另外一个含义：

> 原初被给予性的每种方式都有双重的发生学后效。首先是其以可能的回忆复现物的形式出现的后效，它通过原初发生过程经由持存而非常迅速地使自身依附于持存；其次是其"统觉的"后效，它是指任何在新的相似情境下呈现出来的东西（不论它已经被如何构造）都会以相似的方式被统觉。
>
> （*FTL*，279）

在第五沉思中，胡塞尔给出了他所考虑的那种事物的例子："一个已经看到诸多物理物的孩子第一次理解了剪刀的用途；于是从现在开始，他一眼就会把剪刀看成剪刀，但这当然不是在明确的复现与比较中，也不是在推论的得出中实现的。"（141）这种"初次理解"就是关于Urstiftung的例子，即意义的原构建，它此后能够激活我们的意向生活。正如胡塞尔在别处所说的，"随着每种新的对象（从发生学上来讲）初次被构造出来，一种新的对象类型就永久地得到了规定，与之类似的其他对象按照这种对象类型就会预先被理解"（*EJ*，35［38］，译文有改动）。所有统觉都返身指向了意义的这种最初创建。[1]因为，否则的话，在任何特定时刻，空洞的意向在感觉中所从事的内容都将是武断的。那时，我们就不能够在这个领域中获得先验的清晰性。

我们要注意，只有在关于对象的第一手经验中的"原初被给予性"才能够起这种原建构的作用。这是因为，意向指向性的所有其他方式都是纯粹的当前化；正如我们在前一章的结尾处所看到的，当前化具有"原初"意识的诸意向变样的特征，它在本质上返身指向原初意识。譬如，当我们回忆某物时，我们会想起，在先前的某个场合下它是如何在知觉中向我们显现的；当我们想象某物时，我们会想象它将如何在关于它的某种可能的知觉经验中向我们显现——把它再现为"仿佛"我们正在感知它。这就是为什么这种直观当前化的诸多对象总是表现为以某种方式在空间上与我们相适应，就像知觉对象一样。如果由此说，直观当前化与"第一手"经验相比是次级的，那么空洞当前化显然更是如此，因为正如我们在前一章所看到的，空洞当前化需要求助于直观来澄清其意义。由于当前化的这种"返身指向"原初呈现恰恰是它的部分意义之所在，因此它能够被"静态"分析所认识。胡塞尔日益认识到，这种指向暗含着一个发生学的、时间的向度：

> 意识的原初形式，也就是最宽泛意义上的经验……相对于其诸多意向变项来说，不仅具有静态优先性，而且具有发生优先性。在发生学上讲，被给予性的原初方式在某种形

1　关于这个主张似乎包含的无限倒退，稍后将在本章中予以阐述。——原注

式也是原始的方式……隶属于基本种类的诸对象的非原初意识样式在本质上是不可能的，除非此前在内在时间性的综合统一体中发生了关于同一对象的相应的原初意识方式——正如在发生学意义上说的"原直观的"意识样式，每一种非原初意识样式都在发生学意义上（亦在静态意义上）返身指向了它。

（FTL，278）

当然，这并不是说，我们不能够非原初地经验一个对象，除非我们先前曾原初地经验过它。正如胡塞尔本人所指出的，"譬如，在一个彻底空洞的预期中，我们从未见过的某种东西能够向我们暗示出来"（FTL，278）。但是，正如先前所提到的，不熟悉只是熟悉的一个样态。因此我们能够凭空臆造的任何对象的基本类型对我们来说必然是再熟悉不过的。正如胡塞尔在《笛卡尔式的沉思》中所说的，"然而，我们所谓的不可知之物却有一个可知的结构形式：对象形式，更具体地说，空间事物形式、文化对象形式、工具形式等"（113）。

我们要注意到，胡塞尔发生学意义的探询在本质上被规定为真正先验的探询，这一点是十分重要的。我们并不打算在这个问题上重新退却到某种纯粹经验的心理学探询。虽然胡塞尔在这种关联中所提出的主张具有"最宽泛意义上的因果律，即关于如果……那么……的规律"（109）的地位，但是它们比经验研究所发现的自然因果律——胡塞尔所谓的"狭义"因果律——的任何联系更加"高贵"。胡塞尔认为，不仅是心理学家，甚至是物理学家也对"为什么他们所接受的基本自然律是其所是"这个问题，没有丝毫的真知灼见。这就是这些"规律"，如牛顿定律，能够在随后、甚至在被认可多年之后还要遭到修正的原因所在。我们同样不理解我们所看到的在自然世界的日常经验中发挥作用的因果律。我们认识到，世界自身有某种因果"风格"。譬如，不同形状、大小和质量的相互碰撞的物体，具有我们所依赖的独特的行为方式。事实上，世界具有这样某种可靠的风格，对于根本上有为我们而存在的世界来说是先验必需的，因为关于一个世界的认知在很大程度上符合我们通过经验所获得的诸多习惯，这些习惯恰恰是可信赖的形式。一个完全不可靠的世界没有任何现象学的意义。但是另一方面，为什么世界具有这种因果风格而不是别的什么风格，对此我们还是不甚了了。至少仅仅关注于自然世界本身，我们是不会有、也不可能有这种洞见的。相比之下，胡塞尔在其发生探询中所考察的是先天确定的本质上的可共存性（compossibility）。经验与行为（comportment）的某些形式必然排斥其他的形式，必然性能够依附于它们在意识生活中显现的次序。胡塞尔相信，我们甚至能够在这些发生学问题上达到先验的明晰性。

然而有人可能会问，我们是否确实能够拥有关于先验发生学之规则的洞见。事实上，有人可能会怀疑，一个小孩能够研究理论物理，或者我在从未看过或听过一本书的情况下，却能够把遍布书房四周的东西当成书，类似这样的情况是否确实在经验上是不可能的。因为它们似乎是胡塞尔所认为的他能够在原则上排除的诸种事物之一。事实上，恰恰因为它们是存在的，所以它们并不是胡塞尔对之感兴趣的那种事物。譬如，"小孩"是一个适用于人、适用于世界中的被构造对象的术语，而胡塞尔却是在先验意识领域之内关注发生的必然性的。类似的，关于我熟悉这些书的证明不应该被看成是我的心理生活的说明；因为这也同有关实在世界的假定密切相关。然而，这些问题并没有指向能够在先验层面上所提出的问题。因为在所有个别事例中，显然不存在两条意识之流：一条是现世的、心理的意识流，另一条是纯粹的、先验的意识流。它是相同的、流动的生活，从绝对视角出发，它被理解为把自身"世俗化"为现世之人的先验意识（譬如，*Epilogue*，145—147；*PP*，342—344）。我们凭借我们的先验构造的意向成就而把自己构造为人。换句话说，存在着某种关于我们意向生活的东西，它能够对我们把自身经验为现世的具体主体予以说明。因此就有了一个讲述感觉的诸视域的故事，这些视域包含在拥有作为我的身体的这样一个意识对象的情形中。此外还有一个更深远的构造的故事，它讲述了我们如何以某种方式在这样一个作为"心理"过程的身体中为我们的经验"定位"的。然而，既然我们确实是这样的，那么就可以得出，在纯粹先验生活之流当中的各个状态或过程都会对应于每个在经验上同一的心理状态或过程。如果前者存在着发生的必然性，那么后者也会有相应的必然性。[1]因此，胡塞尔似乎至少认同这种说法，即如果作为先验自我的我现在把周围的世界构造成了一个包含书的世界，那么我必须在我的先验生活的某个较早阶段经历过一次能动的构建，在其中，关于"书"的感觉原初地为我构造出来。或

---

1 确实，我们应该对绝对的、主观的时间与客观的、被构造的关于世界的时间做出区分。然而，它们并没有，也不能够包含相应事件的不同**次序**。——原注

者，如果书并不是足够"基本"的对象类型，那么，就"物理物"或"空间物"类型来说，这个主张必须得到拥护。

人们可能会基于两个主要依据来怀疑这一设定。首先，某些统觉拥有物可能是天赋的。因为，尽管没有人会特别严肃地提出，我们有可能伴随着关于什么是书的天赋观念而进入世界之中，但是关于我们至少拥有某些天赋的"获得物"的提议显然不能被不加讨论地驱逐出场。我们所实现的正被讨论的意向成就越是基本，这个建议就越显得合理。正如我们已经看到的，胡塞尔认为，恰恰是更为基本的统觉类型必须被原初地构建出来。他显然认为关于物体的感觉必须在我们生活的某一时刻被原初地构造出来。

> 我们对象化了物理物，甚至一眼就能看到它们，这个事实……使我们在我们的意向发生分析的过程中返身指向了那个事实，即物理物的类型、经验在更早的、原直观的发生之中产生，从而，范畴、物理物伴随其最初感觉而为我们构建出来。
>
> （*FTL*，278）

或者正如胡塞尔在《笛卡尔式的沉思》中更为简单地表述的，一个孩子必须"学习观看物理物"（112，也可参见110）。在另外一处，在谈了内在时间的构造之后，他又进一步谈到了**"发生的更高层次，超越之物的层次……自然的构造"**（*Int II*，38，我做的强调；试比较，同上书，115）。在一段把意向成就的复杂性与发生的复杂性联系起来的论述中，胡塞尔这样写道：

在我们的经验中，在我们对物理物的每个知觉中，都存在着一个关于可能经验的视域，因此它们都指向了这个经验的发生，这种发生必须有其逐渐形成的各个层次，在那里，各个低级的统觉得以发展，各个低级的经验方式具有其限定的视域。于是，新的经验统一体，由更高级视域所造成的更高层次的经验，等等，都由于新的经验联系而产生。

（*Int II*，115）

我们在第一章中看到，胡塞尔声称自己是一名真正意义上的经验主义者。在那一语境中，他是在涉及对自明性的认识时谈到这一点的。我们现在看到，在发生问题上，他也是某种经验论者。事实上，在表达他对这些问题的立场时，胡塞尔能够自觉地重复休谟关于"印象"与"观念"的谈论："至少就构造要素和联系形式来说，每个在性质上未被改变的当前化都返身指向了必定在先的记忆，而每个'观念'都返身指向了先前的印象。"（*Int I*，349）

另一方面，胡塞尔非常坚定地主张，现象学探询迫使我们去认识意识中的天赋因素。他写道："每个先验的我，都有其天赋资质。"（A VII 17，46a）有时，被称为天赋的东西就是某种结构。譬如，在我刚才引用的手稿中所探讨的问题就是时间性的基本结构。然而，在与更加特别的问题相关时，胡塞尔能够谈到天赋性。譬如，他说，一个新出现的单子将会拥有遗传自其父母的个别特征（如，C 17 V〔1〕，84）。此外，正如我们稍后将在本章看到的，胡塞尔认为我们具有各种各样的天赋本能，并且称之为"精神存在的原初的、本质的结构所具有的一种意向性"（C 8 Ⅱ，16a）。事实上，他声称，"原初孩童"（Urkind）被"本能地朝向世界"（E Ⅲ 3，5a）。正如我们即将看到的，这种本能的意向性在世界的根本构造中是有其作用的。譬如，胡塞尔谈到了"前我"（pre-I）伴随着天赋的习惯和来自遗传的空洞视域——一旦获得经验，这个视域就会变成现实世界的视域——来到世界上（Int Ⅲ，605）。然而，胡塞尔在天赋的"空洞表象"（leere Vorstellungen）之处为天赋性划定了界限。他写道："糟糕的天性论（nativism）的根本缺点在于……它预先假定了天赋的'表象'……一个人如果求助于'空洞表象'，那么他还不是一个现象学论者。"（Int Ⅱ，335）在某一处，胡塞尔问道："第一行为：它的'基础'是什么？"他的回答如下：

> 所谓的"我"已经拥有了"世界视域"——它是极其原初的视域，人的世界视域隐含地诞生于其中原视域这个遗传物，在其原初意义上是空洞的视域。最早的质素，也就是最早的激发性的东西，变成了被最早把握的东西……然而，被这种呼唤唤醒之前的我，也就是尚未存在的前我，已经按照自己的方式拥有了一个世界……：它的非现实的世界，它既不存在于这个世界"之中"，也没有意识到这个世界。它是被激发的，它把质素当作自己最早的充实物——清醒世界里的最早份额。
>
> （Int Ⅲ，604）

在此，胡塞尔根据"空洞视域"谈到了对世界的天赋的倾向。

在别的地方，他把这种可能天赋拥有的空洞视域与不能天赋拥有的空洞的"表象视域"（Vorstellungshorizont）进行了对照（*Int II*，334）。当你或我看到一个物体时，我们会立刻把它看成为这个样子——连贯的三维物体，它的某些部分被遮蔽而不能被我们看到——尽管"展显"在我们眼前的只是它的一个侧面。我们马上假定，对象的内容远远多于它向我们的"裸眼"所展显的一切。这个具有或多或少确定内容，朝向构成该对象之内视域的假定，恰恰是胡塞尔否定其可能具有天赋性的那种"空洞表象"。在与先前引用的那段话——胡塞尔在那里提到了休谟，还说未被改变的当前化返身指向了先在的记忆——相比较时，他谈到了"没有记忆的'遗传'，还有由唤醒物（awakenings）所实现的一种'充实'，等等"（K III 11 4a）。与空洞表象不同，这种"遗传"或天赋资质无需先在的记忆就能够存在，其中的原因可以由"唤醒物"一词暗示出来。因为，胡塞尔此处所想到的天赋拥有物仅仅是本能，虽然是被构造出来的本能。在全新的清醒的单子中发展起来的"人的世界视域"是"对普遍的本能视域的充实阐释"（E III 9，3a）。因此，虽然我们有可能在合适经验的契机下倾向于达到更高的统觉层次，但是这些经验本身在发生学上必然先于一切被现实拥有的统觉天赋。确定的内容只有伴随着这些经验才能进来。否则，我们只能陷于天赋的"空洞表象"而不可自拔。然而，胡塞尔坚决主张，这些需要在现实经验之中的原构建的确定内容，甚至包含着像物质性（materiality）这样的"形式的"要素。有一次，针对"感知物理对象的能力本身可能是天赋的"这个提议，胡塞尔反驳说，"那些天生目盲但又经手术治愈的人的行为显然可以反驳这个观点，因为他们必须努力学习观看事物"（*Int II*，333）。不仅这一点本身是值得怀疑的（正如我在别处所主张的：Smith 2000）；更为重要的是，它远远没有达到人们所期望拥有的那种先天地位。事实上，至少对于读者来说，胡塞尔的许多发生学的断言看起来都有些教条。

胡塞尔确信，发生学的主张能够被先验地确立，而且现代人甚至更乐于接受它。质疑这种观点的第二个依据就是，在原则上讲，神经外科医生可以不顾一个人过去的经验历史，而重新整理他的大脑皮层，从而导致几乎任意一种经验或能力。举一个极端的例子，这个例子在先前基于天赋性而提出的反驳的背景中是难以置信的：这个医生难道不能以某种方式对某个生平从未见过书的人的大脑做些手脚，从而使这个人现在能够把某种东西感知为书，并且现在就能够这样做吗？胡塞尔对任何这种提议的回应都是毫不含糊的：他否认意向行为、甚至是心理学的"自然"层面上的意向行为，能够在因果性上被物理过程所决定或解释。感觉的发生是可以被物理过程所决定或解释的；但是意向行为绝对不行。胡塞尔甚至根本否认能够从现世事物与意向行为中获得严格意义上的任意的因果联系。当然，他并不否认我们可以激发他人的所思所感。众所周知，在拥挤的影院里大喊"着火啦"会有戏剧性的效果。从表面上看，这似乎只是纯粹的因果决定。诚然，如果我们在足够宽泛的意义上使用"因果性"一词，那么它就是因果性；但那只是因为，纯粹的"如果……那么……"这种作为属的因果性，它所包含的一个种正是胡塞尔所谓的"动机"（motivation），这种动机只能在意识之中被发现，并且在本质上包含着意向关系。一旦你使某个人的意识之流发生了某种感觉，那么这也可能会导致某种本来不会发生的意向行为。但是，感觉与意向行为的关系是动机性的。这一点是与当前的联系相关的，因为胡塞尔采用这个设定的一个基本理由就是和我们现在所讨论的发生问题有关的。因为在与戴维森（Davidson）著名的"反常一元论"的论证几乎相反的一个论证中，胡塞尔声称，至少在纯粹的感觉层面之上的精神领域是由具有合法的发生学含义的、关于可理解性与有意义性的规则所主宰的。这些规则是先天的，它们以绝对的必然性主宰着精神生活。如果我们所有的精神生活只是大脑活动的因果性产物，如果通过胡乱摆弄大脑就会使意识之流任意偏斜和重新编排，那么就不可能存在这些必然性。因此，甚至在原则上讲，这些干扰都是不可能的（参见 *Ideas II*，第63节；试与 Davidson 1980 比较）。

主动综合与被动综合

到目前为止，我们只触及了发生现象学的一个方面。我们已经看到，任何关于本身并非原初的对象的统觉都会返身指向某种先在的关于对象的同一基本类型的统觉。但是仍然存在着一个问题，那些源起的统觉本身是如何在意识之中产生的。因为，如果一切统觉都返身指向先在的统觉，那么就会出现无穷的倒退。胡塞尔对被动综合（passive synthesis）与主动综合（active synthesis），因而也是对被动发生与主动发生所做的区分，恰恰在这一点上发挥了重要的作用。因为胡塞尔通常把纯粹自我与活动联系起来，因此，他根据自我是否"关涉"其中来阐释被动性与主动性的区别是不足为奇的。更确切地说，在复杂的意识、特别是人的意识之中，由于存在着许多以不同程度的主动性与被动性为特征的意向层次，因此这种区分才依据自我被关涉的程度来进行阐释。在主动综合的最高层次，我们拥有了发明物（inventions），在这里，那些尤其经过不懈努力与反思的人发明出了某些新的东西。在任何这样的运作中，主体都将会研究那些与新颖发明相关的预先被给予的对象。发明并不是源自虚无的创造。它的新颖性就在于对已知要素的全新构造，即全新综合。譬如，车轮的发明者将会或者一定已经对空间世界、需要被移动的负载物以及圆形对象等十分熟悉。这也普遍地适用于主动综合：这种运作预先假定了那些与主动成就相关的被动地预先被给予的对象。并不仅仅是技术上的发明在主动发生的这个最高领域中占有一席之地，一切"理智的"与"精神的"成就都在这里有其位置。譬如，在一篇出现得很晚的论文《几何学的起源》中，胡塞尔就我们现在对几何学的熟悉度的发生学前提做了精彩的论述（*Crisis*："附录"3〔6〕）。在主动性的较低层次，我们可以发现非个体对象和范畴形态的塑造过程。我们将在下一节中更充分地探讨这个问题；但是胡塞尔所考虑的事情是，我们不仅感知对象，而且能够主动地联结它们，使它们相互联系起来。譬如，我不仅能够看到一只绿色的花瓶，而且能够把花瓶看成"主体"，把它的绿色看成"特性"，从而形成一个在范畴上得到清晰表达的新的对象：存在于花瓶之为绿色中的事态。或者，由于计数，我现在能够把某些对象感知为由六个东西所构成的集合。事实上，有些事态所获得的一切感知都包含着超越感觉的主动综合。譬如，为了认识到猫在草席上，仅仅有我看到猫在草席上是不够的。此外，与这个判断相符合的对象是猫正在草席上，它需要我们把感知到的场景清楚地表达为不同的对象，并把它们相互联系起来。

与上述的主动综合的两个层次相关，正是对个别对象的直接知觉被动地预先给予了将被综合的对象：

主动性所构造出来的任何东西必然把预先给予的被动

性作为最低层次而预设为前提；当我们回溯一切被主动地构造出来的东西时，我们都会遇到被动发生所实现的构造。在生活中作为存在的、纯粹的物理物而与我们对抗的现成的对象……随着它本身的原初性而在被动经验的综合中被给予。

（112）

由于这个层次甚至先于在逻辑上被联结的诸多判断之公式化表达，即"每个判断活动都有一个前提，即对象就在我们手头，它已经被给予我们，它就是我们所陈述的东西"（*EJ*, 4—5［14］），因此胡塞尔把它称为前述谓经验（prepredicative experience）的层次："那些自在的最初判断就是……经验判断。个别的经验对象之自明的被给予性，是这些判断的先导，即它们的前述谓的被给予性。"（*EJ*, 21［27］）然而，甚至对物理对象的简单知觉也并不完全是被动的事情，因为知觉，至少"在隐含意义上"的知觉，意味着专注的知觉；关注某物是自我的主动性。因此，甚至在这里也必定有预先被给予的诸多对象。这些对象形成了被专注地知觉到的所有对象的背景。当我们的目光在某个场景游移时，我们时而注意到这个对象，时而注意到那个对象，进行注意的经验本身暗示我们，现在所注意到的东西先前就存在于那里，等待着被注意：它被动地预先被给予了注意力的主动活动。与此相关，胡塞尔谈到了激发（affect）自我的一个对象：

"激发"意味着从一直共同呈现的环境中突显出来，把兴趣、或许是认知兴趣吸引到它自己身上。环境作为预先被给予者的领域，作为被动的预先被给予性的领域——它在没有借助任何把握的眼光、没有唤起任何兴趣的情况下，就已然在那里了——而共同呈现出来。

（EJ, 24［30］, 译文有改动）

诸对象所具有的激发我们的力量符合支配我们的清醒生活的知觉兴趣。这是一种基本的认知动力，它的一个方面就是简单的留意会自然地倾向于发展为关于对象的更深思熟虑的静观，这种静观很可能、事实上经常会导致关于对象及其与其他对象关系的充分地清晰表达的判断。当我们"臣服"于一个对象的吸引力时，第一反应就是专注地"转向"它，这是自我主动性的最原始形式。虽然胡塞尔能够把它称为"接受性"，但是他也声明，"接受性必须被看作是最低层次的主动性"（EJ, 83［79］）。然而，虽然这种本我主动性存在于一切真正的关于对象的专注感知中，但是在知觉考察过程中所展开的综合却是完全被动的。譬如，当我通过观察对象的先前被遮蔽的背面来考察其内视域时，虽然我既在主动地关注我所看到的一切，又在主动地推动自身，以便获得关于对象的各个不同视角，但是即使没有我的帮助，由当时发生的新的感性直观所产生的先前"空洞"意向的综合"覆盖物"（covering）也可以实现这些。在《观念Ⅱ》中，胡塞尔把这种综合称为"感性的"（aesthetic）或"感觉的"（sensuous）综合，他写道："作为综合，范畴综合是一种自发的行为，相反，感性综合却并非如此。在前者中，综合联系本身是自发的作为与实行，是一种真正的主动性；在后者中就并非如此了。"（Ideas Ⅱ, 19）然而，虽然这种感性综合是被动的，但它并不是盲目的，并不是材料的纯粹接替。相反，它预先被"统觉剩余"所指引，后者是一切知觉的要素，并且包含着构造对象之视域的空洞意向。这种统觉能力被所有这样的知觉所预设，因此还有许多关于发生故事的内容需要我们来讲述。正如静态现象学教导我们的，典型的对世界的熟悉不仅仅是复杂的意向成就，而且正如我们此刻开始期待的，它是复杂发生的一种结果。这一点甚至延伸到了"物理对象"这一基本类型：

> 于是，在幼年初期，预先给予的知觉域尚未包含任何在单纯的观看中可能被阐释为物理物的东西……我们，即沉思着的自我能够深入探察经验现象本身的意向成分……并发现返身引向某段历史的意向指向，从而使这些现象作为其他本质上在先的诸形态的后续形态而被认识。

(112—113)

与有关任何物理对象的知觉相比，还存在着几个更加低级的层次。我们不可能在此对胡塞尔哲学的这个方面进行彻底的讨论。但是简短地说，情形如下。[1]物理对象可以被直接理解为涉及多个感官的事物。即使我正在端详一个典型的物质对象，它也会看起来像是某种可以触摸的东西。换句话说，在视觉上被感知到的对象具有可以在触觉上受到考察的内视域。这种统觉返身指向了纯

1　有关胡塞尔最为详尽的论述，参见 TS、Time、Ideas II 的第1节以及 EJ 的第1部分。——原注

粹"视觉物"（sight-thing）在其中被综合地经验为可触之物的原构建经验。这是因为，这样的意识——在其中，视觉上可被感知到的东西与触觉经验毫不相干——是可以设想的。正如胡塞尔在某一段话中就这个问题所表述的，"我们能够按照某种方式系统地拆解已经完成的经验（知觉，原初的经验统觉）；如果我们把某些经验从发生学中排除出去，从而假定某些经验集合永远不可能存在，那么我们就可以反思，知觉是如何必须按照其视域而被塑造出来的"（*Int II*，115）。如果这种涉及多感官的对象将为了主体而被构造出来，那么两种感官之间的复杂关系是必然的。此外，甚至是胡塞尔所称为的纯粹视觉"幻象"也有其前提条件。因为我们感知到它们位于各种不同的空间位置之中；这本身包含着视觉经验与动觉（Kinaestheses）（关于我们能够移动自己身体的经验的表达）之间的复杂关系。随着我的眼睛从一边转到另一边，我的视觉材料也会经历横向的位移；当我走近一个对象时，它在我的视域中所占据的范围会越来越大。不包含这种视觉—动觉依赖性的意识是可以设想的。我们能够在一定限度内构想这样的意识，在其中，没有什么视觉变化是由任何动觉所造成的。这样的主体甚至不能够把视觉对象统觉为存在于空间中的东西，因为胡塞尔认为，这意味着，把视觉对象统觉为存在于空间中的东西在原则上是可以通过主体的某种移动得以实现的："空间本身作为物理世界的形式，与我自己能够在

其中进行移动变化的位置系统毫无差别。"（*Int II*，507）[1]

在上述的每个层次中，我们都发现了两点内容。首先，只有当意识的某些特征被构造了出来，关于某一类型对象的意识才是可能的：譬如，如果你没有把物理对象看成是有颜色的、有形状的，那么你就不能看到它们本身。其次，即使没有先前对象所必需的某些其他特征，这些后来的特征对于意识来说也是可能的：譬如，人们可能只在视觉上感知到了有颜色的形状（因为动觉并不存在，或者并没有与视觉经验结合起来）。由于唯有综合才能够在既定层次上从较低层次的可能尚未整合的对象中产生出诸对象（物质对象就是从视觉物与触觉物之中产生出来的），又由于我们完全低于本真的主动综合的层次，因此胡塞尔认为，关于综合与发生的全部领域由"现象学的一个基本概念"（113—114）——联想所支配。事实上，胡塞尔在某一处说，"所有的经验统一体都是因联想而生的统一体"（*Int II*，348）。"联想"一词让我们想起了在18、19世纪处于优势地位的那种"感觉主义的"、经验的心理学；但是胡塞尔的联想概念却与之有着天壤之别。他把它看作是人们能够先天地在其中取得进展的领域：他把它称为"天赋的先天领域，因此如果没有这个先天领域，自我本身就是不可思议的"（114）。这是因为它"涉及意向性"（113）。联想主义的心理学家认为，联想包含着某种精神因果律，这种因果律典型地、明显地模仿了物理因果律。

1　事实上，胡塞尔把空间构造的问题视为现象学研究的宏大而复杂的主题，他一而再、再而三地返回到这一问题。它也对于我们将在第五章看到的、胡塞尔关于交互主体性的论述具有重要意义。——原注

但是作为一种强制的因果律，仅仅指出每当某种现象出现时，另外一种现象就会立刻进入脑际，这根本没有什么解释力；还原神经学法则的这些强制的一致性也同样没有什么意义，即使那种还原是可能的。胡塞尔所感兴趣的并不是体验的"接替法则"，而是在经验中一个事物对另一个事物的富有意义的附属性。由于空洞的意向要素，经验中的各项之间存在着意向的、被指向的相互关系。我们在自我的发展中所发现的是日益复杂的意义的积淀物，现象学家们响应号召，既要对这些积淀物进行分析，又要对其发展追根溯源。如果没有以意向性为核心的现象学语言的发展，那么这个任务甚至不能被如此恰如其分地正确理解，更不要说得到执行了。

然而，我们还没有完成"下降"到意向生活的基础之中这个过程。因为甚至是我们已经获得的、分离的感觉样态材料也不是没有前提条件的。我们可设想的那种最基本的视域具有一定的范围，它有可能包含各种各样的要素；但是它也构造出了反对听觉或触觉材料领域的统一性。此外，在这种视域中，单独的要素本身有其统一性。这两种现象都包含了与"同质性"（homogeneity）和"异质性"（heterogeneity）相关的联想综合（associative synthesis）。胡塞尔讨论了与白色背景相映衬的红色要素通过对比而达到现象学统一性的那种方式；而与这个相同背景映衬的几个红点也将会由于同质性而相似地显现：

> 因而，在纯粹静态的描述中，显现为相像性或相似性的东西本身必须被视为已然是这种或那种相合性综合的产物，对于这种相合性综合，我们可以用传统的联想一词来表

示……正是联想发生的现象支配着这个建立在内在时间意识综合的基础之上的被动的预先被给予性的领域。

（*EJ*, 77［74］）

凭借着这个最后的综合层次，时间本身由于我们生动当下的印象的、持存的以及预存的各个方面而被构造出来，这一点在前一章曾做过讨论。同时，这个综合层次也在我们向下穿越意识生活的层化的、根基性的各个层次中把我们带到了绝对的底层。在这里，我们完全处于"亚人格的"（sub-personal）、"联想的"因果律层面。

虽然胡塞尔能够把我们近来所粗略考察的知觉意识的所有综合都看作是被动的——这与我们在"述谓的"和"精神的"层次上所发现的对象的主动成形形成了鲜明的对比，但是，他有时也会为最后三种综合，即同质性、异质性与时间性的综合保留这个特征。胡塞尔在这里认识到了一种甚至与最弱意义上的自我主动性都毫不相干的完全的被动性，"接受性的诸多对象是在原初的被动性中预先被给予的……对它们的统握是主动性的较低层次，是接受已然**在被动性中预先被构造出来的**意义的纯粹行为"（*EJ*, 299—300［250—251］，我做的强调）。我认为，"被动综合"的这种更加狭隘的界限具有如下根本原因。譬如，我们假定，即使主体的注意力并没有指向新的对象，根本不同的视觉与触觉材料最初也应该在涉及多个感官的对象中达到综合的统一，这样的假定似乎没有任何意义。原创建——纯粹的视觉显现凭借着它获得了关于触觉意义的"统觉剩余"——当然需要被主体注意到。正是由于这个原因，我先前在本章中说，一切习惯都在自我的某种主动性之中产生。这是因为所有这些都是由于某种原构建而获得的，它需要自我至少留意于，或者"转向"新的被构造对象。另一方面，我们并不需要仅仅为了把与白色背景相映衬的红点构造为一个统一体而特地去关注它，因为它的绝对异质性足以实现这一点，足以使它具有吸引注意力的能力。虽然注意力由于印象要素而倾向于活动在"生动当下"之中，但是，即使注意力并没有这种倾向，意识之流本身仍然会继续。[1]因此，在最后一篇沉思中，胡塞尔把"纯粹被动性"解释为材料的形成，"不论……它们是否被留意到"（142）。在纯粹被动性的这个层次上，甚至没有什么东西预先被给予，以便得到综合。然而，由于综合确实发生了，所以必定存在被综合的某种东西。正如我们从第二章所了解到的，这就是质素，经验的感觉"质料"或"材料"。正如我们将在第四章看到的，胡塞尔有时把它视为现实性的彻底偶然的、无法解释的方面。

1　胡塞尔似乎基于他所反复提出的两个主张而十分忠实于这个立场。首先，正如我们在前一章所看到的，每个单子之中的时间综合是连续的（甚至是永恒的）。其次，正如我们将在下一章看到的，胡塞尔认为，诸单子在其大部分存在中是"沉睡的"或者"内卷的"；他把这种状态描绘为自我在其中被**虚无所激发**的状态。因此，时间综合必须能够在没有激发的情况下进行。——原注

本质现象学与思想的本质

    胡塞尔在第34节关于发生学思考的讨论中，最终把他在所有这些沉思中一直默默假定的东西，把他迄今为止在某些谈论中所暗示的东西明确地表达了出来：先验现象学将是一门本质的学科。换句话说，它将是关于本质的研究，而不是关于个别或具体事实的研究。虽然这位沉思的哲学家不可避免地会把他本人及其纯粹意识的具体生活当作最初的主题，但是那种生活的绝对个体性及其所拥有的纯粹偶然的特征，却并不是我们真正的关注点。相反，我们的最终目标是理解以一切可能形式出现的先验意识本身。譬如，当胡塞尔讨论视觉的本质时，他显然并不是要我们认为，他所描述的意识生活的特征仅仅是他自己的本我所具有的独特性。我们应该认识到，这些特征适用于我们所有人。正如胡塞尔本人所说的，"在我们的描述过程中，诸如'本质必然性''本质地'这些表达基于某些很好的理由而强加于我们，在其中所表达出来的是由现象学所最早澄清并且限定的一个确定的先天概念"（103）。最终，这位孤独的、沉思的哲学家仅仅是一切先验自我都将拥有的那些发现的一个例证。胡塞尔通常会在这种关联中谈到"本质还原"。当然，我们已经碰到过还原这个概念，我们知道它的意味：兴趣的限定，"一种方法上的百叶窗"，正如胡塞尔有一次所表述的（*Int II*，263）。在本质还原的情况下，我们忽略了自己所拥有的现实的关注点，而把注意力仅仅转向了本质与本质的真理。我们的关注点是"纯粹的可能性"（107）。事实上，胡塞尔走得如此之远，就是为了描绘并不明显是本质的现象学呈现，到目前为止我们对这种呈现所做的研究都是"经验的"（105）。当然，所谓目前为止所进行的探询都是经验的，并不是在"经验的"这个词的通常意义上讲的：经过悬搁，我们的探询已经进入纯粹的、先验的意识之中。然而，这是一个具体的、个别的意识：你自身的意识。只有实现了朝向本质的运动——胡塞尔说这种运动"从一开始"就由现象学（由他本人）来实现——现象学才能够把自己确立为"第一哲学"，确立为真正的"哲学科学"（106）。

事实上，本质只是关于"观念"对象的一个类型，是一般的类别，现在是时候来对它进行说明了。因为到现在为止，虽然胡塞尔对有关物理现象的知觉经验所做的大量阐述看起来似乎是合情合理的，但读者还是会感到就思想所做的考察特别不可思议。譬如，胡塞尔声称，任何"空洞"的意向行为都指向了可能的直观充实，在这种直观充实中，空洞地被意指的对象会呈现在自身之中。他也声称，至少就对象的基本类型来说，任何空洞的行为都会在发生上把我们指向这样的某种作为原构建的直观。但是，如果与我们想起当前的经济气候或欧几里得几何学（Euclidean geometry）的能力相联系，这一点是根本合乎情理的吗？甚至"事物本身"这个概念是如何在思想领域获得的——至少当它超越了纯粹思想特定对象的范围时？这些问题的答案是，胡塞尔在思想领域自身之内区分了空洞行为（empty act）与直观行为（intuitive act）。进行充实并不是感官知觉的那些行为所具有的特权。事实上，恰恰由于这个原因，胡塞尔在表达其基本的认识论主张时才自始至终都使用"直观"一词，而不是"知觉"一词。我们已经注意到，在《观念Ⅰ》中胡塞尔主张要成为一名真正的经验论者，因为他要求所有的思想和理论都应该与"经验"相符合。然而，在他看来，通常以经验主义之名所进行的一切，都错误地把所有认知都以之为基础的诸多对象的自身被给予性与包含个别事物之感觉的自身被给予性的"狭义的"经验等同起来。因此，胡塞尔使用"直观"一词来代表事物在其中被给予的诸多行为的全部范围，这一范围超越了通常意义上的感觉的或"可知觉的"事物的范围。虽然"经验直观"仅仅给予我们"实在之物"（realia），即时空对象，但是还有其他种类的直观给予了我们完全不同类型的"观念的"对象。虽然胡塞尔怀疑"亲身呈现"这种表述在表达这些对象时是否合适，但是他仍然坚持主张，与感官知觉中的个别物理对象一样，这些对象在它们各自的直观中是真正地"自身被给予"的。让我们通过思考胡塞尔所谓的"范畴直观"，来开启对这个到目前为止始终被忽视的领域的必然而简短的探查。

假定你看到了一张白纸。知觉本身"给予了"你纸，纸给予你它的白。然而，它并没有给予你存在于纸之为白之中的事态。正如胡塞尔所表述的，"存在是不可感知的"（*LI* Ⅵ，第43节）。或者假定你看到了一张这样的纸和另外的一张纸。知觉本身将给予你这两张纸中的每一张，却不能给予你"和"，绘画亦是如此："我能画A，也能画B，我也可以把它们画在同一张画布上：然而，我却不能画这二者，也不能画A和B。"（*LI* Ⅵ，第51节）为了使述谓事态与集合进入我们的注意视线，我们必须超越包含在知觉中的被动综合，并联结感性地被给予对象。这种联结甚至超越了从知觉上详细描述对象的一个或另一个方面，甚至这个方面是胡塞尔所谓的对象的"非独立要素"（如形状或颜色，它们不能脱离所依附的对象而存在）而不是对象字面意义上的一个部分（胡塞尔称之为对象的一个"片断"）。譬如，我可能会从知觉上关注一张纸的颜色。虽然颜色是对象的一个纯粹"要素"，但它仍然是事物的"实在的"（具体的）方面，它在知觉中真正地被给予。相比之下，"存在并不在对象之中，它不是对象的部分，不是寓居于对象之中的要素，也不是对象的性质或强度……但是，存在也不附属于某个对象：正如它不是实在的［'real'］内在特征一样，它也不是实在的外在特征"（同上，第43节）。当然，类似的论述也适用于连词"和"。此处所讨论的联结在本质上要比纯粹的知觉研究所能揭示的任何东西更加"形式化"。在上述两例的第一例中，我必须把我面前的事物联结为主体与特性，从而能够在主谓判断中明确地把一个与另一个联系起来。在第二例中，我必须清点对象的数目，把它们视为集合里的不同要素。然而，这些"形式"是能够被"直观到的"。事实上，在声称存在不可感知之后，胡塞尔立即补充说，只有当"知觉这个非常狭隘的概念"发挥作用时，这才是真的。他确信，直观是真正统一的种类，它既构成了感性类型，又构成了范畴类型，这都是由于这两种类型在与那些相对的、必须被视为意识的空洞形式的东西相关时所发挥的充实作用。正是由于感觉能够充实一些空洞的预期，因此空洞的假定也能够通过对事物如此这般之情况的严格意义上的观看而得到充实。虽然它们是观念的，但是由于范畴形式是感性地可感知对象的观念形式，因此范畴直观必须奠基在关于相关对象的直观之上。如果我想真正地直观到纸之为白，而不是纯粹空洞地思想或相信这一点，那么我就必须在直观之中或者至少在想象之中拥有一张呈现在我的心灵面前的白纸。当然，在我们进行思想的大多数时间里，我们并不需要去费力地这样做。但是那时我们的绝大多数思想都是"非真实的"或"非本真的"。事实上，在胡塞尔看来，这在很大程度上是因为我们迫切需要现象学把我们带回到"事物本身"，我们现在可以把这视为一种呼唤，这种呼唤不仅要我们返回到个别对象在感觉中的"亲身"呈现，而且要返回到自身被给予的事态以及其他更高级次的对象，这些对象在一切真正的思想中被给予非感性的直观。

这种对于真正的与不真的思想之间区别的关注可以追溯到胡塞尔最早关于算术哲学的那些论文。譬如，在他的第一部著作中，胡塞尔就区分了能够被直观到的数字与不能够被直观到的数字。就智力水平来说，我们只能看到两个或者五个东西呈现我们面前。胡塞尔认为我们至多可以看到一打东西。但是74该是什么样的？在某种意义上讲，这是与其余数字不同的一类数字。它涉及了我们不能够直观到其本身的集合的基数。因此，何种意味能够依附于这样一个庞大的数字呢？当我们进行这个层次的算术运算时，在进行着何种思维呢？"50这个概念通过49+1的形式被给予我们，"胡塞尔写道，"但是，49是什么呢？48+1。48是什么呢？47+1，等等。每一个答案都意味着把问题向后推进一步，但是只有当我们达到了彻底的数字概念的领域时，我们才能够心满意足。"（*PA*，229）这并不是说，当算术的发展显著地超过了我们双手的手指数时，胡塞尔竟然荒唐地想对算术加以怀疑；而是说，他确实想去理解算术。仅仅认识到我们能够"做"这一层次的算术运算，能够就结果达成一致，并不能够实现这种理解。胡塞尔的建议是，只有通过掌握某种数字符号系统——它把更高级的数字与直观地可把握的算术对象联系起来的——我们才能够想起更高级的数字。我们所熟悉的系统处理的是以十为基数的集合，因此74等于7组10再加4，这里的每个要素都是可以在直观上把握的。在一个非数学的背景下，胡塞尔谈到，在综合主动性中，我们通常的聆听和阅读语词都缺乏"逐一的、与现实的思想或由自我产生的思想如影随形的联结。相反，这个严格意义上的思想过程仅仅被暗示（通过感性语音的被动的流动综合）为一个将被实行的思想过程"（*FTL*，50）。此外，这个建议认为，这在实践中是不可避免的。但是，如果我们对意义的澄清颇感兴趣——身为自身负责的哲学家，我们必须对之怀有兴趣——那么，通过求助于范畴直观，我们一定能够达到这种不真的认知主动性的出口。如果没有通向这种直观的道路，我们的思想最终将是空洞的、贫乏的。

胡塞尔返回到我们的关于现象学的本质特征这个主题，他声称，我们也能够直观普遍的对象。胡塞尔认为，我们尤其能够"看到"本质，这种观看将使本质的先验现象学成为可能。在《逻辑研究》中关于这些问题的初步探讨中，胡塞尔通过谈及"另外一组范畴行为"而引入了普遍性问题（*LI* Ⅵ，第52节）。然而，共相直观事实上与范畴直观极为不同。如果我们仅仅关注于事态而不是集合或转折连词，那么范畴直观就关系到与判断的逻辑形式相符合的事态的形式。胡塞尔说，我们能够用以下这种方式来表现判断的不同形式："A是P"，"一个S是P"，"某个S是P"，"所有S是P"，等等。范畴形式与范畴直观只与这些陈述的未被程式化的（unschematized）方面相关。程式化的部分——"S"与"P"——代表胡塞尔所谓的"材料"而不是"形式"（*LI* VI，第42节）。然而，特定的述谓材料也可能在性质上是普遍的，譬如，"所有邮筒都是红色的"之中的"红色的"。胡塞尔声称，我们能够直观到普遍的红色；但是由于这涉及了"材料"，因此它不能是我们在此所讨论的范畴直观。事实上，在谈及"另一组范畴行为"之后，胡塞尔做出了区分："我们区分了为我们提供感性概念的感性抽象……与为我们提供纯粹范畴概念的纯粹范畴抽象。"（同上，第60节）事实上，不仅普遍化的抽象在本质上无需是范畴的，而且关于事态的范畴直观亦无需包含普遍的谓词。因为在"S是P"的判断形式中，"P"可以代表个体S的"实在要素"，譬如，此刻在我面前的这个邮筒的特定的红色（它至多酷似另一个邮筒的红色，但是永远不能与之同一）。正如胡塞尔在后来的一个文本中所说的：

因此，我们必须区分最初的判断系列——其中有谓述每个基底的基底自身的个别要素，如S′是p′，S″是p″，等等——以及与之相反的另外一些判断，其中处处都相同的保持同一的p被述谓为一个共相，它以p′、p″等形式出现时总是保持同一……［在后者之中］我们不再通过作为其个别要素的 p′ 来决定 S″，而是通过在 S、S′ 等之中保持同一的 p 来决定它……判断 S 是 p′ 完全不同于判断 S 是 p，在前者中，p′ 指称个别对象 S 之中的个别要素；而在后者中，p 指称共相，指称本质。

（*EJ*, 389—390［324—325］）[1]

因此，在本质层面上，我们所考察的是一种新型的直观和新型的更高级次的对象。胡塞尔经常依据"自由变更"来解释本质观看的可能性。我们从某个在现实知觉中或者在想象中直观地被给予的个体出发，我们"改变"它，"把它变成任意的一个例子，这个例子同时获得了指导性'模式'的特征，它是创造变项无限开放的多样性的出发点"（*EJ*，第 87 节）。这对读者来说是不足为奇的，因为现象学的本质特征恰恰意味着关注纯粹可能性的必然真理，而不是关注纯粹"经验的"、偶然的事实。自由想象变更被视为我们把握这些可能性及其先天必然结构的方式。正如胡塞尔在《笛卡尔式的沉思》中所说的，"可以说，我们把现实的知觉转化为非现实性的领域、仿佛的领域，该领域为我们提供了纯粹的可能性"（104）。现在，我们所由以开始的模式总是某一种事物。在自由变更的过程中，我们在想象中为自己创造了不同的对象，然而就这些对象作为同种事物的范例来说，它们还是模式的复制品。在这个过

---

1 然而，应该说明的是，在胡塞尔看来，述谓联结并不能完全从抽象的概括中分离出来。这是因为述谓判断有赖于语言的帮助，语言的诸多谓词已经具有了一般的意义：参见 *EJ*，第 47 节。——原注

程中，某个"常项"

> 作为必然的一般形式（出现），如果没有这种形式，一个
> 对象——譬如作为其种类的一个范例的这个事物——将在根
> 本上是不可思议的。虽然各个变项之间的差异对于我们来说
> 仍然是无关紧要的，但是这种形式作为绝对同一的内容，作
> 为所有变项都依据它而相互符合的不变的东西，即一种不变
> 的本质，在随意变更的实践中突显了出来。
>
> （*EJ*，第87节，在本节中，此后未被标明的注释均引自该处）

譬如，如果我把某种音乐旋律当作我的模式，那么我就能够在想象中变化它的音调、响度以及音色。然而，我却不能对它大改特改以至于使它丧失了所有这些属性。任何缺乏音调、音量或音色的被想象对象都不会是作为旋律的那一模式的变项："本质就是，如果没有了它，特定种类的某个对象就不能够被思想，即没有了它，这个对象就不能够在直观中作为这样一类对象来被想象。"所有变项凭借着它们之间所具有的必然相似性，"达到了交叠的相合性……并以一种纯粹被动的方式进入综合统一性之中"。通过这种方式，本质"被动地预先被构造了出来"；对本质的直观则随着"对这个预先被如此构造出来的东西的主动直观的统握"而出现。

对于那些熟悉20世纪分析哲学——用"我能想象什么"来检验可能性，这一点支配着它的绝大部分历史——的人来说，我们在这里所面对的一般种类的过程并不完全陌生。然而，胡塞尔版的过程的显著特征是，他强调具体地、直观地想象"变项"。对于胡塞

尔来说，关于可能性的空洞的、理论上的思考与关于"事物本身"的直观是符合的。事实上，只是因为变项直观地被呈现了出来，胡塞尔才能够从根本上谈到本质直观。因为他认为，作为想象变更的产物，"必然的一般形式"本身被直观为更高级次的对象；这种本质进入意识时所具有的"明晰性"依赖于得以实现的想象物所具有的明晰性。正如我们在第二章所看到的，胡塞尔认为，想象能够承担"澄清"纯粹空洞思想的重要功能，因为尽管处于"仿佛"的样式之中，它还是能够把关于对象的知觉经验呈现为自身被给予的，这将会构造空洞意向的"证实充实"（confirming fulfilment）。在当前的联系中，想象能够使这些可能性不证自明。

毫无疑问，此刻可能会有许多人对于把这种想象中的活动夸大为"所有直观的本质必然性、本质规律以及每种真正的先天直观得以实现的方式"感到不以为然（PP, 72）。我们对于这个过程可能会有的一般的理论上的担忧是，当浏览我们的"模式"的诸多想象的变项时，我们如何能够保证自己确实已经穷尽了所有的可能性。因为这种对影像的浏览就是所谓的能够给予我们与所讨论的本质相符合的关于可能性的无限延伸的东西。胡塞尔当然认识到，我们不能为了发现一个不变的共相而在想象中浏览无限的影像系列。相反，他认为，暗含的无限性建立在我们随之实行有限的变更系列的自由的基础之上，建立在"范例的任意性"的特征之上，这种特征进而依附于每个被产生的影像。为了直观到一段旋律的本质，假定我想象了一段由小提琴的上部开放弦所产生的旋律。从这种模式出发，我既可以任意地想象巴松管的低沉旋律，然后再想象黑管的高亢旋律，又可以被"联想的无目的的喜好和被动想象的怪念头"

所引导而想到了这些（仍然出自 *EJ*，第87节）。在每种情况下，我都认识到，被想象的诸多对象之间的差异与它是否是我正在直观的旋律毫不相干："各个变项之间的差异点对于我们来说仍然是无关紧要的。"在这两个例子中，我认识到了范例的任意性。此外，如果我在几个例子之后停止了想象活动，这也是任意的，因为原则上讲，我能想出更多的例子：

> 每个变更的多样性中都本质地包含着这种关于"诸如此类，随你便"的奇特的、真正重要的意识。只有通过这种方式，我们所谓的"无限开放的"多样性才能被给予出来；显然，不论我们依据一个漫长的过程来推进……或者过早地中止这个过程，情形都是一样的。

单一本质作为"冲突中的统一性"进入直观。因为每个变项都是与其他变项不相容的：音调不能同时既高又低，既洪亮又轻柔。恰恰是变项之间所发生的冲突对我们来说是"无关紧要"的。然而，"毫无共同之处的事物不能陷入冲突之中"；而任意冲突的这种共同基础就是本质，它在直观地变化的冲突系列中进入直观。我们这里所探讨的是"一种具有独特内容的独特意识，它的相关项表示奠基于冲突、不相容之中的具体统一性。这个奇特的、混杂的统一性是本质观看的根本原因"。

胡塞尔并不认为这种想象变更是我们由以获得普遍概念的方式，理解这一点是非常重要的。我们已经拥有了这些概念，这一认识显然以那种论述、特别是以最初的模式"指导"我们产生影像的那种方式为前提。相反，当与具有相似特征的不同对象有关的诸多判断进入"相似性的相合性综合"之中时，一般的概念本身才得以产生（*EJ*, 388［323］）。譬如，我可能会注意到某个邮筒的红色，并且明确地、肯定地把颜色要素归之于作为逻辑主体的邮筒。然后，我可能会注意到某颗西红柿的类似的、也许极为酷似的红色，并且进行了相应的述谓。于是，两个要素的相似性不仅发现了判定两个主体——邮筒和西红柿——相似的可能性，而且发现了判定它们（在性质上）同一的可能性。想象变更并没有在这里发生作用。甚至当我们走得更远，并且明确关注这个作为普遍对象的同一性时，也不需要这样的变更。相反，胡塞尔运用想象变更及其任意性的本质要素来获得与一切现实性，甚至关于实在世界的假定都毫无关系的纯粹本质。在我一直引用的《经验与判断》这本书中，关于想象变更的讨论在讨论"经验的普遍性"那一章之后出现；后一章的题目是"通过本质直观方法获得**纯粹**普遍性"（我做的强调）。简言之，胡塞尔想用本质变更来把我们领向悬搁。在《沉思》的这一节中，胡塞尔谈到了"避免接受"事物的存在（104），这无疑会使我们想起运用于先验还原的早期的术语转换。在其他的关于本质策略的表述中，胡塞尔不厌其烦地重复我们所熟悉的关于悬搁的话语。譬如，在其中一处，他谈到了放弃关于世界的"事实"，虽然这样的放弃是以毫不触及我们确信其实在性的方式来实现的（*PP*, 71）。在另外的地方，他也谈到了让我们关于世界的隐含假定"失去效用"（*EJ*, 424［351］）。这就等于说，本质研究需要那种包含在先验还原之中的完全的悬搁。事实上，胡塞尔明确地谈到了"自由变更的方法以及由此导致的排斥所有关于实在存在的假定"（*EJ*, 426［352］，译文有改动）。只有通过这种方式，我们所探讨的本质才在不被约束于任何实际事实的意义上讲是"纯粹的"。我们所讨论的本质与本质的可能性应该适用于任何可能的世界以及意识会采取的任何可能的形式。

这就是我早先在第一章关于悬搁的讨论中说，悬搁与先验还原"密切联系"、但并不相互衍推的原因。因为在第一沉思的上下文中，虽然对先验意识的限制是作为悬搁的实行点而出现的，但是我们现在却能够认识到，当有关世界的事实被加上括号时，我们的理论兴趣可以采取两个方向：要么转向先验的方向，要么像现在这样转向本质的方向。然而这两种策略的动机是不同的。转向先验方向的策略是由克服素朴性的需要所促发的。胡塞尔认为，这种素朴性被笛卡尔肇始的近代哲学的发展所揭示，它在"先验洞见"中得到了充分的认识。相比之下，转向本质方向的策略恰恰是由科学观念自身的要求所激发的。与其他各处相同，在这里"纯粹可能性的科学先于现实性的科学，并且唯有它才使得后者作为科学成为可能"（106）。

奠 基

到目前为止，我在阐释中已经多处求助于"奠基"（found）一词的使用。譬如，我这样表述过，范畴直观行为奠基于判断行为之上。由于胡塞尔的奠基（founding）概念不仅是他最重要的、使用最为广泛的概念之一，而且也是历史上的一个重要争论的原因，因此它应该作为独立的一节来进行考察。就其关注一种类型的精神行为必然奠基于另外一种精神行为来说，奠基这个概念是与我们相关的。然而，胡塞尔并没有把关于奠基的谈论局限于精神行为。他最早在关于整体与部分的更为一般的讨论中引入了这个概念（*LI* Ⅲ）。正如我们已经看到的，胡塞尔区分了两种部分："要素"（moments）与"块片"（或抽象的与具体的"内容"）。后者是可以与它们作为其部分的整体分离的，而前者却不能。譬如，桌腿是桌子的一个"块片"，因为它能够与桌子相分离；但是桌子的颜色与形状却是桌子的"要素"，因为它们不能与桌子分离。在涉及这种差异时，胡塞尔使用了奠基一词："按照本质规律，如果一个 A 本身只能存在于把它与 M 联系起来的更加广泛的统一之中，那么我们可以说，一个A本身需要由一个M来奠基。"（LI Ⅲ，第14节，译文有改动）于是，奠基就涉及了本质的不可分离性。这就使得下面的问题——整体的两个部分应该是相互奠基的——有待解决，胡塞尔亦清楚地认识到了这些情况。

　　甚至当我们把注意力局限于精神行为领域时，奠基这个概念也是以多种多样的方式来使用的。譬如，胡塞尔说，关于某物的延伸的知觉奠基于知觉的各个构成阶段之上，结论的得出奠基于对前提的接受之上（Int Ⅰ，348—349）。然而在胡塞尔的论述中，引起最大兴趣的莫过于他关于某一层次的复杂行为奠基于较低的、同时发生的层次之上等情况的论述。对于这种情况，胡塞尔经常给出的例子便是对某物进行评价的例子。这种行为或态度预先假定，一个对象以某种方式向你呈现或被你当前化。在此，我们仍然处于部分与整体的领域之内，因为胡塞尔强调，各种各样的"行为特征"是如此紧密地交织在一起，以至于产生了一种统一的意向行为。我并不是先看到一个对象，然后再去——作为一种独立的行为——评价它。评价与呈现是如此的纠缠交织，以至于一个单独的复杂行为应运而生。与先前提到的那种行为相关，评价是它的一个纯粹要素，因为如果没有在意向上把你指向对象本身的某种行为，那么任何评价都不会发生；评价本身并不给予你这个对象。相反，评价行为给予你的是对象的某种"特征"。我们对胡塞尔的意向行为—意向对象的平行论概念早已颇为熟稔。到目前为止，我们只是在"认知"行为的背景中看到了这种平行论。然而，胡塞尔把它应用于所有更高层次的"行为特征"。由于这种平行论，统一的对象与统一的呈现—评价行为相对应：它是一个有价值的对象。它虽然是统一的，但却是一个复杂的意向对象，它所具有的内在层次反映了存在于意指它的行为之内的依赖性。对象的价值性奠基于物理对象自身之上，正如评价行为奠基于给予我们对象本身的知觉之上。为了让这样一个复杂对象向我显现，我虽然必须进行评价的行为，但是我所评价的并不是该行为本身：我评价的是对象。当我看到一个美的对象时，我是在对象之中而不是在自身中发现了美。无疑，我身上再次有某种东西与美的显现相关——某种审美情感或者审美反应。但是，这并不是我所发现的美的东西。正如与关于"直接经验"的意向对象相互关联的意向行为本身——除了自觉反思意识之外——并非对象，却凭借其复杂的综合构造出了意识的对象一样，与某种意向对象相互关联的审美行为亦是如此：它用美（或其反面）的一个方面把对象呈现了出来。胡塞尔当然承认，关于价值的客观性问题需要我们加以探讨。但是就第一手的经验而言，"事物本身"不能被否定；这种经验所给予我们的美丽的或有价值的事物都是各种各样的现世对象，而不是我们自己"心灵"的诸多状态。然而，我们最初并不把价值或美作为对象来涉及，而是把它们看作对象所具有的特征来关涉。评价行为与审美行为本身并不是对象化行为。然而，我们还是能够致力于确实可以把这些特征"对象化"的更高级次的行为，然后我们就确实拥有了作为对象的价值或美本身，譬如当我判定X的美大于Y的美的时候。然而，甚至在这里，给予我这个作为对象之对象的并不是审美反应本身，而是奠基于审美行为之上的更高层次的对象化行为。因此，评价与审美行为都是双重非对象化的行为。它们既不给予我们有价值的或美丽的对象，也不给予我们作为对象的价值或美。（关于上述内容，请参见 *Ideas I*，第95、

101—102、108、114节；*Ideas Ⅱ*，第4节。）

这些行为并不存在、也不能存在相互奠基的情况。譬如，评价奠基于某种对象化行为之上，而不是相反。因此，这就意味着，即使在没有任何评价的情况下，甚至在没有任何其他行为特征的情况下，对象化行为也能够发生。这里所坚守的规则是"单面的可分离性：如果更高的诸层次不存在，那么对于意识来说，最低的诸层次也是可能发生的"（*Int Ⅰ*，354）。胡塞尔在这个领域的最为一般的主张是，他所谓的"直接经验"（straightforward experience）奠定了所有指向被充分构造出来的世界的其他类型行为的基础。这些行为可以分为两类。其中一类包含我们最近一直在思考的诸种行为，这些行为或许可以称为"态度行为"（attitudinal acts），它们除了包括审美行为与评价行为之外，还包括所有的情绪反应以及涉及关于对象是人造物或者对象具有社会和精神特性等认知的那些行为。譬如，要把某物当作一个杠杆，就需要在一定程度上和现世的诸多对象打交道，需要熟悉如何掌控它们。然而，反过来说，即使我们没有渐渐明了关于杠杆的观念，我们也可以对现世对象颇为熟悉。在所有这些被奠基行为之等级的底部是简单经验，胡塞尔喜欢称之为"纯粹自然物"。与这种"直接经验"的奠基层次相关，更高层次的行为涉及了在经验中作为整体而被给予我们的对象意义的丰富（enrichment）。另一类更高级次的行为关注的是我们在前一节所考察的"理解的对象"：那些给予我们以事态与集合的在逻辑上联结起来的行为，以及那些给予我们以普遍性的行为。虽然"直接经验"最终也是这些行为的基础，但是我们也需要把注意力的不同"射线"投向不同事物或某物的不同方面。为了判定S是p，为了清楚地述谓附属于一物的另一物，我既需要把注意力投向作为基底的S，又需要把它投向作为要素的p；由此导致的结果并不是充实了这个或那个最初对象的意义，而是直观到一个完全不同种类的"观念的"对象。然而，正是前一种更高级次的行为包含着我们此处所关注的简单"充实"。因为海德格尔对哲学传统——它预先假定了关于我们根本上与世界打交道的"旁观者"叙述——所做的批判影响深远，人们通常认为，胡塞尔由于明确使用了奠基这个概念而成为这种批判的牺牲品。根据这个"传统"的观点，我们与世界的关系奠基于"瞠目凝视现成的纯粹呈现的某物"（Heidegger 1927，61）。与此相对，有人主张，我们应该认为自己以多种多样的、主要是实践的方式在充满活力地与世界"打交道"。理论的、"认知的"态度将会给予我们仅仅呈现着的光秃秃的事物，但它对我们而言只是一种可能的态度，而且也不是根本的态度。事实上，它预设了我们在与世界的根本交往中所存在的一种"不足"。许多人在海德格尔所倡导的设定中看到了20世纪大陆哲学历史的主要转变：从先验现象学转为存在现象学。

事实上，胡塞尔本人一而再，再而三地强调，导致自然科学的理论态度是一种非自然的态度，它需要从生活中脱离出来，从作为我们自然家园的"生活世界"的丰富性中抽离出来：

> 在日常生活中，我们与自然对象毫不相干。被我们视为事物的是图画、雕像、花园、房屋、桌子、衣服以及工具等。所有这一切都是不同种类的价值对象、效用对象和实践对象。

它们不是能够在自然科学中发现的对象。

（*Ideas Ⅱ*，27）

他甚至能够说，"自然科学家所依循的思想主题方向是一条脱离生活现实性的理论路径"（*Ideas Ⅱ*，374）。然而，海德格尔对哲学传统的批判并不在于它认为我们只是世界的旁观者——这个提法实在是荒唐。他所反对的是在传统中被给予人类生活的关于非认知向度的论述，尤其是认为这些向度奠基于直接认知之上。譬如，海德格尔在谈到价值时说，在传统中，价值"将在我们先行把事物的现实性设定为基础层次的过程中拥有其独立的终级的本体论根源"（Heidegger，1927，99）。存在现象学所坚持的一点是，人类生活的评价的、情感的和实践的方面对世界的构造做出了根本的贡献，对于简单认知来说，这些方面随后并没有作为某种给纯粹事物增色的"色彩"而出现。譬如，情绪有其自身的、独立的意向性。海德格尔说，"Stimmung"——通常被译为"情绪"（mood），但却意味着与事物的协调——在本体论上讲是原真的，而且先于认知（Heidegger，1927，136）。相比之下，"认知"是行为的被奠基方式（同上，第13节）。

确实，在胡塞尔那里，似乎有许多章节都体现了传统的图景。事实上，这一图景的要素当然与胡塞尔所坚信的事物相符合。譬如，他如下写道："主体具有与之相对的诸对象；它是一个'反映的'主体，那是它朝向对象的'行为'的基础。"（*Ideas Ⅱ*，278）此外：

起初，世界在其本质上是一个向感官显现的世界，它以"现成的"为特征，在直接的、经验的直观中它被给予，并且可能被主动地把握。然后，自我在新的行为之中——譬如，评价行为或快乐与不快行为——发现自己与这个经验的世界相关。在这些行为中，对象被意识为有价值的东西，令人愉悦的、美丽的东西，等等。

（*Ideas II*，186；试比较 *EJ*，54〔54〕）

然而，事实上，当我们更加深入地了解胡塞尔的著作时，关于他的思想的标准解读就经不起细致的考察了。我们不妨回想一下，就同时发生的意向行为而言，说一个层次为另一层次奠基其实就是说了两点内容：没有前者，后者是不可能的；没有后者，前者却是可能的。但是我们是否真的可能拥有未被任何"情感的"、实践的要素所浸染的、"纯粹的"仅仅是理论上的经验？为了使这个假定不再诱人，海德格尔本人所采取的策略就是声称，这种情况——它作为关于消逝显现之中性表达的范例而进入脑际——本身只是情感性或"调适性"的一个样态。譬如，我们发现某些事物是吸引人的，而另外一些则是令人厌恶的。此处显然涉及了某种"情感"。但是海德格尔声称，发现事物很一般、很平常，这本身就是同一种调适性的一个形式，这更像房间里的某个东西虽然很不起眼，然而它的温度却仍在热与冷的范围之内。现在，为了在充分的一般性中评价这个主张，我们有必要考察我们朝向世界的所有不同的、形形色色的行为；因为在某些情况下，这个主张可能是合情合理的，但是在另外一些情况下却并非如此。然而，我们并不是要通过事例的逐个研究来达到问题的核心，相反，我们不妨来询问，胡塞尔是否认为我们有可能处于一种完全"纯粹"的、未被那些并非纯粹"呈现的"或"对象化"的特征所浸染的认知状态。这个问题的答案显然是否定的。如果能够认识到这一点，就足以考察先前在本章中——当我们探讨胡塞尔对"天性论"，即本能的态度时——胡塞尔对一个简要提及的主题的论述。由于这个主题不仅能够回答先前的"海德格尔的"批判，而且它在胡塞尔（后期的）思想中也是至关重要的；又由于对这个问题的研究最终会解决关于无限倒退的怀疑——该怀疑附着于胡塞尔的一切统觉都返身指向原初的经验构建这个主张；再由于本能的本质与理性的本质密切联系，而理性将是我们下一章的主要关注点之一，因此，我相信这个主题本身值得作为一节来被考察，它将结束本章。

先验本能与"冲动意向性"

通过贯穿全部的意识生活，直接向下深入它的最基本的基底结构，胡塞尔觉察到了冲动（drives）与本能（instincts）的作用。他写道，"'起初'"有一种"本能的奋斗"（C 13 Ⅰ，6a）。事实上，"全部生命就是不断的奋斗"（A Ⅵ 26，42a）。尤其是，本能和冲动充满并决定着我们的全部意向生活，正因如此，胡塞尔才能够谈及"冲动意向性"（Triebintentionalität）和"本能意向性"（Instinktintentionalität）（譬如，A Ⅶ 13，20；C 8 Ⅱ，1）。他在谈到"先验本能"时，把它看作"在某种意义上贯穿于自我的全部意向性的普遍倾向"（C 13 Ⅰ，13b），甚至声称"意向性体系是一个联结地互相交织的冲动的体系"（A Ⅶ 13，24a）。他在这些本能和冲动的原初作用中觉察到了一种独特的意向性形式——"原意向性"（primal）或"原初意向性"（protointentionality）——它先于我们所熟悉的对现世对象的意向指向性，并且使之成为可能。因此，他能够把本能冲动的天赋体系看作"一切构造所预设的我（I）的原倾向"（E Ⅲ 9，4a）。这里有一个发生学上的优先性，因为我们在本能中发现了对尚未被构造为"对象"的东西的意向指向性："奋斗是本能的，它本能地——因而起初是隐秘地——'指向'那些'后来'最早被揭示为被构造的现世统一体。"（A Ⅵ 34，34b）为了理解胡塞尔如何能够认识到本能既先于充分指向对象的意识又使之成为可能，我们需要注意他在充实与揭示之间所做的区分。我们已经在这些章节中反复遇到充实，它是指由对象在直观中的呈现所造成的空洞意向的"遮蔽物"。它预先假定了空洞意向已经意向性地指向了我们所讨论的对象。然而，当我们只是本能地指向某物时，我们并不"知道"我们所趋向的目标是什么。本能及其"目标"到目前为止仍是"未被揭示的"或"潜在的"。只有当本能的冲动被满足时，本能的目标才"被揭示"，因而才成为"显明的"，这个过程与严格意义上的充实过程类似（C 13 Ⅰ，6）。胡塞尔有一次通过谈及靠在乳房边的婴儿来说明他所思考的这种过程，他谈到，母亲乳房的气味以及婴儿对自己的嘴唇游移的感觉唤醒了婴儿"吃奶的倾向"。他进一步提出，"或许单单气味本身就唤醒了某种更深层次的东西……这种东西到目前为止还没有'自觉的'目标"。只有当吃奶发生了，冲动才得到满足，才是"被揭示"为实际已经指向了吃奶行为的那种冲动（C 16，Ⅳ，36b）。正是由于这些本能，最基本层次的单子才能够被看作是早已被意向地指向了。

为了认识到天赋本能如何使关于世界的最终意识成为可能，我们需要关注单子的"诞生"——正如我们现在知道的，这正是单子第一次被质素激发起来的时刻。这种激发是相互过程的一个方面。因为从质素材料这一方面来看，可谓是质素"激发"我，而从我这一方面来看，可谓是"趋向、努力朝向"质素（B Ⅲ 9，70）。

因此"在感觉材料的对象化之前"存在着"一种对感觉材料和感觉域的兴趣"（C 13 Ⅰ，11b）。然而还有一种朝向对象化的本能（C 13 Ⅰ，10—11），它奠定并驱动了我们向前朝着真正构造性的意识生活发展。在这个发展的故事中尤为重要的是感觉材料与动觉的本能联想。胡塞尔呼唤这些运动，即感觉材料的变化可以本能地引起"非自主地""原"动觉（D 12 Ⅴ，11；C 11 Ⅳ，10），他说它们涉及"被动意愿"（Willenspassivität）（M Ⅲ 3 Ⅲ 1 Ⅱ，103）。当然，只有凭借这种运动，天赋冲动才能够根本地得到满足，进而根本地得到"揭示"。在这里十分关键的是，感觉材料的变化和动觉运动之间的相互作用；这也是本能的（譬如，C 16 Ⅳ，16；E Ⅲ 9，23）。因此，有三点内容对于关于对象的意识的可能出现十分重要：激发性的质素，注意力的本能的、激发的（affective）转向，以及本能地被促发的动觉："在关于原真世界的构造中，首先是从三重原质料——感觉的本质、感觉的情感和感觉的动觉——之中构造出'本质'。'原本能'与此相符合。"（B Ⅲ 9，67a）

我们虽然通过满足而"揭示"了本能冲动，但是还没有达到关于对象的构造。正如胡塞尔所经常表述的，我们并不是处于存在（being）的层面，而是处于"前存在"（Vorsein）的层面（譬如，A Ⅵ 34，34），正如我们所探讨的并不是"我"（I），而是通过构造对象世界而处于发展成为我的过程之中的"前我"。然而，由于刚才提及的三重天赋资质，新生的单子不仅被"指向"世界，而且被（隐含地）指向了世界。因为这种资质构成了隐含的、空洞的"原视域"，我们已然听胡塞尔谈论过这种视域，意识的世界视域最终也只是对该视域的"阐释"："单子的本能意向性属于他们的现世存在和生活。它们的充实指向了世界。"（C 8 Ⅱ，16a）由于这三重"原质料"已经各居其位，主体就能够开始考察他在感觉中所面对的一切。由于我们先前在本章中所考察的种种被动的、联想的综合也在起作用，因此主体能够认识并且重新识别激发它的事物，虽然这一点最初是严格地与主体努力满足其天赋的本能冲动相关的："在'客观的'某物从表象中构造出来之前，本能的作用有：认识、识别、辨别。当一个人感到满意的时候，他就把资料看成了欣赏的内容。"（C 13 Ⅰ，10b）从前存在转到存在、再转到严格意义上的对象之构造，这恰恰是通过这些识别而得以可能的："[质素所造成的]本能的激发导致了一种转向以及一种把握，这种把握还尚未是对存在者的构造。存在者是我们获得的拥有物，我总是有权把它当作为我而存在于那里的某种东西来使用。"（A Ⅵ 34，35a）虽然起初，前客观的种种统一性是"兴趣形成物"（Interessengebilde）（C 13 Ⅰ，6），但是最初的真正对象是"习惯的可通达的统一体"（A Ⅵ 34，36）。朝向对象化的本能冲动最终是寻求满足的冲动，这种满足源于稳定的经验统一性。本能和冲动并不在我们自身中个别地涌现，当它们分别得到满足时也没有被根除。自我的不断奋斗意味着这些冲动和本能不断地在我们的精神生活中活动着："一切满足都是过渡的满足。"（A Ⅵ 26，42a）因此，"在观看中产生的本能的愉悦是一个本能的意向和充实的过程，充实总是留下一些仍待进一步解决的东西：本能视域延伸得更加深远"（A Ⅵ 34，36a）。就我们的本能而言，说我们的感觉域具有诱人的易通达性，并且可以按照这种方式无限地进行考察，这就意味着，涉及奠基之首要要素的经验结构可以为自我而生。胡塞尔在某一处谈道："我……努力地从充实前进到新的充实：每一次充实都是相对的，每一次充实都具有未被充实的空洞性视域。**奠基的发生**就在我的发展过程中建立。"（C 13 I，10a，我做的强调）尤其是在主体对经验统一性的考察过程中，引导主体的是对更好的东西的本能探寻："每个更高层次都从试图实现……更好的东西出发。"（A Ⅵ 34，36b）当然，在这一层次上，所谓"更好"的东西意味着能够更好地满足自我的天赋冲动——它能够使自我愉悦。胡塞尔在谈到视觉时说，"从视觉上讲，最赏心悦目的总是最好的"（A Ⅵ 34，34b）。他更为一般性地写道："恒常的、一般的'感觉中的满意或嫌恶'属于主体的不断变化的感觉域，对某物的一般'兴趣'——该物与另一物相伴存在（Mitgezogen-sein）——本能地被指向了关于最好的东西的构造，指向了关于物理物之经验的构造，指向了对物理物的认识。"（B Ⅲ 9，67）

在单子这种本能地发展为关于世界的有意识的构造者的过程中，胡塞尔看到了一种"普遍的目的论"（譬如，C 13 I，13）。意识在其不断奋进的生活中天赋地、本质地指向了诸多经验中的日益复杂的、稳定的统一体。正如我们将在第四章看到的，由于这归根结底是理性的功能，所以胡塞尔把意识的发展视为理性在世界中的宏大展开或实现。在最根本的层次上，它在驱使单子奋斗的原本能中发挥着作用。但是这种奋斗被愉悦所引导："生命是以多种形式来进行的奋斗，它以意向和充实为要旨。在充实中，愉悦具有最宽泛的意义；当充实尚未实现时，生命就以进一步地趋向愉悦作为其唯一渴求的奋斗。"（A Ⅵ 26，42b）活生生的、清醒的单子构造出一个世界，这意味着对存在的某种兴趣，对有关存在的经验评价所蕴含的稳定的经验统一体的某种兴趣——事实上是某种愉悦——天赋地植根于那个单子。在胡塞尔看来，愉悦本身就是在目的论上被指向的。他认为，愉悦是理性的侍女。

现在我们终于能够不再担心，胡塞尔的哲学会表现出统觉——它总是以统觉为前提——的无限倒退了。任何统觉都指向了一个已然被构造的对象，或者指向了一个此刻正在原初经验中首次"构建"其构造的对象。但是这种经验本身将是指向世界的，因而才以"先在的记忆"为前提。然而先于所有这一切，并且使之成为可能的是"作为意向性的天赋本能，它依附于精神存在的原初的、本质的结构"（C 8 II，16a）。正是它们的"揭示"才使得一切统觉成为可能。无限倒退被下面的这个主张所终结，虽然我已经引用过该主张，但是现在我们才能够充分地理解它：意识拥有一种"没有记忆的'遗传物'，然而它却是一种可以被唤醒的'充实'"（K III 11，4a）。

我们也能够看到，对胡塞尔哲学的"海德格尔式"批判是毫无价值可言的。这不仅仅在于胡塞尔所反复说的，我们与我们在世界上所遇到的或者能够遇到的每个对象都有某种"激发的"关系，因为这并不会引起海德格尔的担忧，即每个这样的事例都会涉及那一传统观念：某种"有色"（coloring）的存在（总是）被添加到完整的纯粹对象化的奠基行为之上，这种行为构造了我们与世界的原初关系。情况并非如此：在胡塞尔看来，激发、冲动和本能"自始至终都在不断地进行着"。正如他在某一处所说的，"纯粹的感觉材料以及更高层次的感觉对象，比如物理物等——它们都为主体而存在于那里，但却'免于价值评判'——都是抽象物。如果没有触动情感，没有什么东西能被给予"（A Ⅵ 26，42a）。或者亦如他所说过的，"就我的每个内容来说，我都是情感的我"（C 16 V，68a）。重要的一点是，这对每个内容都做了断言，包括前客观的内容——这一内容在层次上先于对世界进行强制"凝视"的任何"认识"或可能性。激发的、努力的忙碌并不仅仅被包含于诸对象的每种构造以及诸对象的关系之中，而且也以它们为前提。正是"非理性的因素使得理性成为可能"（E Ⅲ 9，4b）。

然而，如果情况确实如此，那么我们应该如何解释那些似乎表明胡塞尔明确接受传统的、"前海德格尔式"设定的章句呢？当然，在这个问题上，胡塞尔的思想是有一个发展过程的：最初，他并没有充分重视主体性的"激发"向度对世界之构造的极为根本的作用，这个态度一直持续到20世纪的20年代初。另一方面，甚至在他晚期的作品中，一些章句也似乎表达了更加"传统的"观点（譬如，A Ⅵ 34，37，自1931年）。也许他在这个问题上并没有形成定论。但是，在我看来，下面的更为有趣的阐释是可能的：譬如，当胡塞尔说某种评价行为奠基于对某一对象的知觉之上时，他是说，关于对象本身的评价就是被如此奠基的。当我们在情感上与一个确定对象相关时，那个对象必定是为了我们而被构造成这个样子的；事实上，正是对象化行为产生了这些"完成的"（finished）对象。因此，所有激发行为与对象的确定关系是这种对象化的成果。这并不意味着某些评价，或者某些其他的"非认知"反应或冲动可能在构造那个对象的过程中没有发生作用。然而，恰恰是这些"激发的"和本能的因素不能被确定地指向那个对象。为了使之成为可能，后者需要被充分地构造成为一个对象。事实上，正如我们刚刚看到的，这些因素总是在对象的最初构造中发生作用，这恰恰是胡塞尔的观点。因为胡塞尔赞同海德格尔的思想，即认知是被奠基的行为样式。虽然在讨论奠基时，胡塞尔经常关注那些能够给予对象以意义的丰富性的诸多行为特征——这种意义的充实恰恰是对象化行为所不能提供的，但是他也能够把"奠基"一词运用于知觉本身的复杂基础结构，我们此前在本章的"主动综合与被动综合"一节中考察过这一内容。譬如，在第三沉思的结尾处，胡塞尔谈到了"逐级的奠基"，它层层深入了内在时间意识的构造。事实上，在这种关系中，恰恰是海德格尔在某种程度上讲是"单向度的"哲学家，他完全在被充分构造的、个人生活的层次上活动。哲学因海德格尔而变成了纯粹的诠释学。相反在洞察个人生活层面的深处时，胡塞尔看到了彻底清晰性的重要性，从而研究了为所有关于我们现实的个人生活的论述所预设的构造性的、隐匿的生活的各个复杂层次。在某个段落中，胡塞尔比较了纯粹的"精神的心理的'现象学'"和真正的先验现象学，他指出前者只是一门实证科学（*Ideas* II 369—370）。当然，它并不是一门实证的自然科学；但它在"人类科学"领域之中却是一门纯粹的实证科学。因而，按照含义与预期，在胡塞尔的眼中，海德格尔是以从事实证科学、而不是真正哲学的形象出现的，然而正如我们现在所知道的，哲学要想成为真正的哲学，就必须是先验的、"考古的"。无论如何，在海德格尔的所有这种观点中，最为重要的问题是，把认识看作朝向世界的所有其他行为形式之奠基的意识（或此在［Dasein］），将对"存在的问题"做出有利于现成的呈现——纯粹的"物"的强制呈现，就像它在"纯粹认知"中被显现的那样——的预判。海德格尔首先担心的是这种单调的呈现将被归结为主体自身的存在。他批评胡塞尔没有能够充分地考虑依附于此在（或者是胡塞尔术语学中的"人格单子"）的特殊的存在形式，而是仅仅假定这种存在事实上是这些纯粹呈现的存在。然而，因为我们现在能够看到，正是由于胡塞尔深入日常意识和行为层次来对意识进行深刻的分析，他才觉察到了一种完全独一无二的、属于意识的存在。因为胡塞尔说，在有意识的单子所享受的那种流动的生活中，正是"冲动意向性"把一个现在向前推入下一个现在（*Int Ⅲ*，595）。从根本上讲，意识生活是在恒常的奋斗中把自身时间化的绝对的流动。意识的存在之于胡塞尔，正如此在的存在之于海德格尔，它最终是指向世界的、奋斗的时间性。

第四章

第三沉思与第四沉思的一部分

（第 23—29、40—41 节）

第三沉思是迄今为止这五篇沉思中最短小的一篇，在德文版中它只占了寥寥八页的篇幅，而且它所涵盖的一些话题实际上只是本书先前所研究的材料的发展。然而它的重要性却并不与它的篇幅成比例，因为正是在这篇沉思中，胡塞尔采取了重要的一步，以向我们表明先验现象学将无情地把我们引向观念论。然而虽然基础已经准备就绪，但是直到第四沉思的最后两节，胡塞尔才明确地得出了这个结论："现象学当然是先验观念论"（118），因此我将在本章讨论这最后两节以及第三沉思。因而，本章最主要的任务就是评价胡塞尔为观念论进行辩护这一事实。然而第三沉思本身的明确的主题——我把它看作是胡塞尔为观念论进行辩护的基石——是关于实在性（Wirklichkeit）的。[1]

---

1 参见前面的"译文与引文说明"（pp. xiv-xvi）（本书第 xv-xviii 页——译注）。——原注

实在性与理性

实在性的题目出现在先验反思的过程之中，这乍看起来可能会让人感到惊讶，因为先验反思之所以可能，恰恰是因为它断绝了对诸多对象的实在性，甚至世界整体的实在性的任何关注。因此，在考察胡塞尔的明确阐述之前，对于我们来说十分重要的一点是，要了解这个问题如何能够在先验还原之后还可以浮现出来。胡塞尔确信，实在性话题事实上是"无所不包的现象学主题"（91），对这个信念的辩护理由就是我们在第一章中所讨论过的那个"先验洞见"：任何对于我们来说具有意义的东西都是某种在意识中被构造为具有这一意义的东西。因为对于我们来说，"实在性"是一个具有某种意味的概念。说某物是实在的，当且仅当它符合实在性对我们所意味的内容，即它符合意识所怀有的某种意义。因此，不仅对象的意义——某一种对象——在意识当中被构造出来，而且"存在的意义"——对于既定的对象类型来说，何谓生存（to exist）或者何谓实在的（to be real）——亦是如此：正如胡塞尔所表述的，既包括"它的'所是'，也包括它的'它存在着以及实在地存在着'"

（123）。后者也必须被回溯到意识生活的某种特征，因为它也是"存在或源自我的意向生活的一个意义，源自其构造性综合的一个意义"（同上）。此外，正如我们已然看到的，我们可能拥有的每个意义都指向了意识的某些专用形式，正是在这些形式中，所"意味"的内容被原初地给予我们。正如任何关于物质对象的思想都必须被回溯到这些对象在其中被原初给予的知觉经验一样，我们关于这些对象的实在性或非实在性的思想亦是如此；如果这些概念最终对于我们来说具有任何真正的意义，那么同样必须回溯到它们也是在其中被原初地意识到的诸多经验那里。

因此，我们的首要问题必定是："存在"或"实在性"的意义与何种经验精确地符合？正如我们刚刚看到的，答案将把我们引向"本原直观"或"自明性"——这是我们在第一章所遇到的内容，但是只有在现在，在与实在性相联系时，它才"成为我们的现象学主题"（92）。特别是，我们的实在性的意义居然与本原直观相联系，这一点并不令人惊奇，因为这种直观就等于现实的"观看"对象，或者与之相关，等于对象的"自身被给予性"。事实上，胡塞尔在某一处说，在这种直观中被给予的"是被空洞意指的东西的实在性"（*Int II*，383）。然而，虽然我们并不惊讶于自明的直观将在这里发挥关键的作用，但是在胡塞尔的著作中，对于何种自明的经验值得怀疑却有着些许犹豫。因为与上一引文相似，他的著述中有好几处都似乎认为，任何简单的"观看"以及与之必然相伴的确定性都是值得怀疑的。譬如，在《观念 I》中，谓词"实在的"被称为是作为任何直接知觉之要素的感觉确定性的意向对象相关项（*Ideas I*，第103节）。在别的地方，胡塞尔写道："事物自身的呈现是产生自明的合法性或正当性的行为；它们是对正当性、对作为正确性的真理的创造性的原构建。"（*FTL*，142）然而，在《笛卡尔式的沉思》中，实在性并没有被看作是任何自明行为的意向对象相关项，而是自明证实的意向对象相关项。它告诉我们，"当……作为被意指对象的被意指对象被给予出来时，如果没有进一步的艰辛努力"，谓词"*存在*"和"*非存在*""就不会作为现象学材料而被给予出来"；确切地说，它们是"更高层次的意向性"（92）。因此，我们对实在性的感知，对任何实在之物的感知都在某种综合之中有其根源。我们知道，为了实行综合，一个单独的对象必须在综合地统一行为中作为同一地被意指的东西而出现：综合在本质上体现着同一性的意义。另外，"自明的证实性的综合"要求，就我们所讨论的对象（不论作为整体，还是关于其某个部分或方面）来说，某一种行为——先在的行为——是"空洞的"，它在相关的方面中自明地呈现对象本身。

譬如，如果我预感到某人正站在我的后面，我转身看到有人确实站在那里，这就是一个"自明证实"："主题"是相同的，同时还有从空洞意向到"亲身呈现"的转变。此外，如果我仔细检查面前的某个物质对象的背面，这也是一个自明证实，因为相同的东西（在此例中只是对象的一个部分）再一次起初被空洞地或假定地意向，然后被给予直观的直接性。在这些证实经验中，在从空洞意向到被充实的意向的过渡过程中，我们把经验到的某些东西当作实在的。正如胡塞尔在本篇沉思中所说的，"自明证实的综合呈现了正确的或真正的实在性自身"（95）。反过来说，经验过程——在其中，单独的物是我们的永恒主题——能够导致证伪

（disconfirmation）的发生。我转过身来，但是没有人在那里；我转动对象，只看到了外表的一个背面，而不是我所期望的一个巨大物体的更多的部分。在这些对最初的空洞意向的否定中，我们在其可以采取的一种可能方式中经验到了对象的非实在性。在胡塞尔看来，这种导致对象之"抹消"的冲突是我们的"幻觉"或"纯粹显现"所能够拥有的所有意义的终极的经验之源："纯粹显现意味着和谐的经验过程有别于先在的动机和经验为我们所规定的内容。"（*Int Ⅲ*，49）对我们来说，非实在性在失望中有其根源。

正如上面的第二例——该例涉及了关于对象的背面的研究——所证明的，证伪甚至能够在与知觉——在其中，我们所讨论的对象最初被自明地"亲自"给予出来——相关时发生。因为，虽然自明性给予我们事物本身，但它并不是绝然地这样做的。这归因于它所遗留的有待解决的问题——归因于对象的纯粹空洞地被意指的诸方面，如果该对象确实是它所显现的样子，那么这些被意指的方面就是实际上所需要的。因此，自明性能够与自明性发生冲突。或者，更确切地说，现在自明的东西能够与先前自明的东西（我们仍然知道它一直是自明的）发生冲突。在这些被感知的物理对象由于后来的经验过程而被"抹消"的情况中，胡塞尔谈到，原初知觉对象"迸裂了"（譬如，*Ideas I*，第138节）。因而，反过来说，当这些事情并不发生时，知觉的展开过程就具有证实的特征。如果我看到了一只实在的花瓶，围绕着它，仔细考察它的背面，那么我当然不能证实它的原初朝向我的那一侧面的任何细节；在对它的端详中，我失去了那些细节。但是，现在我可以证实的是，原初被感知的那个侧面事实上是一只花瓶的一个侧面，或者至少是某个连贯的、三维物质对象的一个侧面。正如我们已经看到的，对物质对象未被感知到的那些方面的假定，是知觉到对象的已经被看到的诸多部分这一过程中的要素：正是这个视域给予这些部分以物体之部分的特征。因此，当这些假定在胡塞尔所谓的"经验的和谐过程"——它与最初的假定相和谐——之中被充实时，这个过程就以一种进行证实的方式回身反思知觉的原初阶段。

这就表明，对多半在《观念 I 》之中以及别处所表达的关于实在性的论述（按照这种论述，实在性是任何"原初给予性的"知觉本身的相关项）与在《笛卡尔式的沉思》之中所发现的关于实在性的论述（这种论述把实在性视为某种"更高级次"意向性的意向对象相关项）做出区分，这在某种程度上讲是矫揉造作的，因为感知到某物并不是瞬间的行为。胡塞尔反复强调在知觉意识本身中发挥作用的兴趣。在胡塞尔看来，知觉"在隐含意义上讲"是专注地转向一个对象的。正如我们在第三章所看到的，这个转向只有在我们被动地被激发和被吸引的基础上才成为可能。这样的吸引自然地会激起对对象的兴趣，此种兴趣在专注的思考中得到了表达：

> 转向或专注于存在者的行为从一开始就使具有某种倾向、某种努力的主动性发挥着作用。这一主动性是朝向现实化的努力……我们可以说，由于这种倾向，对作为存在着的东西的知觉对象的兴趣被唤醒……在对对象的这种坚定朝向中，在对象经验的连续性中，存在着一种意向，它超越了被给予的东西及其被给予性的瞬间样式，而趋向于不断地再接再厉。

(*EJ*, 87［82］)

正如他稍后在相同著作中所说的，"（意向）通过实现其渐进的努力，实现其获得相同对象的新的被给予性样式的倾向，而达到了具体的知觉"（*EJ*, 93［87］）。因此知觉和证实之间的区别在某种程度上讲是造作的，因为在通常情况下，知觉的每个阶段都构造出了先前诸多阶段的证实。当我们牢记，目前我在连续知觉的范围内用以说明胡塞尔的证实概念的这些事例——它们所关注的都是对象的内在视域——并不能穷尽这种证实的诸多可能性时，这种区分的造作性就愈发明显了。经验的"对象意义"所规定的任何视域中的任何事物都将能够进行证实（或其反面）。这是因为一个视域就是一组潜在性，它在本质上由（关于）既定类型的对象（的经验）所预示，任何这样的潜在性都能够被明确无误地考察："每个现实性都含有其潜在性，这种潜在性并不是空洞的可能性，而是在内容方面预先被意向地勾勒出来的可能性……另外，它还具有可以被自我所实现的特征。"（81—82）现在，关于感觉的重要的一组潜在性就是"动觉"，这些动觉并不全部涉及我走向某个对象进而仔细地探察它，或者规避它。因为如果我把头转向一边，物质对象将在我的视域的某个不同部分被展显为"观看"该对象的"感觉"的一部分，而不是纯粹的后像：

在我的动觉自由地发挥作用的情况下，只有当我认识到所经验的同时发生的展显物属于动觉的时候，意识才会保持为关于现实在场的、用多重方式按照其所是的样子来展显自身的那一事物的意识。但是如果我问自己，事物之展显物依附于变化的动觉，这个事实意味着什么？那么我就会认识到，一个遮蔽的、意向上的"如果—那么"关系在这里发生着作用：展显物必定在某种系统的次序之中发生；正是通过这种方式，它们在预期中、在和谐的知觉过程中被提前暗示……那时，这就是呈现物的每个直接的、存在的确定性的意向背景。

（*Crisis*，164［161—462］）

因此在观看某个对象时，伴随着该对象在视域的相应不同部分中的通常的展显，头的最纯粹的运动构造出关于那个对象的实在性的证明。因为，如果经验中的这种变化没有与以这种方式来活动人的身体的感觉相呼应而发生，那么这种信念——有人确实在感知一个物理的、位于空间中的对象——将遭到破坏，而原初的关于物理物的知觉将"迸裂"到对一个后像或者某些这样的非客观现象的观看之中。所以胡塞尔在不同的著作中对当前主题的论述动摇不定，这是完全可以理解的。甚至在《沉思》中——与别的任何地方相比，他在这里更加细致地区分了自明性与自明证实——他也能够用下面这句话来概括他的讨论，正是"单单凭借着**自明性本身**，实在地存在的、真正的、对我们正当有效的对象，不论它属于什么种类，对于我们都有意义"（95，我做的强调）；当他写道"每个正当性都源于［自明性］……每个可设想的切合性都作为我们的证实而产生出来"时，他继续明显地把这两个概念等同了起来。

我们的实在性概念只有在与非实在性的意义相对照时才有意义。相信某物是实在的，就是要避免欺骗、幻觉、误解、幻想等一

218

切可能的形式。如果某个主体对世界的经验从未含有任何误解，也没有认识到这种误解的可能性，那么他或她就不可能认识到自己所感知到的事物的实在性。这样的主体将是一个认识论上的幼稚儿。了解我们经验中的可能的不和谐难道不是我们把握非实在性的唯一可能的基础和内容吗？证实并不仅仅是确定某物——我们已经独立地对之有所了解——的实在性的某种途径。相反，对经验进行证实本身让我们领会到实在性是什么，它意味着什么。它还会有什么别的基础呢？毕竟，当我们感知一个物理对象时，它存在于场景的背后，但这并不是说我们仿佛把呈现在我们面前的东西视为一个符号，或者其他某种指征，以至于非实在性的概念可能就会等于这个假定，即尽管我们有关于它的感觉经验，但是这个事物"本身"可能并不在场。任何这样的观念都简单地歪曲了知觉意识现象学（譬如，参见 *Ideas I*，79）。当我们从仅仅把对象思考为对象转变成把它思考为实在的物时，我们并没有把注视从一个类型的事物转向另一类型的事物，就仿佛前者只是关于后者的意识之中的表象。相反，我们所做的是把我们的注视从经验的有限阶段的相关项转向我们全部经验的相关项。因此，胡塞尔能够说，"一切关于存在的错误解释［无疑，他主要是因此而想到了先验实在论］都出于对那些共同决定存在之意义的视域以及相应的揭示隐含意向性的任务的盲目无知"（118）。事实上，既然所有这样的"空洞"思想都返身指向了"自身给予的"直观经验，那么"场景背后"的假定对象又是从哪里产生其意义的呢？胡塞尔坚持认为，"就在这样的地方——在这里没有什么物理对象已然被经验到，甚至连神都不能假定地设想一个物理物"（B IV 6，53b）。许多哲学家认为，当我们把观看实在的物与单纯地幻想该物相对照时，我们所涉及的是作为两种状态的对象的两种不同的事物：前一种情况涉及的是物理物，后一种涉及的是别的事物——感觉材料或一列视觉上的知觉。这恰恰是胡塞尔所否定的。如果这二者在现象学上是同一的，那么在这两种情况中，你会意识到完全相同种类的对象。只是说，在一种情况中，对象是实在的——它实在地存在，而在另一种情况中，它并不是实在的——它根本没有现实地存在：

> 在向立体视镜里面观看时，我们说：这个显现着的棱锥体是"虚无"，是纯粹的"显现"。显现着的事物本身显然是述谓主词……此处正如在整个现象学中一样，人们必须有勇气去接受在现象中所实在地看到的东西，如它所呈现的那样，并且忠实地描绘它，而不是重新解释它。
>
> （*Ideas I*，第108节）

当你问到，你所看到的似乎在你面前的这本书是否实在的时候，即你在询问你是否对它产生了幻觉的时候，那恰恰是这个问题没有采取下面这种形式的原因：这（在精神上关注于某个对象）是一个纯粹幻觉的对象，还是说在精神之外存在着某种物理物，它在场景背后，并且作为原因控制着这个视觉显现？相反，你所关注的东西以及你所询问的它是否实在的那个东西，其实是同一物。虽然这个问题的答案是由不同于经验本身的某种东西来决定的，但它并不是由"场景背后"的某个世界中的器具布局来决定的，而是由你其余的经验生活——它亦是经验生活的一部分——的特征所决定的。

第三沉思刚刚开篇，胡塞尔就声明，他将"在'理性'与'非理性'的标题之下"来探讨实在性与非实在性的问题。类似的，《观念Ⅰ》的第四编与结尾部分被命名为"理性与实在性"。胡塞尔理解"理性"一词的方式受到了康德的影响，后者把理性与知性区分开来，影响极为深远。但是康德所关注的是"判断"（judgements），而胡塞尔所关注的却是"推论"（inferences）。理性涉及我们如何在思想和经验中把事物贯彻到底，这一思想虽然在胡塞尔看来是十分根本的，但是他发现，在这种联系中推论的概念过于狭隘。理性并不仅仅关注在人类生活中发挥着巨大却又有限作用的推论，而且理性通常不被看作是"非理性的"动物所具有的：正如胡塞尔所称谓的，"特殊意义上"的理性（112）。在更加一般的意义上讲，理性"并不是一个偶然的、实际的能力，并不是可能的、偶然事实的名称，而是关于先验主体性一般的无所不包的本质结构形式的名称"（92）。因为理性不仅决定那些我们据之得出结论的原则，按照进一步的证据修正我们的判断，证实我们先前的假定等，而且它在感觉经验的每个阶段中都发挥着作用。我们早已在"持续综合"——它存在于一切关于某物的延伸的知觉中——中发现了"贯彻到底"。[1]理性在本质上是对冲突或不和谐的敏感性，因而亦是对一致与和谐的敏感性。更加特别的是，它是被全部意向性

---

1 事实上，正如我们在第三章所看到的，胡塞尔看到理性在我们的本能冲动——它在甚至比简单的感觉知觉更深刻的、更原初的层面上运作——的作用中发挥作用。——原注

领域都能实现这种和谐的渴望所激发起来的。因为在对认知和谐或认知"连贯性"的渴望的引导下，除了做我们必须做的事情来避免"逻辑的"或"归纳的"认知冲突之外，推论到底是怎么得出的？推论并不仅仅是作为纯粹的"体验"而被引起的，它是被激发出来的。它们凭借着自身所包含的"意义"，发生如它们之发生，是它们之所是，因而它们在本质上主要是关于意向关系的。但是我们甚至能够在知觉信念的卑微层次上发现这一点，在该层次，关于推论的谈论遭到了最大程度的曲解。因此，"抹消"和"迸裂"——它们在假定的可实现的诸知觉过程产生矛盾时发生——是我们的理性生活在其最宽泛意义上的活动或表现。正如胡塞尔在某一处所说的，"由于自明性，意识生活具有一种遍及方方面面的目的论结构，一种朝向'理性'的指向性，甚至是朝向理性的弥漫的倾向，也就是说：朝向对正确性的发现……朝向对错误性的抹消"（*FTL*，143，译文有改动）。

因此，关于实在性的话题远远不是先验探询中令人极为不安的内容，对于先验探询来说，它是绝对重要的。因为我们刚刚考察的内容就表明了这一事实：视域是关于有效性的视域（正如胡塞尔在其手稿C13 I，15中所说）。它们是关于必须保持有效（hold good）（或者是有效的［valid］：gelten）的东西的视域，如果我们最初的意向行为将作为它所声称的样子而保持有效的话。事实上，胡塞尔能够把某个对象本身描绘为"多种有效性的统一体"（D 12 I，6a）。既然任何行为的"正当内容"就是它的充实内容，因此对于"静态"现象学来说，极为关键的意义阐释这个概念就涉及对"有效性""保持有效"的牵涉，因而也牵涉实在性。因此，胡塞尔能够用这些术语来清楚地描绘静态现象学:"静态现象学的观念:世界的有效性的普遍结构,揭示关于世界本身之本体论结构的有效性的结构。"(*Int Ⅲ*,615)

世　界

事实上，刚才我们所探讨的只是胡塞尔丰富的世界概念的另外一个方面。在第三章中，我们看到了习惯对于世界之构造的重要性。一个世界，至少就其基本特征来讲，必须具有某种程度的熟悉性。现在，虽然这些习惯确实朝着构造一个世界而向前发展，但是正是当前关于实在性的论述给予我们胡塞尔世界概念的本质的、削减的（pared-down）核心。因为，虽然胡塞尔反复强调，世界是一个熟悉的世界，任何陌生的东西都只是某种不熟悉的东西，即熟悉性的一个"样态"，它与熟悉性相对照，从而以熟悉性为前提。然而他不能否认，一个反复地让人吃惊的世界，甚至反常地令人吃惊的世界是可以设想的，只要这种惊人性并没有根本破坏证实任何事物的那种可能性。他也不能否认，一个非常年幼的孩子仍然拥有一个世界，虽然对他来说大部分东西都是不熟悉的。事实上，如果某个单一的、"外在的"对象对于一个主体来说是实在的，那么该主体就在最低限度的意义上拥有一个世界。因为甚至这样的单一对象仍然隐含着无限多的视域；正如我们刚才所看到的，这些视域是可证实性的视域。"世界"在其最简单的意义上代表信念的视域结构。因为说一个对象拥有一个视域，就是说它在一个本质上是更加广阔的，但却没有在我的经验中现实地展显出来的背景中呈现。然而这个更加广阔的背景却被如此强烈地暗示为确实存在于那里。视域并不是经验的纯粹抽象的可能性：它们是被激发出来的潜在性，是我所依赖的、坚信的潜在性。因为这些视域由作为任何知觉之要素的空洞意向所表明，而知觉至少在其原初形式上具有确定性的特征。观看就是相信（知觉通常亦是如此），除非它被取消。[1] 在其最初形式中，它并没有被那些可能激起对信念之限制的东西所更改，因而体现了胡塞尔所谓的原信念（Urdoxa）：对我们在经验生活中所秉持的确定性的根本"设定"。现在胡塞尔及早地认识到了这种确定性所关注的是知觉的"空洞"成分。在对于相反情形一无所知的情况下，你仅仅因为似乎看到了这本书就会而且必定会相信它是实在的。但是，相信它——以"书"的形式出现的某种东西，至少具有某种物质体积和独特形状的某种东西——是实在的，就是相信，当预期的、空洞的意向所预先勾勒出来的视域得到考察并得以实现时，这些意向——它们进入这样的知觉经验之中，并朝着使之成为具有现象学"知觉物质事物"这一特征的经验而前进——将不会相互矛盾：当你伸手探这本书时，你的手不会穿透它，它不会紧随着你的注视，它也能够提供被遮蔽的侧面供我们考察，如此等等。此外，如果这本书是实在的，那么你可以把视线从它那里转移出来，进而探察周边的空间领域，从原则上讲，这是不可穷尽的。在这样

1　在 Smith，2001 中，我相当详尽地辩护并扩展了胡塞尔的这个观点。——原注

的视线转移中，即使你所发现的只是空洞的空间，但是从知觉上讲，你必定有一种横跨实在空间的感觉：因为，否则那本书将不会显现在那个空间中——因为它必定会显现，如果它属于现象学类型的"物质对象"。这就是所有世界中的或属于世界的对象之所是。我们要注意到，在考察对象视域的过程中，虽然证实与证伪都是开放的可能性，但恰恰是证实处于优势地位，因为较早的空洞意向只能被你随后当作实在的东西所否定，因而它有其自身假定的证实视域。

因此在现象学上说存在着一个至少向我们显现为存在于那里的世界，其实就是说经验并不是混沌一团的。更确切地讲，这就是说，有效的证实是可能的。如果没有关于这些证实的经验以及对它们的信赖，就根本没有什么东西会让我们有"实在"之感；因而也根本不会有关于世界的意义。反过来说，如果不同于意识本身所"实在固有"之物的任何东西是实在的，那么就有一个存在着的世界。而把任何这样的东西当作实在的，就相当于拥有了结构化世界的经验之流，即在这种经验之流当中，个别经验具有"证实"和"证伪"的意义。胡塞尔有时会在这种关联中把世界称为经验之流所展显的"风格"：证实和证伪在其中保持着有效性的一种"统一的风格"（譬如，*EP II*，149）。在导论中所提到的一篇很有影响的论文中，路德维希·兰德格雷贝提出，胡塞尔只是在《第一哲学 II》之中，即20世纪20年代的时候发现了"世界"的真正现象学意义。事实上，这个基本洞见至少已经隐含在《观念 I》之中了，在该书中，胡塞尔并没有把悬搁描述为在本质上断绝一切世俗的信念（虽然它确实意味着这一点），而是描述为断绝"有关世界的一般主题"。他早已认识到，我们所要断绝的正是对证实（或证伪）任何事物之可能性的一般的信赖。正因如此，胡塞尔曾经把假定经验应该退化为混沌当作证明世界之非实在性的"笛卡尔式思想"的唯一方式。因为胡塞尔所谓的这种混沌，是指一种情境，在该情境中，没有什么东西能够被证实或证伪。哪里存在着这些可能性，哪里就有一个世界，至少在最低限度的意义上讲。因此在这个意义上讲，世界先于任何个别的、实在的存在者，因为假定一个世界就等于信赖证实的可能性，而后者对于一切实在物都在其中被原初地给予，进而获得其"意义"的知觉经验来说是必要的。虽然胡塞尔偶尔会把世界称为存在者的总和，但是"世界"根本的现象学意义是经验之视域结构的意义。正如我们现在所知道的，视域并不是对象，而是经验的结构，如果没有它，任何知觉对象都不能进入意识之中。对于任何物理对象来说，世界是终极视域：正如它偶尔被称为的，一切视域之视域。我们并不是通过先感知这一物、那一物以及许多其他事物，然后把它们与不确定的、其他许多被假定的或被回想起来的事物综合为一个被称为"世界"的大事物，从而达到对世界的理解。在现象学上讲，世界并不是一个大事物。事实上，除了相对于反思的、理论的态度而言，它根本不是一个"对象"；从那个层次来解释世界将会使它的产生过晚，并且错过其现象学的根源，该根源将在每个个别的知觉经验中被发现。在知觉中，我们所主要指向的并不是任意一组个别对象，而是指向了其意义浸入每个知觉行为之中的世界。因此维特根斯坦在《逻辑哲学论》（*Tractatus*）里的思想是错误的，或者至少没有足够深入地进行考察。世界并不是"所有事实的总和"。它是所有事实的前提。

然而，应该说，在这种对以特殊习惯为基础的世界之"丰富"概念与只包含证实可能性的世界之最小概念的区分中，我们再次涉及了一种人为的分离。一方面，每个证实本身都把某种习惯——不论它程度多低——预设为有待证实的假定的基础。反过来说，每个新的知觉都构建了我们未来能够依赖的、为我们填充世界的物质特征的某种习惯。世界就是你能够依赖的东西。每次打开房子的前门，我并不期望看到自己面前是块坚固的地面而不是开裂的深坑。如果没有这种稳定性要素，实在性就不会拥有其全部的意义。如果我只有在进行经验的时候才能够确定任何东西的实在性，而在闭上双眼的时候就失去了对事物连续性的感觉，那么我几乎根本不能理解世界的实在性。譬如我对我所居住的城镇之实在性的信念将是不可能的，如果我不知道自己能够走出它并且通过感知它本身来证明它的存在。在原则上排除这样一个事物的可能性就等于否定实在性。正如胡塞尔所表述的，"如果没有这些可能性，那么对于我们来说，就不会有固定的、持久的存在，不会有……世界"（96）。因为，如果没有这些可能性，我们只能拥有孤立的、特殊的证实行为，这些行为将只能"为我们"提供关于其对象的"偶然存在"，而不是存在于"其自身中"的作为"持久存在"的东西（同上）。那时就只有一个关于世界的概念，虽然它能够依赖于已经达到的发生学的层次而在进行经验的生活中以或多或少的丰富性而得到实现。

作为"观念"的实在性

我们现在可能相当清楚胡塞尔是如何认为他能够在先验还原的范围内研究实在性问题的；但是，确实还有一个明显的问题与之相关。因为胡塞尔实际上把实在性等同于自明信念的意向对象相关项。但是这种信念是会出错的，甚至在它作为自明证明的结果而出现的时候。因为这种证明就等于和谐性，由于此种和谐性，经验过程得以发展，而每一个继起的经验阶段与作为早期诸阶段之要素的假定的、空洞的意向相符合。但是，我们不妨举一个极端的例子，胡塞尔所谓的"连贯的梦"，或者是连贯的幻觉，由于它被规定为连贯的，因此它将展显这种和谐性。结果，在这个经验过程中，我们会把实在性赋予对我们来说持续有效的那些对象，无疑这样做是有道理的；但是，我们所研究的仍然不过是一场梦或一个幻觉而已。因此，简单来讲，难道胡塞尔没有简单地把关于实在性本身的"客观"问题与被我们视为实在性的东西混为一谈吗？难道我们可以从在作为先验还原的这种"主观"视角的内部来处理这个问题的尝试中期待更多吗？事实上，胡塞尔对这个问题是非常警惕的，在

《笛卡尔式的沉思》第28节，这一问题得到了明确的阐述。由于关于现世对象的经验所具有的必然的"片面性"，因此有关这样的对象的每个经验，甚至是可以自明地证实经验的早先阶段的那些经验，都体现了"把我们指向相应的潜在自明性的纯粹意味的内容"（96）。所有这样的自明性都是"不完美的"，或者不完善的：它没有给予、也不能够给予我们对象的全部以及在意向上暗含于其中的一切，不论经验将持续多么久远：

> 自明性的这种不完善性在从自明性到自明性的现实化的综合过渡中变得更加完善，但是必然以这样的一种方式，即任何这种可设想的综合都不会终结于切合的自明性：它总是带有未被充实的前意味和共意味。同时，这种悬而未决的可能性——对存在的预期的、期待的信念将不会被充实，而显现者在"它自身"这一样式中并不存在或者是迥然不同的——仍然存在。

（96—97）

因此世界的实在性，从而在它之中的一切事物的实在性甚至都超越了我全部的现实意识。我的所有证实都只是关于事物实在性的假定，正因如此，笛卡尔开启所有这些沉思的、关于世界之非实在性的思想是根本可以想象的。

由于我们仅仅因为知道所谓"物质事物"类型的对象不实在意味着什么，我们才知道了说它实在意味着什么——当一个和谐的经验过程中止时，这个对象就通过感觉经验而产生了，因此，相信某个现世对象的实在性就是假定这样的中止最终不能发生。它不仅仅是不会发生，因为我可能只是没有认识到对我来说悬而未决的证伪的可能性（我刚才并没有转动我的头，如果我转动了，我应该非常清楚地看到那并不是个阴影，而是一个纯粹的后像）。当我们这样牢记住了可能的经验与关于任何个别现世对象之实在性问题的相关性时，我们发现自己被指向了无限性，指向了"可和谐结合的诸经验的无限性"（97）。任何现世物的实在性将在意向对象上与一切具有关于它的绝对的、充分的、无限的意识——该意识将体现所有关于它的可能的知觉——的东西相符合："'实在地存在的对象'只有作为在意识关联中被意指的和有意义的统一体才具有意义，这个统一体将在完满的经验自明性中"——一种"对可能经验的全面综合"的意识——"作为其自身而被给予出来"（97）。但是这样一个完全的、无所不包的、一直结合所有可能显现的经验显然是不可能的，"甚至对于神来说"也是不可能的，正如胡塞尔偶尔说的。然而，我们还是拥有关于实在性的概念。本篇沉思的主要目的就是去理解，在刚才所描绘的我们的处境之下，这是如何可能的，进而充分理解我们的实在性概念意味着什么。现在这个主张——由于实在性概念，我们被指向了经验中不可能含有的无限性——应该让我们回想起了先前遇到的某种东西："康德意义上的观念。"于是，任何事物的实在性因而就以它在其中能够对我们具有任何意义的唯一形式而作为无限的"观念"出现了。事实上，任何实在对象本身都是这样一个观念："世界的一个实在对象……是一种无限的观念……一种与关于完满的经验自明性——对可能经验的完全综合——的观念相关的观念。"（97）因为对象本身就是意识生活之流当中的统一体。因此，它的实在性就是在观念上有效的、持久的，在经验中无限证明自身的这样一个统一体。当然，它为我这个唯一的开始哲学家而"有效"，因为正是我在阐释对我来说具有意义的东西。但它是超越我的现实生活的有效者。

胡塞尔在对与现世对象之实在性相等同的、关于经验的无限可能性的本质的大量讨论中，常常不像人们所希望的那样细心。譬如，在一段典型的话中，他把我们所掌握的关于实在的观念写成了关于"经验主体目前在和谐的经验之中所证实的一切"的观念，它"以各种不同的方式被证实……使主体迥然不同地经营其生活，并将继续以种种方式来被证实——我正是以这些方式来指引我未来的进行经验的生活的"（*Int II*，442）。在其他地方，他主张"真正的存在"或"实在的存在者"与"那个合法的、根深蒂固的信念——'存在者'及其被设定的确定性将不断地被证实，而且先前本来就可以被证实——的相关项没有什么不同"（*Int II*，247）。我们不假思索就可以认识到这是不充分的，因为一个经验也许只能明白地证伪先前假定的实在性。由于任何证伪性的经验都有其自身的视域：因而它也只是假定地被暗示为一种非实在性，因为某物只有在涉及被视为证伪性的实在性的某种东西时，它才能够被视为非实在性，后者也顺次衍推出了证实的诸多可能性。譬如，我可能又看了某个对象一眼，由于感知到的不一致性，它此前的显现就被我轻视为虚幻的；但是也许这第二次的观看才是虚幻的，对象过去是，现在亦是它最初显现的样子。因此，如果一个对象是实在的，那么它将恒常地在经验中被证实，这种说法并不正确。当然，这样一个对象能够恒常地在某种可能的经验过程中被证实；但是那样的话，对于异常的经验主体来说，不实在的对象也是能够被证实的，至少在任何一段有限的经验之内——正如在"连贯的梦"之中那样。然而，胡塞尔在别的地方驳斥了这种对毫无挫折的、始终如一的和谐的经验过程的需要，他说相反与对象的实在性相符合的"观念"涉及"更加严格的决断：关于接近观念界限的决断"（B Ⅳ 6, 26b）。在这篇手稿中，胡塞尔并没有给出进一步的论述；但是在别的地方，他写道，关于实在对象的明显证伪性的经验是"反常的例外，这一例外作为和谐地附属于……充分发展的经验的可能经验事件，再次被和谐地包含在一个更加普遍的经验规则中"（A Ⅶ 17, 34b）。当他在别处声称我们所有的经验"必须能够在和谐经验的综合统一体中汇合起来"（B Ⅳ 6, 67b）的时候，这离我们的需要就更加接近了。在胡塞尔所发表的著作中，下面这段话几乎是他所深思熟虑的观点的最佳表达："每个幻觉都表明了一个更加深刻的真理，并且……在其发生处的每种冲突恰恰是为了维持整体的和谐而为更加包罗广泛的诸联系所要求的。"（*Ideas* Ⅰ, 91, 译文有改动）如果我第二次对对象的观看只是误导性地证伪了它的实在性，那么这种情况之所以能够发生，只是因为对象本身在更广大的与原初接受对象的实在性相和谐的经验中是可以证伪的。譬如，假定在我看来某个对象是红色的，我走上去更加切近地观察它，我看到它显然是黑色的。后来我发现，或者能够在原则上发现，或者似乎发现，一盏钠灯被打开了。我的知觉经验的这个最后阶段不仅破坏了对象是黑色的这种知觉，而且与我原初的关于对象是红色的知觉相和谐，并且加强了它。如果所有明显地证伪某物之实在性的经验本身都能够通过这种方式而被推翻，那么我必须相信那个事物是实在的。如果所有可能的证伪经验（包括在推理上与所讨论对象相关的间接证伪经验）能够以与某个对象的实在性相和谐的方式而被推翻，那么这个对象就是实在的。反过来说，如果我的经验对象是实在的，那么它最终必定能够在为我的经验生活而存在的可能性全体中经受住"抹消"。只有与实在对象相关的经验及其现实的特性能够以这种方式被保证为和谐的。最终幻觉与幻觉相矛盾。只有实在性被保证为一贯的。

贯穿于这个关于实在性的讨论之中的一直被探讨的"可能经验"当然并不仅仅是"逻辑上可能的"经验，因为几乎任何一种经验在任何背景中都具有逻辑上的可能性。这样一个不受约束的可能性领域根本不会给实在性造成任何限制。我们所讨论的可能性是胡塞尔所谓的"实在可能性"：如果……那么什么事实将会现实地发生。正如胡塞尔所表述的："如果某物存在于现实之中，不仅有……［认知的］逻辑可能性，而且有实在可能性。这恰恰意味着它们是在现实认知意识之中有其动机的被激发起来的可能性。"（B Ⅳ 6，98b）譬如，在最后时刻，我并没有把头向右转动40度。但是如果我转动了，我就应该得到我多半不可能现实拥有的某种经验。因此，这里所讨论的唯一可能的经验是那些我能够现实地拥有，并且将会现实地拥有的经验，如果……最终提供这些条件从句的前件，即能够填充这些"如果"的就是动觉（譬如，参见D 3，17）。我们会回想起来，这些就是我们所拥有的关于我们能动地活动自己的身体的诸多经验。因此，更确切地说，我们所探讨的可能的经验就是那些由所有可能的方式——我们在其中感知到自己的身体在活动——所引起的经验。当然，动觉也能够是虚幻的。因此，它们也必须被包含在观念的、和谐的经验全体之中，并且得到相应的判断。所以，据我所知，胡塞尔关于实在性的种种谈论所指向的、但却从未予以精确表述的思想如下所述：某个对象是实在的，并且实在地具有如此这般的特性，当且仅当关于那个结果的陈述是关于世界的唯一完整的物理描述的一部分——该描述与我所有现实的与可能的经验一致，即与我所拥有的一切经验（包括动觉经验），与我将拥有的和我已经拥有的一切经验一致，这一结果是由所有对我来说确实可能的动觉和那些［现实的］动觉所造成的。为了指称的便利，我会在后面把这个条件称为我的关于某个对象的经验的"观念和谐化"条件。[1]

---

1 有一种并且只有一种与这样的经验全体相一致的、关于世界的完全物理的描述，这个观点当然不是自明的。也许会有许多这样的描述。这是我们需要在下文中牢记的问题。事实上，胡塞尔通过求诸我们即将考察的"观念证实主义"而处理了这个问题。——原注

实在性与客观性

但是，也许有人会反驳说，前面关于实在性的论述显然是不充分的。因为即使我未来的经验过程进展得十分顺利，我所有现实上可能的经验过程最终是可和谐的，但是再没有比设想"我经验的这个世界似乎是不实在的"更容易的事情了。我必须做的一切就是设想我的全部意识生活与其他人的"并不一致"：譬如，我是一个"放在桶里的大脑"，我的经验是由一个观念中的知识渊博的神经外科医生所产生的，他能够预期我的大脑"输出量"——正常情况下，这种输出量会在身体的活动中产生，这位医生总是比我快一步，从而保证了我的经验的持续和谐性。不论我们假定它的经验会是多么的和谐与多样，我们都不能在一个单独的意识之中发现构造实在世界的必要途径。如果唯我论者的意识包含着关于幻觉和其他"诸多抹消"的经验，那么它确实可以用来区分实在之物与非实在之物。但是它关于实在性的判断无需是正确的，因为我们所谓的"实在世界"是指主体间地可达到和可决定的某种东西。正如罗素所表述的，这样的世界是公共的世界。事实上，胡塞尔完全赞同这个观点。没有一个单独的主体性可以衍推出实在世界的存在，不论它的意识生活的本质是怎样的。实在的世界完全与意识整体之内的和谐性相符合。虽然基于明显的、必然的原因，现象学以唯一解释我的（或者对你来说，你的）先验自我的"本我论"为开端，但是现象学研究导致了这样的结论，即没有什么单个的先验生活是那么绝对的存在——所有的真理、感觉和实在性只能凭借着它才能够得到阐释。这个荣誉属于先验的交互主体性，或者单子共同体（community of monads）："本质上的最初存在，先于并且孕育着每一种现世客观性的存在，就是先验的交互主体性。"（182）

这种对交互主体性的关涉把我们带到了胡塞尔在其最后一篇、也是目前为止诸沉思中最长的一篇沉思中所倾力探讨的话题。因为我们现在开始认识到，最后关于"其他本我"之构造的讨论并不仅仅是构造分析的范例。胡塞尔关于实在性的论述，因而关于先验现象学整体的变化性的论述，也有赖于它的成功。所有前四篇沉思都在探讨某种抽象：它们都忽略了我们所有经验的客观性向度、交互主体性向度。虽然它可能令人震惊，但是我们所有人自然地赋予实在地存在的现世对象——"客观地"存在的对象——这个概念的意义在前四篇沉思中并没有被充分地论述。只是随着交互主体的向度的到来，才产生了"我的原真世界的一般的意义添加，由此原真世界才成了关于某个确定的客观世界的显现"（137）。对交互主体向度的疏忽是一个至关重要的疏忽，因为这并不仅仅是说，我相信我所经验的世界亦是他人所经验的世界，因而现象学必须考虑到这个事实。相反，"我的全部世界是通过他人及其经验等而形成的世界"（C 17 Ⅱ，30a）。当我反思时，"意义添加"总是已然发生。其至"我的"世界在本质上也是一个客观的世界，它充满了交互主体的意味。在唯我论者的视角内，一切对象，不论我们感知到它们是多么的和谐，都只是"与我的本我不可分离的、因而属于本我的具体性本身"的统一体（121）。在唯我论的意义上被构造的世界只是"一个'内在的'世界"（*Int II*，8），它的对象，甚至那些合法地被假定为实在的对象只拥有一种"内在超越性"（136）。然而真正现世的存在者并不仅仅是我的可能经验的统一体，它们对于我的意识来说是"陌生的"，因而是"真正超越的"（*Int II*，442）。

然而这个看起来重大的疏忽可以通过求诸剩下的沉思而轻易地得到补救，因为到现在为止，所有关于实在性与和谐的经验过程之间关系的论述仅仅需要被转换为交互主体的语言。因为现世存在者的陌生性依赖于唯一根本地、不可还原地陌生的、存在或能够存在的真正超越的存在者类型：其他的先验本我。"唯我论的纯粹意识（我的纯粹意识）在哪里超越了自身？"胡塞尔在某一处问道。答案是，"只是在假定陌生意识的地方"（B IV 6，62a）。因此，与实在世界相符的经验的观念和谐化此刻就是普遍的主体性经验的观念和谐化，"交互单子共同体"（intermonadic community）中的所有本我的观念和谐化："客观世界的构造在本质上包含单子的和谐。"（138）实在的世界是这样一个世界，即唯有它与对于先验单子共同体全体来说是"实在地可能的"经验全体相一致。虽然我们已经从唯我论的视角转向了交互主体的视角，但是对象的实在性这个基本概念却没有发生变化。它仍然是一个"观念"：一个关于无限的、全面的经验全体——在其中，关于那个对象的"设定"最终"有效"——的观念。此时，我们必须铭记在心的是，实在性是普遍的经验全体。胡塞尔认为，一个世界，它满足关于终极的交互主体的证实的硬性条件，但它仍然是不实在的，这种假定是没有任何意义的。尝试这样做就相当于试图把我们的实在性与非实在性概念从它们的证实与证伪的经验基础上连根拔起，而这些概念恰恰是从此处得到它们的所有意义与意味的。

胡塞尔的观念论

　　如果先前关于实在性的论述已然被接受，那么此刻，观念论也即将到来，虽然胡塞尔一直推延到第四沉思的最后一节才明确地得出了这个结论。在那里，他明确地把自己称为"先验的观念论者"。虽然对于胡塞尔来说，这是他所采用的一个完满的、合理的术语，毕竟他是一名具有先验视角的观念论者，但是该术语仍是一个潜在地具有误导性的标签，因为"先验观念论"一词在与康德的联系中最为著名，因此胡塞尔对它的借用会被轻易地看作是，这表明他同意康德对世界的形而上学的论述——康德认为，至少如传统中所解释的那样，除了主体性以及这些主体性所证实的"先验观念的"、纯粹现象的世界之外，还有一个从"外部"影响主体性的"物自体"领域——胡塞尔坚决地与这个观点保持距离（118）。他在自己的观念论中超越了康德，因为对他来说，没有什么东西"外在于"主体性。因此，把胡塞尔称为"绝对观念论者"似乎更加合适。因为他同意下面这个纯粹的观念论者的主张，虽说有些极端：如果意识不存在，那么一切都不会存在。

或许我应该说，相当多的（主要是美国的）胡塞尔研究者已经否定了胡塞尔乃至成熟期的胡塞尔是一名观念论者。我不会考虑他们在这个论点上的或多或少独创性的论据，但是我会允许胡塞尔本人的言论来为他们辩护。我之所以把前面的极端的观念论观点归结于胡塞尔，不仅仅是因为20世纪早期之后他的所有相关著作都表明了那个观点，而且因为他本人以如此多的言论来阐明它："如果意识不存在，不仅知识不会可能，而且自然本身也会失去它的所有基础、它的根基、它的本原（arché），从而成为一种虚无。"（B IV 6, 92b）又如："如果没有具有显现的意识，也就不会有任何〔物理〕事物。"（B I 4, 21a）他说，除了先验主体性之外，"什么都不"存在（C 17 V 2, 88）。胡塞尔也把他的见解概括如下：

> 我们仅仅想说：没有什么东西根本有别于最宽泛意义上的"精神"，如果在绝对意义上来理解"有"（there is）；物体和其他的物理物……仅仅作为经验认知的统一体而存在。
>
> （B II 2, 17a）

这四句话出自胡塞尔尚未发表的手稿，而那些已然发表的著作也不乏"文本依据"。譬如，我们可以读到，"现实的和可能的意识在自身中包含着所有的显现，它因而穷尽了物理世界"（*Int I*, 7）。我们在别的地方也可以读到，"如果被绝对地思考，那么存在者所构成的宇宙就是主体性的宇宙"（*Int II*, 278）。然而他也在其他地方写道，自然"与'显现者'并没有什么不同，显现者是诸多显现的相关项，与作为自为之物的诸多显现不同，显现者根本不是自为之物"（*Int II*，248）。在胡塞尔的被最为广泛阅读的著作之一——《观念 I 》之中，我们发现了下面这段无疑具有决定意义的话：

实在性［Realität］——单个物理物的实在性以及整个世界的实在性，都由于其本质（就该词的严格意义而言）而缺乏独立性……实在性并不是某种绝对物而与其他物处于次级联系之中；相反，在绝对的意义上讲，它什么都不是；它没有任何"绝对本质"；它具有关于某种事物的本质性，这种事物必然只是意向性的，只是一个意识对象。

（*Ideas I* ，93—94 ）[1]

因此，"自然的实存不能是意识实存的条件，因为自然本身最终成为意识的相关项：自然只是作为在有规则的意识联结体中被构造出来的东西而存在着"（*Ideas I* ，96）。

尽管胡塞尔按照"实在性"（按照具体地处于空间时间中的专门意义）来描绘现世对象的特征，但是由于这些对象，甚至实在的对象，都只是意识之内的并且对于意识而言的观念统一体、意向统一体，因此它们最终的本体论地位是关于"观念性"

---

1 有些反对胡塞尔是观念论者的人主张，胡塞尔只是在高度理论的意义上使用"绝对"一词的，它并没有形而上学的含义。按照这个观点，说某物并不是绝对的，仅仅是说它在"侧显"中被给予意识。这是不正确的。胡塞尔能够在"不论一般的意识是否存在，事物就是其所是的意义上"说某个事物是绝对的（B IV 6，81a）。——原注

（idealities）的：

> 某种观念性存在于与多重的"心理"过程截然相对的每个可经验对象的意义之中，包括每个物理对象……这是所有意向统一体的普遍观念性，它与构造这些意向统一体的多样性相对……实在之物［Reales］本身的超越性是"观念性的"特殊形式，或者更贴切地说，是心理非实在性的特殊形式。
>
> （*FTL*，148，译文有改动）

因此，他能够说"世界的超越性……没有什么形而上学的秘密。它属于一种不同的类型，但是从最普遍的方面看，它隶属于与数字的超越性以及其他非实在的客观性相同的种类"（*EP II*，180）。这些观念性以意识生活的现实性为前提，并且依赖于它："客观'实在性'［Realität］的构造就是某种，观念，统一体的构造，也就是说，这种观念统一体与预设了实在［reell］意识及其实在内容的其他（譬如，本质的）统一体具有相似性。"（*Int II*，253）任何现世对象的"超越性"并不是关于意识本身的超越性，而只是关于任意一段有限意识的超越性。它是无限"观念"的超越性：真正可能的意识的观念和谐化。我先前说过，从客观的观点来看，对唯我论者来说，"实在的"物理对象最终作为纯粹"内在的"经验统一体而出现。但是，根据胡塞尔最终的观点，甚至完全实在的、客观的物理对象仍然内在于意识之中。此刻，它们恰恰内在于意识整体之中："在严格的意义上讲，客观世界并不能够超越那个［单子间的主体性］领域，或者该领域的交互主体的本己本质，相

反它作为内在的超越性而寓于其中。"（137—138）

因此，物理存在者是"先验观念的"（B Ⅲ 5，5）——自然"沦为"意识（B Ⅱ 2，12）因为"意识是绝对的存在，而且……每个［物理］事物只是绝对存在之中的某些联系与动机的指示者"（B Ⅱ 2，3b—4a）。世界的实在性就是以某种和谐方式展开的单子共同体之中的先验生活，因为任何实在世界都只是这种在意向上实行的生活的"意向相关项"。在多组和谐适宜的历史当中，先验主体性的每段可能的、不同的历史都与一个可能的、不同的世界相符合。现实世界在本体论上是由诸多单子的现实生活所证实的。关于超越或有别于意识的任何东西的观念及其观念的经验统一体都是"毫无意义的"。胡塞尔说，假定意识"需要或可能拥有外在于它本身的某物，而且意识被指向了该物"，这是"与感觉相矛盾的"（*Int Ⅱ*，350）。相反，意识是"绝对存在的联合体，没有什么东西能够渗入其中和摆脱其外，没有什么东西在时空上外在于它，它也不能存在于任何时空联合体之内"（*Ideas Ⅰ*，93）。没有什么东西在时空上"外在"于意识，因为空间本身（以及时间）依赖于意识（譬如，B Ⅳ 6，189）。尤其是，那种"通过假定地可设想的客观实在性来'解释'任何纯粹的内在材料"的想法"荒唐之极"，因为"前者正是作为后者的产物而与之相联系的"（*FTL*，204）。[1] 由此，通过把实在地内在于意识中的东西与外在于意识的某物相联

---

1 正如我们在前一章所看到的，胡塞尔承认感觉（虽然不是意向行为）在身体之中有其物理原因。然而，这只适用于被理解为在世界之内被构造的诸多"心理"状态的那些感觉。它不适用于单子的质素，因为它是"在世界之先的"。——原注

系，通过求助于某种因果原则来为我们关于实在世界的信念辩护，任何这样的尝试——譬如笛卡尔的尝试——都是无意义的。它把因果律（它只在某个世界之内有效）与构造以及意向相关性混淆了（譬如，参见*FTL*，223）。

胡塞尔对观念论的证明

我希望，我们现在应该非常清楚胡塞尔的观念论实际上意味着什么。但是，我们为什么应该相信任何关于它的内容呢？胡塞尔本人显然认为，观念论是能够被证明为正确的，但是如果有人想在其卷帙浩繁的著作中寻找到一条清爽明快的证明，那么他将会感到失望。在一篇写于1908年、但仍未发表的手稿中，他宣布了一条证明，但是他在页边空白处指出，该证明并没有完成（B Ⅳ 6，143）（胡塞尔并不是一个伟大的论辩者）。因此在本节中，我将对胡塞尔著作中那些构成其观念论之最佳例证的内容进行整理，从而代表他来建立一个证明。

胡塞尔的观念论声称，物理事实与存在者伴随着意识而发生。哲学家们用"伴生性"（supervenience）一词来表达关于某种类型的存在者或事态——它并不排除某些其他类型的存在者或事态的实存——的直观概念。举一个简单的例子：橄榄球游戏并不把一些人排除在外，这些人在某种背景中基于某种意向而用一个鸡蛋形的球来做一些事情。因此可以说，橄榄球游戏伴随着人的某种行为而产生。在通常情况下，伴生性意味着具备三个条件。[1]某种范围的事实S伴随着一种范围的事实A产生，当且仅当：

（1）A类型的某些事实——我们不妨称之为A类型"相关"事实——可以衍推出，S类型的某些事实有效。

（2）只有当某种这样的A类型相关事实有效时，S类型的任何事实才有效。

（3）A类型的某些事实——与（1）（2）中的那些事实不同，因而是"非相关"事实——能够在任何A类型相关事实无效的情况下有效，因而，根据（2），也能在任何S类型事实无效的情况下有效。

这样，我们返回到我们的例子中：（1）如果某些人以某种方式、在某种背景下、基于某种意向正在操作一个鸡蛋形的球，那么他们当然是在玩橄榄球游戏。除了这些活动，橄榄球游戏再不需要什么别的活动了。（2）如果橄榄球游戏正在进行中，那么，必定有人以这种方式花费了他们的时间。如果没有玩橄榄球游戏的人，就不可能有橄榄球游戏。然而到目前为止，我们还没有把握依赖性、本体论上的依赖性这个观念，它正是伴生性概念要去把握的观念。因为到目前为止我们只知道，没有某种形式的人的行为，就不可能有橄榄球游戏，而没有橄榄球游戏，也就没有某种形式的人的行

1　我对伴生性的论述，尤其是对衍推（entailment）的涉及，并不是完全没有争议的。关于更多的细节与辩护，请参见Smith, 1993, 第iii节。——原注

为：纯粹对称的局面。依赖性这个关键要素加入了进来，因为它只是与橄榄球相关的人的行为（以及意向、背景等）的某种形式。还有许多与橄榄球游戏的存在无关的其他种类的行为、意向和背景：遛狗，打算戒烟，在舞台上。人们以与橄榄球相关的方式来活动纯属偶然。因此，(3)人的行为、意向、背景等的某些类型能够在与橄榄球相关的所有行为不存在的情况下存在，因而也能够在没有任何橄榄球游戏进行的情况下存在。事实上，人的全部行为可能并不以任何"与橄榄球相关"的行为为特征；因此根据（2），可能根本不存在橄榄球游戏。最后这个条件是十分关键的，因为只有它引入了一种事实对另一种事实的依赖的概念。"橄榄球事实"在本体论上依赖于诸多行为事实，反之却不然，因为在没有任何橄榄球事实的情况下，也能够存在某种行为事实，但是如果没有某些行为事实，就不会有任何种类的橄榄球事实。

现在没有人会为这个主张——橄榄球游戏伴随着人的行为、意向等而产生——而兴奋异常，因为甚至没有人会认为这些游戏涉及所有别的东西。如果有关伴生性的种种主张认为，某种事物"根本不能排除"我们所有人在直观上视为的迥然不同的另外一种事物，那么这些主张在哲学上就会十分有趣，而且富有挑战性。这是胡塞尔对物理实在性所采取的重要一步。因为他相信，上述人的行为、意向和背景与橄榄球游戏之间的关系类似于经验与物理实在性之间所具有的关系。物理事实"根本不能排除"经验事实——关于现实的和可能的经验在意识整体中发生的那些事实：一个乍看起来有违直观、但说起来却并不令人特别震惊的主张。因此胡塞尔需要表明，这个领域满足了我们的伴生性的三个条件。第一个条件——

某些经验事实可以衍推出某些物理事实——体现在我们已经研究过的关于实在性的分析中。把某个对象包含在经验的观念和谐化中，就可以衍推出那个对象的实在性：

> 让我们假定……意识的有关规律性现实地运行着，在普遍的意识过程中并不缺乏一个统一世界的显现以及关于这个世界的合理的理论认识所必需的东西。假定了这一切后，我们现在询问：相应的超越世界并不存在，难道这仍是可设想的而不是有违感觉的吗？
>
> （*Ideas I*，92）

这个问题的反诘本质是无需怀疑的。后来，胡塞尔把下面的评述补充到了比上面的引文略早几页的一段话上："如果［经验的］连续性无限和谐地向前发展，那么物理物必定存在。"（*Ideas I*，86，注释229［在德文版的《附录》44中］）现在不妨思考一下这本书向你的显现。举一个最简单的场景，就你在未来发挥身体作用的所有可能方式而言，如果你未来的经验过程、你未来的经验将要采取的过程以及你过去的经验所采取的过程——即使你的动觉已经有所不同——都没有怀疑你的当前知觉的真实性，因而也没有怀疑这本书当前的实在性；而如果这些事实与关于宇宙中的每个其他意识存在的现实的或可能的经验相符合，那么你的经验（必然）是真实的，这本书也确实存在。这个物理对象的现实实存是由这样一个和谐的经验全体衍推出来的。事实上，我们已经认识到，在考察作为经验对象的物理存在者的地方，这种衍推是以两种方式同时进行的。既然这本书是你的知觉对象，那么只有当你关于它的当前知觉在观念上与你的经验可能采取的、并且已经采取的所有可能过程相和谐，与所有其他意识主体的确实可能的经验相和谐时，它才必然存在。事实上，这个条件对于仅仅是知觉的可能对象的所有物理存在者来说，都是有效的。你刚才并没有把头向左转动40度。但是如果你那样做了，你就会看到一只黄蜂（我们不妨假定）。再次运用关于实在性的相同论述，我们可以得出结论，那个知觉将是真实的，当且仅当它最终与全体意识主体的现实经验过程相一致，与它们的经验可能采取或者已经采取的所有过程相一致。就现实的和可能的经验对象来说，实在性与在经验全体中——这一全体在过去、现在和将来都是可能的——所讨论的诸多经验的观念和谐化相等同。

关于伴生性的第一个条件——先验生活的某种形式可以衍推出某种物理存在者的实存，某种物理对象确实存在——的讨论到此为止。第二个条件是，只有当某种经验事实存在时，一切物理存在者才存在，并且实在地拥有如此这般的特性。再一次地，经验全体对于我们所讨论的所有意识主体来说是确实可能的。正是在这个阶段，我们所谓的胡塞尔的"观念证实主义"（ideal verificaitonism）开始发挥作用。原则上讲，一切都是可经验的："不可知物是不能存在的；实存就是可知性。"（*Int Ⅲ*，370）此外，"任何存在于现实中但并未被实显地经验的东西都能够凭借其本质而成为被给予物"（*Ideas I*，89）。任何现世存在者事实上都在"自身中"，就其即使不被现实地感知，但仍然能够存在而言；但是"它本来能够被感知，或者能被感知"适用于一切这样的存在者（*Int II*，453）。

简言之，"所有事物都是可能知觉的对象"（*Int II*，441）。胡塞尔认为，其他事物都是不可思议的。[1]虽然一个彻底不能被意识到的存在者"在逻辑上"并不是"不可能的"，因为它并不包含什么"形式矛盾"，但它在"本质上是悖谬的"（*Ideas I*，第48节）。[2]我们已经看到，对于胡塞尔来说，经验的可能对象的实在性实际上意味着拥有某些经验事实：它们最终不可被抹消地包含在经验的全部和谐化之中。由于当前的主张，即一切存在者都是经验的可能对象，那个论点现在延伸开来，涵盖了所有这样的存在者。因此，不仅观念上的可和谐经验可以衍推出作为可能经验之对象的某些物理存在者的实在性，而且每个物理存在者的实在性也可以衍推出这种观念的和谐化。正如先前所举的橄榄球游戏的例子，在有关伴生性的这前两个条件就绪之后，我们就拥有了一种相互衍推（mutual entailment）。在当前的例子中，这种相互衍推存在于物理存在者（所有物理存在者）与关于所有单子的经验之间，这些单子以某种确定的方式最终地处于和谐之中。正如胡塞尔所表述的："如果A存在……那么关于A的合法认知就必定可能。反过来讲：如果A不存在，那么关于它的合法认知就是不可能的。"（B IV 6，6b）

---

1 我也许应该提到，胡塞尔有时确实承认一种对可经验性的绝对限制。譬如，他写到了"原则上的'不可表现'者：无意识，死亡和诞生"（A VII 17, 5a）。——原注

2 我并不完全确定胡塞尔这句话的意思，不过也许他是这样想的。我们要么把某种最低限度的内容赋予这个"对象"，要么不这样做。如果我们这样做了，它就有了必须涉及可能经验才可得到解释的意义。如果我们不这样做，那么黑格尔的观点就适用了：**完全**不定的存在实际上等于非存在——等于无。——原注

伴生性的第三个也是最后一个条件所关注的是物理实在性的偶然性，这仅仅是就某一范围的经验事实而言的。这个条件是有效的，因为意识有可能以这样一种方式流动，以至于它在观念上并不是可和谐的。换句话说，第三个条件是由使所有这些沉思得以进行的"笛卡尔式的思想"的可能真理所提供的，虽然现在它被应用于进行经验的意识全体。如果意识经验不能现实地维持这种观念的和谐——按照前两个条件，这种和谐对于任何物理存在者的实存来说都是必需的——那么，这样的物理存在者就不会存在："世界实际上什么都不是的这种可能性意味着一个观念：趋向无限的不和谐的观念。"（*EP II*，392）虽然在我们的现实经验中，我们发现并且不断地追求合理的联系，但是这里并没有什么本质的必然性："由事实实现的合理性并不是本质所要求的合理性。"（*Ideas I*，110）因此，胡塞尔的诸前提提供了所有这三个条件，它们对于表明物理实在性对经验事实的伴生性，因而表明物理实在论的错误是必需的。

所有客观存在与所有真理都在先验主体性中有其存在的依据……客观物并不有别于现实的与潜在的意向性的综合统一体——它属于先验主体性的本真本质这个综合统一体与先验本我所构成的普遍共同体——它把我与他人沟通起来——是相互关联的。那就是说，作为其本己本质的一部分，它是这个共同体的诸多意向性的综合统一体。

（*FTL*，242，译文有改动）

理论科学与生活世界

通过引入交互主体性的视角，虽然前面关于观念论的论证的第一个前提——胡塞尔关于实在性的分析——获得了相当大的合理性，但是人们可能还是会认为，第二个前提——胡塞尔的观念证实主义——却实在难以令人信服。这种证实主义主张，任何存在物（或者，至少存在于我们的世界中的任何事物）在原则上都是可经验的，甚至是"原初地"可经验的。但是，那些只是因为过于微小而不能被感知到的原子或亚原子微粒又该做何解释呢？或者像太阳的核心这种任何感知者都不可能存在的环境？或者像磁场和超声波这些我们在感觉上不能与之相协调的现象？或者位于宇宙的遥不可及地带的那些事物？这些不同的事例提出了不同的问题；但是胡塞尔认为，如果把充分的交互主体向度牢记于心，那么明显在此处涉及的某些问题就至少会得到改善。因为为了使某物在原则上是可经验的，并不需要它是可以被我所经验到的，甚至不需要它是其他人可经验到的。在胡塞尔的哲学中发挥作用的原则上的可经验性（experience-ability-in-principle）是与广大的（可能是无限的）先验主体性——这种主体性已经在多种不同的生活形式中把自身对象化，并且有可能在无限的他人中把自身对象化——全体中的所有单子根本相关的。胡塞尔坦率地承认，"显然，存在着不能在任何人的经验中所明确证明的物理物及其所构成的世界；但是它们在这样的经验的事实界限内有纯粹的事实基础"（*Ideas I*，91；试比较该书，84—85）。由于这些界限，我们虽然不可能知道世界中的一切事物，但是胡塞尔坚持认为，这仅仅意味着"更高级的精神是可以设想的，它能够依据基础来认识我们所不能认识的东西。那根本不是空洞的可能性。因为我们知道存在着无限多的不可知物"（B Ⅳ 6，71b）。此外，在关于某个情景——我们在其中就某种任何人都不可感知的物理事态的实存进行推论——的讨论中，胡塞尔写道，"如果未知的原因根本存在，那么它必须在本质上是可知觉的、可经验的，即使不是被我们，那也是被比我们目光更敏锐、视野更开阔的其他自我所知觉和经验"（*Ideas I*，98）。要解决磁场和超声波的问题，我们最好补充一句"以不寻常的方式来观看（和聆听，甚至是一般的感知）的其他自我"。而且，胡塞尔并不需要此刻现实地存在着具有这些更高的或者不寻常的知觉能力的造物，他只需要这些造物能够在原则上存在。因为胡塞尔有几次强调了意识在其中发现自己得以体现的特殊有机体形式的偶然性（譬如，D 3，20）。因此，存在着大量不可想象的可以经验物理世界的可能的生命形式。确实，胡塞尔在一些段落中谈到，在原则上讲，任何物理实在性对于任何主体以及每一个现实主体来说都是可经验的（譬如，*Ideas I*，90；B Ⅳ 6，186）。然而，这不能意味着，基于其现实的身体状态，任何这样的主体都能够经验到任意的物理事态，而只是说，据我的理解，任何这样的主体都可以在机体上发生改变，从而能够享受适宜的知觉。譬如，在讨论知觉太阳内部的可能性的两段话中，胡塞尔谈到了这种可能性，即我们的身体以某种方式发生了改变，以至于强烈的物理刺激可以使那一环境向我们显现（B I 4，26；B II 2，15）。类似的思考也能够被用来解决那些如此微小以至于我们不能看到的诸多存在者的实存。（此处有人会想起洛克［Locke］的思想，即我们可以配备"显微眼睛"。）

但是，甚至在原则上讲，难道任何可能的肉体化的意识主体能够知觉到光子乃至太阳的中心吗？胡塞尔本人认识到了先前方法的局限性："我们完全可以感觉到，当我们谈到事物如何可能会在光球层之下'显现'于太阳之上或之中的时候；谈到异常的高温如何被感觉到的时候；等等，这些只是纯粹的建构。"（B II 2，16a—b）他谈到原子时说，它们不能在任何可能的经验中显示自身（A VII 17，11）。当我们设想这些事物时，我们恰恰是在想象它们：在进行想象的、"仿佛"的建构，这些建构对于理论思想来说仅仅是说明性的。我们这里所论述的是"符号—类比表象"（symbolic-analogical representations），"'被发明'的感觉"（B II 2，15a）。当然，这些想象的建构并不是纯粹的幻想。它们能够按照自己的方式，通过借助某种科学理论与我们关于世界的现实经验相联系而得到证实（A VII 17，7—8）。然而，我们绝不能假定，我们可能正在想象事物是如何"确实不存在于那里的"。因为想象某物就是表现它将如何显现；在所有表象都不可能的背景之下，这"将"不能实现。但是如果确实还存在着像太阳的中心、光子这样的东西，那么胡塞尔应该如何说明它们呢？我认为有两句话表明了他的慎重立场。第一句话是关于这一结果的，即关于某些对象的间接经验是我们可能需要的一切："诸多对象的实存可能会预设显现的实存，但是每个对象的实存并不以知觉显现的方式预设……与该对象本身相关的一个显现。"（B Ⅱ 2，11b）第二句话是关于我们刚才一直在思考的理论上被激发起来的、想象的仿佛建构。胡塞尔在谈到它们时说，它们创立了"特殊的科学成就"（A Ⅶ 17，10b）。他继续说道，我们必须澄清这些表象与我们关于世界的现实经验之间的动机关系，从而使理论科学的活动对于我们来说是可理解的。第一句话所提到的间接经验很可能是那些把我们关于世界的直接经验与科学理论的假定连接起来的经验。因此，胡塞尔的观念证实主义的最终检验就是科学认识的本质。虽然胡塞尔并没在《笛卡尔式的沉思》中讨论这个话题，但他确实提到了"生活世界"（165）；事实上，我们现在所思考的问题就涉及他的这个极其重要的概念。一切存在者与环境之所以在原则上似乎是不可知觉的，恰恰是由于它们的被某种理论所设定的不可感知性。因此，我们需要考察逐渐达到这种理论化的意义。胡塞尔认为，恰恰是生活世界包含着任何这种理论化的所有意味根源。理论科学家的断言需要通过把他们的行为返身与生活世界——这种行为源于生活世界，并凭借其意味返身指向生活世界——联系起来而加以理解。

1917年前后，胡塞尔在阐释物理科学与人文科学（德国人称之为"Geisteswissenschaften"：关于人类"精神"的科学）关系的尝试中首次使用了"生活世界"一词。这个任务是《观念Ⅱ》一书的主题，胡塞尔介绍"生活世界"一词的手稿可以在那里找到（譬如，补遗Ⅷ）。生活世界——与胡塞尔谈到的"周围世界"（160）

其实是相同的——是"我们在前科学与科学之外的生活中经验到的诸多事物所构成的时空世界"（*Crisis*, 141［138］）。它不仅是感性的可知觉对象所构成的世界，而且是或多或少有价值的对象、美丽的对象、危险的对象所构成的世界。它是涵盖其一切丰富性的世界，因为它与我们关于它的日常意识以及我们包含于其中相符合。当我们开始从这个丰富的、可直接直观的领域进行抽象时，理论科学就开始发挥作用了。在对客观性的兴趣中，世界被剥去了所有价值以及与我们的情感生活相关的其他述谓。诸如颜色、温暖等感性的性质也被抛到了一边，因为这些都依赖于我们感官的主体构造。因为我们能够轻松地设想一些造物，它们能够像我们一样知觉到相同的物理对象，但是它们却不能在这些对象的颜色、滋味、气味等方面与我们达成一致，或者更彻底地讲，它们甚至不能明白我们对这些性质的指称：

> 如果诸感官能够使共同的理解成为可能，并且把共同的本质构造为显现的本质，那么它们也可以是完全不同的。但是从原则上讲，主体不能对所有感官都视若无睹，结果同时对空间、运动以及能量也视若无睹。否则将不会有诸多事物所构成的、为主体而存在的世界……自然是一个交互主体的实在性，它并不仅仅是为我、为我当下的同伴的实在性，而是为我们、为能够与我们打交道，能够和我们就事物以及他人达成共识的每个人的实在性。

（*Ideas II*, 86）

因此，最终留给我们的一切就是一个空间时间的多重的因果特性。除了这种抽象，理论科学家还从事着各种各样的观念化活动。物理学家会谈到绝对笔直的线，以此来代替我们能够在绷紧的绳子中知觉到的那种笔直性，就仿佛他将处于绝对同时发生的事件中一样。最后，科学家将把事物的因果特性视为绝对地可以计量的，从而他或她能够按照其"自然法则"来掌握这些特性之间的数学上的精确函数关系。形形色色的"理论存在者"被引介为这些特性的载体。因此，理论上被假定的存在者和事态——我们一直认为它们对胡塞尔的观念证实主义造成了问题——并不仅仅是因为它们难以理解而不能被知觉到。相反，它们以这样一种抽象的、观念化的方式得到规定，以至于所有关于如其所是来知觉它们的谈论都缺乏任何意义。

正如我们所知道的，胡塞尔相信，如果我们想要理解实证科学的"意义"，那么我们必须要对它加以回溯，来看看它是如何作为先验主体性的成就而出现的——因为任何事物都必须通过这种方式来得到澄清。然而，他日益感到把我们引向我们所视为的中间还原（intermediate reduction）的重要性：并不是说一举把理论科学直接回溯到先验生活，而是说，最初先把理论科学回溯到它所论及的普通的"自然的"生活以及日常世界。虽然这不是终极地令人满意的，因为它并不是先验的，但是胡塞尔认为，通过考察物理科学如何与我们日常的、非理论性地与世界打交道发生关系，并且从中产生，我们就可以更好地理解它的本质。因为胡塞尔对科学始终不疑的一点是，科学的终极主题就是日常经验的世界："这个物理物——［科学家］观察它，用它来做实验，他反复看着它，拿在手中，放在天平上或熔炉中：正是那个物理物，而不是别的，成为物理学中诸谓词的主词。"（*Ideas I*，100）当物理学家们谈到电阻、电子壳层等时，他们并不是谈论有别于日常经验的诸多可知觉对象的东西。相反，他们在引介一组新颖的关于我们已然熟稔于心的事物的"规定性"或特性：

> 同一物理物［因为我们可能知觉到它］的许多因果性质——作为因果性质——在有关的种种已知性质的现象依赖关系中使自身得到认识……根据所有这一切，显然，甚至是把物理物描绘为由物理学所规定的高层次的超越性，也并不意味着超越了意识世界。
>
> （同上）

因此，为了得到澄清，科学陈述所具有的意义必须与被经验到的、为科学世界奠基的生活世界相联系。说日常经验世界为理论科学所勾勒的世界奠基，并不仅仅是说，要使后者成为可能，那么前者就不可或缺；也不仅仅是说后者是任选的，而前者却是不可避免的——虽然这两点都是正确的。因为另外两点也同样是正确的。首先，我们的科学理论建构以这样一种方式寄寓在日常经验之上，以至于只有当日常经验世界具有存在的有效性时，这些理论所描绘的世界才能够具有"存在的有效性"，即才能被合理地设定（因而最终能够存在），否则我们就应该在认识上锯掉我们所讨论的分支。其次，由于理论科学所涉及的存在者事实上从不能在直接经验中被给予，因此它们的意义需要以其他某种方式被解释和奠定。如果这种意义最终不是空洞的，那么它必须与可直观的、前科学的世界相联系。

胡塞尔谈到了有关理论科学的两类内容，这二者起初似乎处于某种相互的张力之中。一方面，在一些章节中，胡塞尔似乎以这样的一种方式把理论建构与日常经验世界联系了起来，以至于达到了工具主义（instrumentalism）的形式：也就是说，科学的理论假设仅仅具有促进发表关于日常世界将如何被经验的那些预见的作用，它们的意义和存在被这种推理作用所穷尽。譬如，他能够说，数理物理学是覆盖在直接经验世界上的观念的外衣，而科学实在论者却误把"实际上只是方法的东西当作了真正的存在"；他们"偷偷摸摸地用数学方式所奠定的观念世界代替了唯一实在的世界，即现实地通过知觉而被给予的，总是被经验到的并且可以经验到的那个世界——我们的日常生活世界"。这种方法或"技术"所取得的成就"仅仅是扩展到无限的预见"，它涉及"无限地改进那些在现实地被经验到的东西内部原初唯一可能的粗糙的预见"（皆出自 *Crisis*，第9节h和 *EJ*，第10节）。或者，正如他在别的地方所说的，"自然科学中的物理物只有一个形式本质；它只有其公式，至于其他的，按照这个公式，其本质就是，它是一个'关于所有人'的无限多显现的被调节的意向统一体"（*Ideas II*，376）。

甚至对于必然不可知觉的理论存在者，胡塞尔也没有放弃他的基本主张，一切意义和意味最终在自身给予的直观中被构造。他写道，"毫无例外，任何意识要么本身已然具有自明性（就是说，它原初是自身给予其意向对象的）的特征，要么可以转化为自身给予对象的意识"（93）。但是有人可能会问，我关于光子的思想如何能够这样转化呢？要解答这个问题，我们需要回想起，"直观的"、自身给予的行为并不局限于感官知觉（譬如，正如我们在第三章所看到的，还存在着范畴直观和本质直观）。在抽象思想的领域内，我们需要区分"真正的"思维与"不真的"思维，这一点十分重要。所有的思维都必须与经验相关；但是这种相关性或许可以在高度的理论层次上得到调和。只要存在这种相关性，真正的思维就需要理解那种调和。譬如，在胡塞尔最晚期的一些文章中，有一篇研究了几何学必须由以从生活世界中产生的那种方式（*Crisis* "附录" 3［6］）。"构建"几何学的古希腊人对于他们的几何学观念化的意义植根于粗糙的、现成的日常实践——如测量事物、比较形状和大小等——的方式有着深刻的洞察。从那时起，几何学就开始"积淀下来"，并且转变成一种纯粹的技术，我们在运用它时并不需要理解其"原初的""真正的"意义。物理学的诸多理论存在者的情况也是类似的；现象学必须解释"哲学—科学的实现自律的努力是如何堕落为方法上的技术操作的，它是如何陷入一种次要的、盲目的冲动行为的"（E Ⅲ 4，10a-b）。恰恰在理解我们的实验实践——它们总是被指向了"生活世界"中的可知觉到的事件——所涉及的有关诸如光子这些东西的话题的作用中，我们才真正地与它们发生了联系。因为它们是"思想对象"，它们并不在感官知觉中被给予。然而，它们在胡塞尔所谓的"洞见"中被给予。洞见是一种涉及（狭义的）理性运作的理智行为，它在本质上是"理性设定与本质上为其动机的设定的统一体"（*Ideas* Ⅰ，284，译文有改动）。一个（被有效设定）的理论存在者是一个"einsichtige Vernunftsgegebenheit"，即通过洞见而被给予理性的某种东西（*Ideas I*，101）。这个理论存在者之设定的动机是实验的结果，或者是这些实验结果的正当期望：

> 物理学思维在自然经验（或者由它导致的自然假定）所奠定的基础上建立自身。按照经验关联体所提供的理性动机，必定会产生某些概念样式，某些理性所需的意向建构，也会产生它们借以达到感性被经验物的理论规定性。
>
> （*Ideas I*，100）

要想全面地理解关于光子的设定是如何以这样一种方式被引发起来的，就要使光子原初地被给予你。而且，与胡塞尔关于有意义性（meaningfulness）的一般主张一致，这是对你而言"光子"所能具有的一切意义的落脚之处。胡塞尔当然认识到了科学可以导致关于真正的经验实在性的发现，并且以海王星的发现作为例证。然而，这"本质上不同于那样一种在以物理学特有的方式来决定被经验到的物理物的意义上的阐释，不同于通过诸如原子、离子等这类物理科学的手段所进行的阐释"（*Ideas I*，98）。当然，关键的差别在于，像海王星这样的事物在原则上是可知觉的。因此胡塞尔拒斥任何人诉诸光子、离子等来反对他的立场；因为他会向其对手提出一种两难境地。要么这些事物在原则上是可经验的（胡塞尔的意思是，这些事物可以被所有那些我们可能与之交流，可能与之处于某种体现之中的自我所经验到）；在这种情况下，胡塞尔的设定没有问题。要么这些事物甚至在原则上也是不可知觉的；但是那样的话，如果人们认为关于它们的谈论涉及了我们的世界中的特殊的、不可达到的存在者时，那么这些谈论就会遭到误解。因为正是感官知觉以及它的侧显和它对动觉和感觉内容的功能性依赖，才决定了"物理对象"对我们所可能具有的意义："如果任何事物违反了那个意义，那么在该词最严格的意义上讲，它是悖谬的。"（*Ideas I*，98）当我们谈到原子或光子的时候，我们几乎不可避免地把它们想象成非常非常微小的弹球或光点。然而如果它们确实与之相似，那么它们在原则上就是可知觉的（"如果不是被我们知觉，那么……"），因为在自身给予的直观中，想象作为"非原初"的经验样式在本质上指向了可能的充实。另一方面，如果这些想象完全不适宜，或者仅仅承担着关于理论概念的入门功能，那么，这些理论概念也只是罩在生活世界之上的、对该生活世界中的可经验的东西做出预示的"观念的外衣"。

另一方面，胡塞尔反复说，理论的、数学的、科学的任务是努力探寻物理世界的真理——比生活世界的真理更加"真实"的真理。如果我们对那种可普遍接受的、可被正当辩护的知识——我们可以想起，在导论中胡塞尔对这种知识最为珍视——感兴趣的话，那么科学知识可以不费吹灰之力就把日常知识击得一败涂地。唯有理论科学可以给予我们世界的真正客观的图景。因为一方面，并不仅仅存在一个生活世界，而是存在着几个生活世界，它们与不仅可能而且现实的不同文化或"生活形式"相符合。在《笛卡尔式的沉思》中，胡塞尔简短地谈到了不同共同体所具有的周围世界，以及这些共同体的受到限制的客观性——它是由一个共同体到另一个共同体所具有的有限可通达性造成的（160）。在别的地方，他甚至表达得更加明确："我们并没有和所有人共享同一个生活世界。并不是'世界中'的所有人和我们一样拥有那些构成我们的生活世界的一切对象。"（*PP*，496）胡塞尔确实强调，所有这些生活世界都将拥有由知觉经验——当然，这些生活世界都建立在它的基础之上——的本质所决定的共同的结构核心（160）。譬如，所有这些世界将在一个无限的空间领域中包含或多或少持久存在的物质对象。但是甚至这个共同的核心——由于它是经验的对象——也会拥有在意向对象上与经验的形形色色的感觉特征相符合的形形色色的"第二性质"；正如我已经提到过的，所有这些性质最终都不会具有客观性，因为我们可以轻松地想象那些与我们的感官迥然不同的种种存在：

> 什么地方都没有作为直观真理的最终真理，也没有必须作为所有可思想存在之最终规范的直观的、描述的世界……没有一个人、没有一个种类能够先天地说，在其经验体系中，他们拥有所有物理性质都可以表现于其中的最佳经验。
>
> （*Int II*，134—135）

因此，除去所有相关的规定性，关于胡塞尔所谓的"物理主义者的物"的理论认识在我们对客观真理的探求中被强加于我们身上：

> 当我们被抛入一个陌生的交往圈子中时，如刚果的黑人或中国的农民等的交往圈子中时，我们发现他们的真理、他们所接受的一般已被证明的或可证明的事实，与我们的根本

不同。但是如果我们提出对所有主体都绝对有效的关于对象之真理的目标……那么我们就行进在客观科学的道路上。当我们提出这个客观性目标时（关于"真理本身"的目标），我们就制定了一套假说，凭借着这套假说我们超越了纯粹的生活世界。

（*Crisis*，141—142［139］，译文有改动）

由于理论科学恰恰是从主体与它们的生活世界之间的"主观的"、偶然的差异那里抽象出来的，因此，胡塞尔才能够说，"一般来说，自然的合理性在于这个事实——一门关于自然的数学科学是可能的"（B Ⅱ 2，23b）。相比之下，他甚至能够发展到说，就我们"以动物的方式被动地生活"而言，生活世界是为我们而构造的（*Ideas Ⅱ*，99）。

因此，一方面，我们拥有作为"唯一实在的世界"的生活世界，作为"观念的外衣"的物理世界以及被误以为是某种实在性的一种方法；而另一方面，我们又拥有关于自然的唯一客观的、指向理性和"真理本身"的物理世界。现在，似乎胡塞尔对这个问题的想法发生了动摇，或者说得到了完善；但是他的话并不存在必然的矛盾。如果胡塞尔是某种物理实在论者，那么还有可能出现矛盾。因为一种实在论者会主张，经验的（empirical）、被经验到（experienced）的世界是绝对实在的，科学理论只是预见可经验的实在性的"有益虚构"。另一种实在论者会主张，唯有科学理论有希望描绘出物理世界本身，现象世界只是这个真正实在性的"显现"。然而，胡塞尔认为，只有先验单子才最终存在，所有物理对象——坚实的椅子和能量波——只是关于经验的观念的同一性极。因而，他才能够把科学陈述与日常陈述这二者都看成是正确的，看成是与实在性相关的（譬如，参见 *Ideas II*，179—180）。即使说，要想谈论离子和光子就是要熟练使用"观念的外衣"，这些观念也可能是正确的。对于胡塞尔来说，唯一的问题就是去理解它们在其中得以正确的那种意义。因为我们不妨回想一下，在形成他们的"建构"的过程中，物理学家们"遵循着理性的动机"，履行着"理性的要求"（*Ideas I*，100）。因而，根据胡塞尔关于实在性的论述，这些存在者是实在的，或者至少在被证伪之前必须被看作是实在的。然而我应该提到，胡塞尔偶尔也能够质疑对所有主体都有效的确定的客观真理的"观念"——它驱动了科学精神。他在某一处说，也许自然"本身"的观念只具有那种在任何特殊的生活世界中所发现的"相对有效性"（*Int II*，293，注释 I），而不是等同于那个世界——这个世界在单子全体中被所有的经验可能性独一无二地挑选出来——的有效性。他在别的地方写道，"对我们来说，没有固定不变的世界，虽然一个具有其所有模糊的主体视域以及交互主体视域的、与我们的世界不同的世界对于我们来说是毫无意义的"（*Int III*，212）。事实上，胡塞尔忠告说，我们不应该过度沉醉于指导理论科学家的普遍客观性和精确性：

> 市场里的商人有其市场真理。在它所立足的关系中，难道他的真理不是很好的、甚至是每个商人都可以使用的最好的真理吗？难道仅仅因为专注于某种不同的相对性，并且依据别的目的和观念来进行判断的科学家寻求别的真理——凭

借这些真理，大量的事情能够进行，但是唯独市场里的事情不能进行，就说它是一个伪真理？现在人们已经被理想的、调节的观念和"精确"科学的方法搞得晕头转向了，尤其是在哲学与逻辑中——就仿佛这些科学的本质实际上是诸对象的存在以及真理的绝对规范。

（*FTL*，245，译文有改动）

因此，正如我们在导论中所看到的，在探求真正的科学与被充分奠定的知识（epistépi）的过程中，虽然胡塞尔本人与原初的希腊哲学的冲动结成同盟以拒斥一切纯粹的意见（"doxa"），但是先验现象学最终作为"一门独特的科学"出现了，"……因为它所关注的是遭到蔑视的意见，而现在意见突然要求其作为科学、作为知识的基础的尊严了"（*Crisis*，158［155—156］）。

胡塞尔的形而上学

胡塞尔的形而上学是很少为评论家所提起的话题。这一点不足为奇。作为现象学的创始人，胡塞尔为我们所关注的主要主张是，现象学本身是构造的、发生学的分析，而不是形而上学。然而，胡塞尔怀有一幅世界的形而上学图景，而且他相信这幅图景是根据先验现象学的方法得来的，这些都是不可忽视的。(《笛卡尔式的沉思》的第60节的标题谈到了现象学分析的"形而上学结果")因此，我将通过简要概括胡塞尔所视为的终极实在性来结束本章，因为有关终极实在性的一些重要方面我们还尚未提及。

在哲学史上，与胡塞尔的形而上学关系最为密切的要属莱布尼茨（Leibniz）的形而上学了。莱布尼茨认为，世界最终仅仅是由无限多的"单子"——或多或少基本的心灵——构成的，它们独立地生活，同时又因为上帝的安排而相互处于和谐之中。胡塞尔把一个先验自我及其具体的先验生活称为一个"单子"，这并不是没有理由的。事实上，他在《笛卡尔式的沉思》中谈到了他那"刻意的莱布尼茨形而上学的痕迹"（176）。确实，胡塞尔先前就在本书中驳斥了人们对他的那一谴责，即他在最后一篇沉思中仅仅通过"一种未被认可的形而上学，一种对莱布尼茨传统的隐蔽采纳"而避免了唯我论（174）。然而，胡塞尔认为，这种谴责之所以站不住脚，并不是因为他本人的最终设定没有能够明显地与莱布尼茨之设定的特征相符合（否则，何必说"刻意的痕迹"呢？）而是因为他的设定不仅仅是一门"被采纳"的形而上学，而且是"纯粹从对在先验还原中所敞开的先验经验所作的现象学阐释中得出其内容的"（176—177）。胡塞尔相信，我们已经在现象学上获得了莱布尼茨的形而上学。事实上，他在别的地方说，"现象学导致了莱布尼茨在天才的概论中所预见到的单子论"（*EP II*，190）。他也能够提出一个真正的问题，莱布尼茨的明确主张——存在着无限多的单子，单子具有无限的层级，从而与物理实在的（最终：在本体论上支撑着）日益基础的层次相对应，这种对应一直达到最基本的微粒是否是正确的（*Int III*，609）。这二者之间的广泛一致仅仅由于胡塞尔在有一点上坚决背离了莱布尼茨而得到强调，即单子"具有窗户"（譬如，*Int II*，260），"移情"的窗户——这是下一篇也是最后一篇沉思的主题。换句话说，这并不足以说，世界是由于多样的单子以一种和谐的方式过着单独的、私密的生活而被构造出来的。对于胡塞尔来说，单子之间是相互交流的。虽然，最终当然不会存在什么物理因果性，因为这种因果性，甚至一切物理物都只是意识的观念相关项，但是物理世界的本体论上的支撑者预设了介于相互"指向"的单子之间的先验"因果性"（*Int II*，266—268）。我们将不得不等待最后一篇沉思的到来，以便了解这种单子间的因果性到底意味着什么。

因而简单地讲，这里所考察的是，在胡塞尔看来事物是如何最终有效的。存在着许许多多的意识主体。正如我们在第二章所看到的，每个这样的主体都没有起点，没有终点，它的主体生活是连续不断的。事实上，每个这样的主体在本质上是"绝对的"意识之"流"，是"持续流动的现在"，时间本身在其中被构造出来，"超时间"本身亦在其中被构造出来。存在着"一种持续的、原初的生动性（原现在，它并不是时间的一个样式），单子全体的生动性。这种原现在就是绝对本身；所有时间和世界的每种意义都'存在'于其中"（*Int Ⅲ*，668）。因此把纯粹意识定位于时间之中，这最终是毫无意义的：

> 先于一切意识的时间只能意味着一种没有任何生物存在于其中的时间。它具有一定意义。但是只有时间而没有绝对的意识，那则是毫无意义的。绝对意识"先于"客观时间，它是构造无限时间以及在时间中无限延展的世界的非时间的基础。
>
> （*Int Ⅰ*，16）

然而，由于被动综合的所有最基本的过程，绝对意识把自身时间化了，从而被构造为具有一段历史的意识。正如我们在第二章关于时间的一节中所看到的，这段历史被无限地延伸到了过去与将来之中。然而在这段无限的时间中，没有一个单子是"清醒的"。每个单子最初都是"沉睡的"，或者"迟钝的"（dumpf），或者借用莱布尼茨的术语——"内卷的"（involuted）（譬如，B Ⅱ 2，

14）。典型的是，它然后"清醒"过来——这意味着它开始受到质素的激发——在有限的一段时间内，它开始过"有意识的"生活，正是在这种生活中，世界被构造了出来，它亦把自己对象化为那个世界的一部分。这种自我俗世化的核心方面就是，在这个时期，单子拥有身体。因为质素引起的激发所产生的努力必然包含动觉，而动觉在任何情况下对于世界——它由"高于"主体且与主体"相对立"的客体所构成——的构造都是必需的。事实上，胡塞尔谈到，质素所引起的激发肇始之际，正是单子获得身体之时（B Ⅱ 2，14；16）。由于感觉材料与动觉相互联系的方式，"自然的构造……一开始就与身体的构造难解难分、相互纠缠"（C 17 Ⅱ，45b）。因此，要想成为世界的知觉者，就必须被身体化，这是现象学的必然性（譬如，*ST*，154，160，176；*Ideas Ⅱ*，第18节a；*APS*，13—15）。在这个阶段之后，单子又返回到了内卷的状态——一种先验层次的转变，它与经验的、被构造层次的有机体的死亡相对应（B Ⅳ 6，16）。虽然胡塞尔在某一处谈到，原初沉睡的单子应该是清醒的，这并没有本质的必然性——虽然清醒的可能性是一种本质的可能性（*Ideas Ⅱ*，108）——但是，他在别的地方谈到，这些单子不能永远处于这种情形下——因为那样的话，它们将是不可知的，在原则上讲，没有什么东西是不可知的（*Int Ⅱ*，157）。事实上，虽然这里并没有"本质的必然性"——源于意识的纯粹本质的必然性，但是胡塞尔最终还是在绝对意识的目的论的发展中看到了一种必然性，或者至少是一种非偶然性。因为清醒的诸单子处于各种各样的发展阶段中，这是由在其意识生活中所发现的较强或较弱的复杂性所决定的，也是由因而在它们之中得到构造的或多或少复杂的对象所决定的。并不是所有这些单子都达到了我们在那些自我——它们已然在世界中被构造为人——中所发现的人的水平。在我们之下还有非人类的动物，它们在通常意义上也是"有意识的"，因而与清醒的诸单子相对应——这种对应至少可以一直向下推延到水母（B Ⅳ 6，44）。事实上，在很多情况下，胡塞尔并不是把单子的清醒与"有意识的"生活的开端相互联系起来的，而是更加广泛地把它与生命本身的开端——有机自然整体的进化相互联系起来（譬如，B Ⅱ 2，12）。也可能存在着比人类单子发展得更加高级的单子。在这里，胡塞尔不仅觉察到了一种等级层次，而且还觉察到了意识从较低层次向较高层次的发展。并不是在每一处都必然存在着达到了人格层次的自我，但是在朝向那个层次的单子生活中却存在着必然的发展（*Int Ⅱ*，130—136）。沉睡的单子被包含在这一进化过程之中。因为不仅每个单子最初都是沉睡的，而且还有一段所有单子都处于沉睡中的时期，这个时期是交互单子共同体的前提，它与有机生命在世界中出现之前的那段时期相对应。绝对意识由于在那一时刻存在，因而才从这样一个完全内卷的情境中进化开来（譬如，B Ⅱ 2，14）。

在生命出现之前的这个阶段，对胡塞尔来说，物理世界的情况在某种程度上是个问题。因为我们有一切理由相信，在动物生命产生之前，进而在通常意义上的"有意识的"生命产生之前，存在过一个物理世界。胡塞尔坚定地认为，否定地质学的发现将是十分荒唐的。但是那样的话，在本体论上支撑这个世界的绝对意识之中的那些过程又是什么呢？胡塞尔反对下面这种观点，即作为先验单子的我们的过去仅仅是现在的经验作为动机而引发的"必然建构"

（BⅡ2，11—12）。但是，难道物理世界的过去仅仅是这样一种追忆性的建构吗？在通常情况下，胡塞尔也拒绝这种提法，而是认为，一个物理世界在方方面面都需要绝对意识的"同期"的先验构造。然而，在有机生命出现之前的那段时间，所有的先验意识都处于"沉睡"之中。因此，胡塞尔得出结论，世界的这一早期状态与全体沉睡单子的规范相对应（BⅡ2，12；16）。事实上，胡塞尔有一次甚至就当前世界的构造而提及世界的早期状态，他说这涉及"诸多清醒的单子，同时也涉及那些尚未被唤醒、仍受法则所支配的单子"（BⅡ2，12b）。然而，这在某种程度上就提出了一个问题，因为我们已然在第二章中看到了那种完全单调的主体生活——胡塞尔认为这些内卷的单子将拥有此种生活。因此，我们就很难理解，在某个久远的地质时期，这些单子如何能够在那个时候依靠自身而构造出了现实的世界。一个在那时现实的物理世界能够还原为它们之中的什么样的"意识联系"？胡塞尔在下面这段话中所深思的就是这个一般性问题：

> 根据观念论，主体的存在——它承载着与事物的构造相符合的和谐的经验规范——与事物本身的存在以及它们所构成的世界的存在是等同的。事物的构造仅仅是潜在的。但是那是何种潜在性呢？意识过程并不是任意的，而是甚至在它还没有现实地进行构造的时候（在此，并没有什么关于事物的现实统觉得到了发展）就已经由自然的存在预先勾勒出来了。但是由于这种东西是完全迟钝的意识，它是如何可能的？
>
> （BⅣ6，5a-b）

胡塞尔在某一处说，沉睡的单子处于相互的"本能交流"之中（*Int* Ⅲ，609）。但那同样是令人费解的。问题并不仅仅在于完全"迟钝的"、内卷的单子没有任何差异；因为事实并非如此。内卷的单子拥有各种各样的"先验倾向"（B Ⅳ 6，87）。这应该不会令人奇怪，因为正如我们在前一章所看到的，我们具有许多天赋的趋向和倾向来认识世界。不同的造物具有迥然不同的天赋倾向。譬如，我对世界的认识在方式上完全不同于一只新生的青蛙所倾向的方式。正如胡塞尔所表述的，"每个有机存在都是新的诸多有机存在的'产生者'，而这些新的有机存在又很快（或者在迅速地发展中）上升到了作为父母的（清晰性的）相同层次"（B Ⅱ 2，12b）。这样，我们就能够认识到沉睡的单子在其中被赋予不同倾向的所有方式。事实上，每个沉睡的单子都必须与其他每个单子具有不同的倾向，否则的话，我们就没有办法来区别它们（B Ⅳ 6，15—16）。当然，真正的问题在于去理解，什么样的变化能够在规范所支配的沉睡的单子之中发生。我能想到的唯一可能性就是，这些变化应该存在于诸单子的尚未运用的"先验倾向"之中。胡塞尔的确认为，当我们死了，虽然我们会陷入一种"绝对的睡眠"之中，但是我们仍将保留来自我们清醒生活的一份"遗产"，并将仍然以某种方式在单子全体中发挥作用（同上）。在别的地方，虽然用了类似的口吻，但胡塞尔却以更加保留的方式表达了自己的想法：虽然"已故的"单子并没有现实地"发挥作用"（fungieren），但它"在作用上是存在的"（funktionell-seiend）。虽然在某种意义上讲，它是"非存在"，但正是"'非存在'……帮助存在成为可能"（C 17 Ⅴ 2，

88b）。有些时候，当胡塞尔几近于拥护莱布尼茨的全部单子论时，他能够把所有物理存在者与诸单子的身体等同起来，即有机体与清醒单子的身体相等同，无机物与沉睡单子的身体相等同。譬如，有一次，尽管与先前关于身体之获得的章句相矛盾，胡塞尔还是说，在意识不存在情况下，关于物理世界的无稽之谈将被下面的论点所反驳：

> 每个物理物在某种方式上都是意识的身体，**即使它只是一个迟钝的意识**；自然的存在返身导致了被分割成诸多单子及其联合体的纯粹意识、永恒意识的存在；当我们在意识不存在的情况下谈及自然时，它只涉及了较低级意识的诸阶段而已。
>
> （B Ⅳ 6，72b，我的强调）

大约在写作《笛卡尔式的沉思》期间，胡塞尔心中就有了由越来越不清醒的单子所构成的越来越不复杂的联合体的图景，它与自然的一切层次相对应，"从人到动物，到植物，到最低级的生命形式，再到新兴物理学的原子构造"（*Int Ⅲ*，609）。

据我所知，胡塞尔从未专门提出的一个重要问题是，为何有意识的经验会现实地采取它所采取的过程。他反复谈到，我们在这里所研究的是一个强制的事实："原感性或感觉等并不是源于内在的依据，源于心理趋向；它只是在那里，它出现了。"（*Ideas Ⅱ*，335）我们不妨特别关注这个问题的一个独特方面，即胡塞尔从来没有专门地回答过，为什么只有现实的质素材料存在于那里，而不是别的什么东西。他写道，"过去的质素并没有为确定的、未来的质素的发生而规定单子中的任何本质必然性"。"质素是偶然出现的。"（*Int II*，14）然而，一个世界——单子具有关于它的知觉经验——若要存在，就必须在这些单子的感觉经验之间、进而在它们的质素材料之间存在着某种和谐，"关于意识的非理性内容的集合的、真实的主体之间的和谐……进而关于真实的感觉材料的和谐"（*Int II*，290—291）。尤其是，当我们想到我们所讨论的和谐也支配着诸多单子的可能经验的时候，所谓单子经验到的感觉材料仅仅是个强制的事实或者是种偶然性的观点，则是完全不可接受的。我们需要认识到，什么东西为经验的可能性奠定了基础，使之能够在胡塞尔关于实在性的论述中发挥如此重要的作用。或者换一种表述方式，我们需要认识到，什么东西造就了"实在的可能性"，而不仅仅是纯粹逻辑的或者"空洞的"可能性。有一次，胡塞尔明确地提出了这个问题：

> 单子中的意识之流起初是一种偶然的流动。它本来能够以不同的方式进行。我们能够询问它，为何只以它所进行的方式来进行呢？它有什么依据呢？一切关于依据与深度的话题都返身导致了意识中的动机联系。

> （B II 2，25a）

但是当我突然听到汽车逆火发出的声音的时候，那几乎不是以我先前的经验为动机所引发的东西，正如胡塞尔在谈到质素"偶然"出现时所清楚地认识到的。然而，虽然我的经验过程的基础也许不能在我的经验本身中被发现，但是它能够在更宽泛意义上的意识中被发现。因为胡塞尔通过谈到"这种目的论"而延续了刚才所引用的那段话。如果他把感觉经验的发生仅仅视为这种目的论的完成所具有的一个特征，那么我们就拥有了我们的问题的可能答案，因为他的确清楚地、反复地谈到了将在世界中被发现的那种目的论的基础。

当胡塞尔谈到目的论的时候，他主要想到的是自然的进化指向性，即从"盲目的物理自然上升到心理物理的自然——意识在这里睁开其思想的眼睛，再进一步上升到人的自然"（B Ⅱ 2，13a）——由于这种进化以纯粹意识之内的、从完全内卷的状态向包含着充分有意识的、"精神的"单子状态的发展过程为基础，因此它也与该发展过程相匹配。它是朝向理性的发展（或者，也许更好的表述是，它是理性的发展）。它是目的论的发展，因为存在着明确的目标——整个过程都向内朝向这些目标："一切绝对存在都是被指向观念的诸多目标的、在目的论上协调一致的生成之流。"（B Ⅰ 4，23b）这些目标是"观念的价值"，胡塞尔在某一处把它概括为中世纪的三段式（unum，verum，bonum）：统一、真理和善（E Ⅲ 4，36）。然而，他最为一贯地提到的终级价值——现实被指向这个价值，所有其他价值也只是这个价值的特殊表达——是和谐，完满的、统一的和谐。他谈到了在全部单子的实在性中发挥作用的"和谐意志，统一意志"（A Ⅵ 34，36b）。在与类似于我们的精神存在相关时，这种"意志"是充分地有意识的，"精神热爱完满性……并努力去实现它"（B Ⅱ 2，26a），在这个层次上，目的论具有一种独特的道德腔调。因为作为精神的存在，我们被指向了一种终极的精神和谐，一种"绝对'状态'"，一个"绝对和谐的领域"——在其中，每个主体都为每个主体负责，每个主体都在"交互主体的真正性"中塑造着每个主体（譬如，C 17 V 2，82—83；E Ⅲ 3，6）。我们必须努力发展适合成为这样一个共同体的成员的"更高级的自我"，这个自我并不像一切较低级单子的生命形式那样在根本上被享受和占有欲所驱动，而是只能被爱这个终极根源所驱动，所有的精神价值都是从这一根源流溢出来的。因为我们只能在爱中与他人相互团结，处于和谐之中（譬如，*Int Ⅲ*，406；C 17 V 2，83；E Ⅱ 2，39）。

然而，我们现在对这种关于知觉经验的目的论饶有兴趣。此处，它在我们的经验的和谐性中表现了自身，这种和谐性对于稳定的经验的意向对象——正如我们在前一章所看到的，这些对象充实了那种对于单子生活来说至关重要的使统一体得到满足的努力——来说是必需的。正是由于这种和谐性并不是意识自身的本质所要求的，胡塞尔因而才在这里觉察到了一种"美妙的目的论"。因此，特殊的感觉经验的发生至少被现实的目的论本质严格地束缚着。他说，"控制着单子的经验过程的支配性法则属于每个单子"（B Ⅱ 2，14a）。此外，"根据控制着一切单子实在的支配性法则，意识之流以一种有别于感觉和情感之产生的方式从某个时间点开始向前发展"（B Ⅱ 2，14b）。虽然，胡塞尔经常把意识向更高层次的发展与维持这种发展之每一阶段的单子之间的和谐描绘为"Faktum"，即绝对的既定事实，但是他也将在这里自由使用必然性的语言："现象学必须……首先表明，先验的交互主体性是如何能够**仅仅**通过本能在被动的构造中作为对世界的构造**而存在**的……然后，它又是如何由于内在的动机而必须从原倾向中'清醒过来'进而朝向理性的。"（E Ⅲ 4，16b，我做的强调）他谈到了"被规定的"单子实在的每个发展阶段——"只有当一个世界在这种发展中被构造为客观的世界，只有当客观的、生物学的发展出现时"，这种发展才是"可能的"（*Int Ⅱ*，27）。另外，虽然我们可以很轻易地设想，我们的经验过程本来可以不同于它所是的那个样子，但是胡塞尔问到，我们这里难道仅仅是在进行纯粹的思辨，而不是在思考在我们的经验中什么能够接替什么的诸多实在可能性吗？事实上，胡塞尔确实在这段话中就能够进入意识的东西——它或者作为被要求的东西，或者作为悬而未决的东西——而谈到了这些实在可能性（D 3，5）。但是，也许只有当我们关注于一个单独的意识之流时，事物才是悬而未决的。也许当我们想起了在目的论上被安排好的单子生活所构成的完全相互联系的宇宙时，就没有什么东西是悬而未决的或者偶然的。"如果本质存在，那么经验之流就不能是任意的。"（B Ⅳ 6，16b）胡塞尔也把本质写成"一切单子……所遵守……的规则，在其中，感觉构造中所发生的变化都是可能的，这个规则为一切永恒而规定"（B Ⅱ 2，17a）。情况必定是这样的，因为我们应该回想起，质素材料与"灵魂"——它存在于被构造世界之中——中的"心理学的"感觉相符合；这些感觉在因果性上被我们的身体状态所决定，身体状态又进而由全部的交互主体意识所构造。经验的非任意性是单子的和谐的相互联系所衍推出来的。然而仍需表明的是，单子的经验不能是任意的；恰恰正是另外一个单子为已经现实地展开的那个经验过程提供了理由。换句话说，我们目前没有任何理由认为，胡塞尔已经提到的关于单子经验所受到的束缚具有这样一种本质，以至于所有抽象可能的经验过程都受到了限制——意识本来会遵循这些可能的经验过程，一直向下达到现实的经验过程。

事实上，在终极实在性的这个层次，胡塞尔日益感到必然与偶然之间的对照的不切合性：

> 人类与动物是"偶然"存在的吗？世界就是它所是的样子。但是，说到"偶然"就会与感觉相对立，因为偶然构成了一个关于诸多可能性的视域，而且偶然物本身就意味着这些可能性的一种——恰恰那种现实地进入了情景中的可能性。"绝对事实"："事实"一词由于其意味而在此处遭到误用……恰恰是绝对——它也不能被称为"必然"——处于一切可能性的基础地位……它赋予这些可能性以意义和存在。
>
> （*Int Ⅲ*，668—669）

然而，仍然存在着这种情况，即我们能够在绝对意识之流中所发现的任何必然性都以这种在目的论上被安排好的意识为依据。既然单子之间的目的论的和谐并不是它们的本质所要求的，那么这种目的论就必须有一个基础，虽然这个基础并不是按照只在被构造的世界内有效的"因果性"来理解的（*Ideas I*，111）。那个基础就是神，它"并不是单子全体本身，而是这个全体的内在的圆满实现（*Int Ⅲ*，610）。目的论是"被实现的观念价值"（B Ⅱ 2，26a），而神正是这一实现者。单子共同体的进化——从沉睡的单子到清醒的单子，从非理性的单子到理性的单子，再到人类的更高层次，甚至到"超人类"——仅仅是"神的自我实现过程"（*Int* Ⅲ，610）。事实上，"一切经验实在和一切有限的心智都是神的对象化，是神圣行为的施展"（B Ⅱ 2，27b）。这种神圣行为是"神想要变为实在［real］的意愿"，是在单子全体中实现其无限的爱的本己生活的意愿。事实上，神圣行动之流是以单子形式出现的绝对意识（同上）。

我并没有假装能够解释，胡塞尔是如何认为他能够从其先验现象学中得出所有这一切的。或许他本人并不相信这幅关于世界的伟大的形而上学图景——这一图景将使大多数读者深受震撼，并认为它在某种程度上具有思辨的特征、虽然说不上是巴洛克式的特征——的所有方面能够被这样得出。但是他无疑认为，现象学导致了一种至少具有这个体系的粗略轮廓的设定。否则，他就不能如他所做的那样，把现象学写成"达到神的一条非反思路径"（E Ⅲ 10，14a）。

第五章

第五沉思

（第42—62节）

粗略地浏览一遍《笛卡尔式的沉思》这最后一篇、也是目前为止最长的一篇沉思，我们就会发现，胡塞尔在这部分内容里全身心地关注于经验的诸多主体，而不是他本人，他这位"孤独的、沉思的哲学家"。然而，我们不需要花费多少注意力就可以看出，这并不是另外一篇如传统中所理解的那种"关于其他心灵的问题"的文章。这样说的理由之一是，这个传统问题典型地想当然地认为，我们至少对其他"心灵"存在的可能性有所了解；问题仅仅在于证明，所有这样的事物现实地存在于我们周围。胡塞尔的问题较之更为深刻：它首先探讨的是，我们是如何能够获得甚至像另一个意识主体这样的概念的。正如他所说的，他的任务是去"发现'其他自我'在我之中的**意义**是在哪些意向性、哪些综合以及哪些动机之中形成的"（122，我做的强调）。然而在胡塞尔那里，意义问题和证实问题在通常情况下都是根本不可分离的，因而事实上，他也关注于说明我们对他人的现实存在的信念是如何在我们的经验中得到辩护和奠定基础的。因此，继续刚才所引用的那句话，"以及在这个标题之下，他人的和谐经验，［'其他自我'的意义］是［如何］被证明为存在的"。事实上，整篇沉思都被介绍为关注于了解"明确的和隐含的意向性，而变化的自我正是在这些意向性中得以表明并且在先验自我的领域中**得到证明的**"（122，我做的强调）。然而，胡塞尔提出了"另一个主体的意义如何能够根本上被我构造出来"这样的问题，并且确实花费了大量的精力来思考它，这个事实就表明，他在关注一个比"其他心灵的问题"更加盘根错节、更加基本的问题。因此，我们将最先考察胡塞尔关于如何可以设想其他自我的论述。更确切地说，由于一切思考都是含蓄地涉及第一手经验的高层次的被奠基的认知成就，因此，真正的问题就在于，另一个自我至少是如何能够被假定为经验到的。不管真实与否，我的某个经验对象是如何能够甚至像另一个主体那样显现的？胡塞尔通常用"同感"（empathy）一词来表示这种关于另一个主体的（假定的）经验意识。我们不要在这个词上过多纠缠。胡塞尔本人也对相应的德语词（Einfühlung）持保留态度，在本篇沉思中，它是作为"所谓的'同感'"而首次出现的（124）。在任何情况下，他都不会试图诉诸同感来解释我们关于他人的意识：同感只是这一成就的标签。因此，本篇沉思的重要部分就是致力于解释，同感作为一种意向成就是如何可能的。

然而，最后这篇沉思的内容远不限于此，即它不仅仅是关于正在运作的"构造分析"——这种分析只是被指向了一种全新的对象类型——的又一个范例。事实上，这篇沉思的终极目的并不是去分析"其他主体"的意义：那只是通向最终目标的道路上的一步。关于这一点的暗示可以在第二条道路中发现，在这条道路上，胡塞尔的关注点与那些提出其他心灵问题的人们不同，因为胡塞尔主要关注的并不是传统意义上的心灵。在传统中，这些"心灵"被设想为其他人的意识，或者其他有知觉的动物的意识，问题在于：我们在我们的周围看到了各种各样的动物身体，但它们是有意识的吗？换句话说，如果这些心灵存在的话，它们将是存在于世界中的心灵。也就是说，这些心灵将是"心理的"存在者。胡塞尔明确指出，这并不是他的首要关注点："此处所讨论的'其他主体'的意义目前还不能是'客观的主体，存在于世界中的主体'的意义。"（124）在别的地方，他也谈到了"纯粹的他人（他人目前还没有任何现世的意义）"（137）。此外，他说，他所关注的是"对经验到的'某个陌生人'的先验澄清——就他人尚未获得'人'的意义来讲"（138）。这是因为，最后这篇沉思的终极关注点是客观性，或者是以一种不能还原为有关我的意识的诸多事实的方式而存在于世界中的某个事物乃至任何事物的意义。其他心灵本身无疑以这种方式超越了我的本己意识，但并不是只有它们才以这种方式存在。譬如，文化客体与人造物显然含有关于其他意识主体的意义。把某物视为螺丝起子或音乐厅，就是把它视为有人基于某种目的——这个目的可能还要被指向更多的他人——而塑造的事物。事实上，正如我们在第四章所看到的，整个世界以及其中所包含的每个事物都充满着这种客观性意义。最纯粹的物理对象以可以被他人知觉的、因而可以被他人决定的意义而向我们呈现自己。胡塞尔说，"每当我们谈到客观实在性时，为每个人在那里的东西总是被共同意指着"（124）。甚至在悬搁之后，我在"括号"中所思考的还是客观的世界："在我的先验还原的纯粹意识生活的领域之内，我所经验到的世界……并不是（可以说）我的个人综合的产物，而是对我来说陌生的、交互主体的世界。"（123）正如我们在前一章所看到的，胡塞尔在《笛卡尔式的沉思》中的大多数分析都是从这种客观性的意义中抽象出来的。此刻，是时候来最终弥补这个缺陷了。事实上这就是最后这篇沉思的真正目的，而胡塞尔在它的第1页就清楚地指明了这一点，他说他想着手解决一个"重大的反对意见"，这个反对意见是任何从先验视角的范围内来论述"客观世界"的尝试都要面对的（121）。他后来说，对"其他自我"意义的分析仅仅是解决这个反对意见的"第一步"（138）——当然，虽然这也是关键的一步。由于其他经验主体的意义的构造，"发生了对我的原真世界［在先前的诸篇沉思中所抽象地探讨的世界］的一种普遍的意义添加，由此，原真世界成了关于某个确定的客观世界，即对每个人，包括我自己在内的同一个世界的显现"（137）。胡塞尔把所有真正地超越了我的本己意识的东西都称为陌生的（alien）（凯恩斯有时译为"其他的"）。虽然，"那个本质上最初的陌生者（最初的非我）是其他的我"，这个关于陌生者的概念逐渐涵盖了整个世界，因为这个最初的陌生对象"有可能构造出一个全新的无限的陌生者的领域，即客观的自然界和整个客观世界"（同上）。正是由于这种"意义添加"是最后这篇沉思的真正主题，因此胡塞尔并不满足于创建一个至少与他本人不同的意识主体的实存，那样会遭遇通常所设想的其他心灵问题。基于胡塞尔最终的兴趣，只有创建一个由其他意识主体——这些主体能够共同构造一个客观领域——所构成的共同体，他才能够得到满足。因此，甚至是众多其他主体的纯粹实存都不能满足眼前的任务。胡塞尔所需要的是这些主体应该互相交流，互相激发，从而创建先验的交互主体性。我们稍后会更加详尽地讨论这个问题。此刻，我们足以把最后这篇沉思的终极目的看作是一直在推进的内容的必要添加物。

本己性领域

胡塞尔在对其他主体的构造予以论述时遇到了困难，这种情形的原因之一源自他推行的哲学分析所具有的彻底性。因为这种分析必须在根本不使用任何客观性概念的情况下得出（因为我们要用该分析本身来阐释这种客观性）。尤其是，胡塞尔希望把他人的构造回溯到他所谓的Eigenheit领域——"本己性"领域（或者，凯恩斯也把它译为自我的"特有"领域）。他通过引入一种"特殊的悬搁"而提出了交互主体性问题，这种悬搁与我们所熟悉的那种悬搁不同，因为它"在先验领域内部"产生（125），而不是首先把我们引入了那个领域。这个新颖的加括号赋予我们"本己性领域"。事实上，此时胡塞尔对本己性这个概念的使用即使不是令人困惑的（confused），那也是含混不清的（confusing）。因为一方面，它恰好向我们介绍了我们应当对关于奠基的意识形式的构造分析所期望的内容。我们所期望的是获得关于作为更高级的、被奠基的意识层次的奠基的那种意识层次的描述，这种描述无需涉及更高级的被构造出来的诸多统一体，因为只有当经验的较低级层次碰巧追随了某种综合统一的过程时，更高级层次才会出现。作为一种类比，我们不妨考虑一下空间的构造；换句话说，我们如何能够意识到对象是在空间中排列于我们周围的？这也是一个被奠基的意向成就。它预先假定了我们经验到各种各样的"感觉材料"和各种各样的"动觉"，这些并不必然意味着我们的经验是关于位于空间中的对象的。正如我们在第三章所看到的，按照胡塞尔的观点，如果这两种类型的经验之间并没有某些独特的功能的依赖性也是有可能的。譬如，在我睁着双眼的时候，当我拥有关于把头转向一边的动觉经验时，我的视觉材料就以一种特有的方式被替换了；由于我拥有这种睁着双眼向前移动的动觉经验，因此原初的视觉材料就逐渐占据了我的视域的更大范围。仅仅由于这种如果那么的关系，我们自己才认为对象是位于空间之中的，即可以通过自身移动来达到它们。我们也可以设想这种依赖性并不存在。因此，关于视觉经验或动觉经验的话题本身并不可以衍推出主体的经验是关于在空间中排列的、诸多对象的经验。通过解释空间知觉如何由于某种可能的、但不是必然的综合而在感觉材料和动觉的这种奠基层次上——因而，这个层次本身是先于空间的——被构造出来，我们使得空间知觉这种意向成就对于我们来说是可理解的。每当我们遇到一个被奠基的现象时，只有当我们深入探究到所讨论现象的独一无二的特征的层次，并且讲述我们的构造故事时，现象学的任务才能够充分地实现。只有在那时，该现象才会被展显为可理解的意识成就。现在，我们关于他人、因而关于客观领域的经验也被奠基了。因此，"我们必须要理解的是，在被奠基的更高级层次上，严格意义上的超越性的意义给予性以及在构造上属于第二层次的客观超越性的意义给予性是如何产生的，并且这种超越性是如何作为一种经验而如此这般产生的"（136）。因此，我们必须深入探究那个层次——任何事物在这里都根本上被视为另一个自我或者客观的物，并且抽象地考察在原则上能够是"唯我的"或者"单独的"经验层次。那时我们就需要解释，在这个奠基层次上的某些综合是如何可能的，它们导致或者作为动机促发了所有以任何方式暗含其他主体的对象的构造。正如胡塞尔所说的："这个统一的层次进一步被表明为，它在本质上是奠基性的，也就是说，如果在现实的经验中没有这个层次，那么我显然不能拥有作为经验的陌生者，因而，我也不能拥有作为经验意义的关于'客观世界'的意义；但是，反之却不亦然。"（127）如果没有给陌生者"加括号"，那么作为可能的意识对象的他人的构造问题就只能遭到回避。胡塞尔认为，没有其他哪位作者充分地认识到，我们日常的世界图景在多大程度上预设了客观性的概念，从而认识到一个陌生主体对世界所持的视角。我们将在下一节看到，胡塞尔认为，如果我们严格地执行唯我论的悬搁，那么我们实际上将多么没有资格，进而我们的构造故事必将多么空泛而且问题多多。

　　然而，当胡塞尔明确地规定了本书中的"本己性"时，出现的却是一个在某种程度上与上述内容不太相同的概念。因为按照前面的"唯我论的"加括号，我们必须把我们的注意力限定在能够在原则上展开的意识样式之上，而无需对其他主体的存在的可能性有些许了解。那时的任务是去详细说明关于这些经验的那些能够（当然，确实）发生的综合，其他主体也因此而为我们所构造出来。然而，当胡塞尔在第五沉思中谈到"本己性领域"时，他通常认为，除了其他主体与以这些主体为前提的东西之外，该领域包含我们意识生活中的一切以及在其中被构造出来的所有对象。因此，本己性领域包含"指向陌生者的意向性"（125）。换句话说，虽然本己性领域排除了指向他人的意向性的意向对象方面，但它却包含着意向行为方面，即那些综合化意识的诸多形式，他人正是在其中被构造为对象的。正像胡塞尔在别的地方所说的，它"甚至"包含"同感的样式"（*Int Ⅲ*，559）。这是令人颇为费解的，因为胡塞尔认为，意向行为与意向对象是绝对不可分割的。因此，对这样一个本己性领域的"限定"根本不是真正的限定。它不能对构造分析提出任何挑战，因为综合意识的备受欢迎的诸多形式就包含在我们所讨论的领域之内。当胡塞尔继续谈到这个本己性层面作为动机促发了其他自我的构造，并且形成了作为我们的他人经验之奠基的经验的"统一连贯的层次"（127）时，这一点尤其让人困惑。这是令人困惑的，因为意向行为与意向对象之间的关系从来就不是奠基的关系或动机的关系；缺乏其意向对象的意向行为并不是"统一连贯的"。因此，在第二重意义上的本己性层次受到争议的地方，胡塞尔错误地谈到，"如果在现实的经验中没有这个层次……那么我显然不能拥有作为经验的陌生者；但是反之却不亦然"（127）。这更适用于前面所讨论的唯我论的经验层次。"反之"则适用于一切包含着指向他人的意向行为的层次。

在写完了《笛卡尔式的沉思》之后，胡塞尔认识到他的本己性概念（或"原真性"［primordiality］概念，有时他也称之为"原生性"［primordinality］）是含糊不清的（*Int Ⅲ*，51；635）。因此，我将把刚才讨论的第一个概念称为"唯我论的，"领域或层次，而把"本己性领域"这种表达保留给第二个概念——这个概念包含着指向他人、而不是他们的对象的诸多意向行为。因为胡塞尔确实对这两个概念都有所使用。按照胡塞尔的一般现象学方法,虽然唯我论的领域是开始对作为被奠基的意识成就的交互主体性进行构造研究的明显场所,但是本己性领域也与这个讨论相关,因为在本质上讲,我们所面临的问题就是,陌生的本己性领域是如何能够在我们的经验中被构造出来的。虽然胡塞尔能够在否定意义上把本己性领域规定为,它排除了以任何方式与其他主体相关联,因而与客观性相关联的一切对象,但是他也在肯定意义上把它规定为我们"原初"经验到的东西(第46—47节)。这里的根本差异就存在于我的经验(以及与之不可分离的东西)和任何其他自我的不可还原的"陌生"经验之间。譬如,我只能"原初地"经验到我的本己的疼痛,我只能"原初地"享有我的知觉经验。类似的,只有你才能与你的本己经验处于这种原初的关系之中。那使它们各自成为我的或你的。正如胡塞尔所说的:

> 不论是其他自我本身,还是他的体验或他的诸多显现本身,还是其他一切属于他的本质上的本己的东西,都不能原初地被给予于我们的经验之中。如果是这样一种情况,如果他人的本己性的本质的东西可以直接通达的话,那么它只是我的本己本质的一个要素。

(139)

现在,关键的问题是,对于某些对象,甚至那些"为我"而存在的对象来说，它们的构造涉及与我的经验不同的诸多经验。这一点不仅适用于其他自我，而且适用于一切客观的东西。相比之下，也存在着某些对象，在关于它们的构造的论述中只需要提及我的诸多经验。譬如，这一点适用于所有在反思中被视为是我的意识生活的"实在固有"者的东西。同样重要的是，也存在着某些在非反思的经验中可以通达的抽象的能够说明的对象层次，对于它们来说，只需要提及我的经验。在客观性问题被提出之前，我们能够在这里发现前四篇沉思中所涉及的所有那些对象。在最后这篇沉思中，胡塞尔清楚地表明，先前的那些沉思所涉及的是来自我们的完满经验的一种抽象。事实上，他现在开始能够把先前那些沉思中所视为的世界称为"一种'世界'"，它并非"自然意义上的"世界（129）。为了除去这种抽象，为了说明世界在其一切完满性和客观性上的构造，我们首先要理解的是陌生的本己性领域。然后我们被驱使去考察所有个别的本己性领域的相互关联性的本质，因为客观世界将会作为一切主体性的联合构造物而出现："先验的交互主体性具有一个交互主体的本己性领域，在其中，先验的交互主体性就在交互主体中构造出了一个客观的世界。"（137）事实上，甚至在没有客观物的意义如此引导的情况下，胡塞尔也认为，把某个对象"统觉"为人甚或非人的动物（至少是较高级种类的动物），就是把它统觉为与我的意识不同的意识中心，这是显而易见的。把与某人本身不同的某物视为有意识的主体，就是把那里"也"视为"那里"（139）。

身　体

我们通过感知其身体而知道了其他的诸多主体。事实上，正如我们即将要看到的，对另一个主体的根本认知就是对作为身体的某物的认知。在这种联系中，胡塞尔运用了德语中"Leib"和"Körper"之间存在的便利区分。前者——我将简单地把它译为"身体"（body）——是指有生命的、活生生的（或者亦如经常表述的"活着的"）身体。凯恩斯通常把它译为"有机体"（organism）。相比之下，后者是指哲学意义上的一切"物质的身体"（material body）。我将把它译为"物质身体"或"物质事物"。[1]（在凯恩斯那里，它通常只是被译为"身体"[body]。）第五沉思的核心问题是解释一切物质事物——它们在唯我论的经验内部是可以构造的——是如何能够被感知为一个身体，一个陌生的身体的。当人们反思像

1　国内译界通常把Leib与Körper分别译为"身体"与"躯体"。这里将依据作者 A.D. Smith的观点，把它们分别译为"身体"与"物质身体"，而不再作出"身体"与"躯体"的区分。——译注

身体这样的东西是如何原初地在人们的经验中被构造出来的时候，那些潜伏于此的晦涩深奥的问题很快就会变得清楚明白。因为最早的、原初的身体是一个人自己的身体，它的构造与任何纯粹的物质对象的构造截然不同。

我们的身体的原初构造存在着三个向度，这三个向度在任何其他的可能意识的对象中都是缺乏的。首先，我的身体是我朝向世界的"空心"。我的身体就是我如何在我存在的地方存在；它构造了我的"在这里"（here）。这个位置并不是由于我把自己置身于某张客观的世界地图之中被构造出来的，而是由于它是我感知世界的出发点。任何其他的现世对象（必然）被感知为或多或少，遥远的或者接近的，左上方或者右下方，等等；所有这些方位都是以自我为中心而被规定的。身体构造的这种第一向度在某种意义上就是知觉的向度；然而，它并不是关于任何知觉对象的构造，而是关于知觉源起的构造。其次，我的身体就是我能够"立刻"移动的东西；我正是通过它或者伴随它而移动任何其他对象的。此外，我并不是通过观察，而是由于动觉才在知觉上原初地意识到这种运动的。我对于"我能够"有一种原始感觉，与它的活动相伴的是，我感觉到我的身体或者它的一部分正在移动，我感觉到自己移动了它。最后，身体是诸多感觉的场所。我的身体不仅是"情绪"感觉的场所，而且是"身体"感觉的场所，它是一个敏感的身体：当我被触动时，我典型地感觉到了它。以这三种方式得到的关于我的身体的意识是基本的，这种意识是任何关于身体的"外在"知觉的前提（譬如，*Int II*，61）。正是仅仅凭借着这种意识，我能够外在地感知到的任何事物——譬如，看到我的手——才可能被视为我的一部分，或者我的身体的一部分。我当然不能对世界中的任何其他事物也具有这种意识："在这个自然或这个世界中，我的身体是唯一原初地被构造为或者能够被构造为身体（一个功能性的器官）的物质事物。"（140）胡塞尔用自我"支配"或者"主宰"身体这样的措辞来论及我自身与我的身体之间亲密无间的、原初的关系。第五沉思的首要任务是解释另一个身体如何能够在我的经验中被构造出来，因而我如何能够把外在的物质对象感知为敏感的、能动的、投向世界的诸多视角的空心。这最终涉及一个问题，我如何能够把另一个身体视为某种在一个陌生的本己性领域中原初地被构造出来的东西——这个构造过程以一种我本己的身体在我的本己性领域内部为我而被构造出来的方式进行。

胡塞尔声称，把一个外在的物质事物视为一个身体，这奠基在那个事物与我本己的身体之间的被感知到的相似性之上。正是这种相似性作为动机促发了从我本己的身体到外在事物的"意义转换"，由此，后者被统觉为一个活生生的身体。存在着一种"类比化的统握，通过它，我的原真领域中的、与我的本己身体相似的物质事物就变得像身体一样可以同样地把握了"（141）。当然，这里所讨论的相似性必须是物理的相似性，在其他活生生的身体被构造出来"之前"，这种相似性在唯我论的层面上是可以认识的。现在，这里产生了一个问题，因为胡塞尔对我们与本己身体的原初关系的描述完全是"从内部"着眼的：他并没有提到我们把自己的身体感知为外在对象。他甚至根本没有提到我们的身体的物质性。然而，我们当然有必要认为，我们的身体具有这样的物质本性，这种本性与某些外在的物质对象是相似的，如果"身体"从我们自身向他人的意义转换是由感知到的相似性所产生的。因此，在最后一批关于这个主题的手稿中，胡塞尔在其中一篇里写道，"对作为物质事物的我的身体的统觉是同感的第一先决条件"（*Int Ⅲ*，660）。

虽然，"主宰"关系是我们与自己的身体之间的根本关系，但是在唯我论的经验内部，我们能够认为我们的身体具有各种各样的物理性质，这几乎不存在任何问题。譬如，我们毕竟只能看到我们自己的双手，触摸它们，观察它们在空间中移动，甚至观察到它们被外在的物理对象机械地移动。然而，胡塞尔深为担忧的是，关于作为物质对象的我们的本己身体的唯我论构造究竟能够进展到什么程度，尤其是，这种构造是否能够进展到足以维持我们的本己身体与一切外在物质对象之间的相似性知觉的程度。因为他在前四篇唯我论的沉思中所一直描述的那种世界具有一种我们甚至到目前为止都没有充分意识到的限定本质。当读到那些沉思时，我们可以轻易地假定，胡塞尔所阐释的世界恰如日常经验的世界，只不过没有其他的意识之流。然而，问题在于决定，如果排除一切投向它的陌生视角，这个熟悉的世界会在多大程度上遭到沦丧。譬如，我们都有自己作为或拥有典型的人的身体这样的一幅图景：一个空间中的物质事物，它至少达到了与所有其他物质事物相似的程度。然而，这样一幅关于我们自己拥有独特的三维形状并且在同质的空间中移动的图景，能够在唯我论的世界中达到吗？也许可以，但是仍然需要讲述构造的故事，而胡塞尔在其手稿中也花费了大量笔墨来思考这个问题。他对两个问题颇为担心。一个物质事物是在给予关于对象的多面视野的知觉经验中被构造出来的。相比之下，我本己的身体只是通过外在的知觉而被不完满地构造出来的。譬如，我不能看到我的眼睛或者我的后背的中部。我当然能够触摸它们，但是与涉及普通的物质对象的那种情形相比，我在这里不能看到我所触摸的东西。如果求助于那些在镜中或者池塘中看到某人自身的可能性将离题千里：不仅因为这些东西对于我们所拥有的关于我们自身的日常认识显然并非不可或缺的，而且因为在反思中，认识我们自己就是一种意向成就，正如胡塞尔本人所指出的，这本身涉及了同感（*Ideas II*，148；*Int II*，509）。第二个问题是关于种种根本不同的方式的，通过它们，我们一方面经验到了本己的身体在空间中的移动，另一方面经验到了一切其他物质事物在空间中的移动。譬如，我们不能看到我们本己的身体慢慢在远处消失。我们自身作为连贯的三维对象能够像其他一切物质对象那样在空间中移动——如果说这个思想在唯我论的领域内有问题的话，那么认识到我本己的身体与别人的身体之间的任何相似性的那种可能性也是有问题的，因为别人的身体无疑是在我的经验中被构造为具有像一切其他物理事物那样的空间的、物质的本性的。

在某些文本中，胡塞尔提出，我本己的身体不能在唯我论的经验中被充分地"物理化"从而与任何其他种类的现世对象同等存在，其他诸多主体的一个功能恰恰是实现这种物理化，因为这些他人被统觉为具有完全外在的朝向我的视角。然而，如果情况的确如此，那么我们在本篇沉思中所接受的胡塞尔关于同感的论述将无从展开，因为全部这个理论将会包含一种恶性循环：他人的意识以及他们投向世界的视角以我能够认识到我的身体与他们的身体之间的相似性为前提，而认识到我自身与他们具有物理上的相似性则以他们投向我的外在视角为前提。幸运的是，胡塞尔在别的地方表达了能够解决这些问题的乐观态度，即在唯我论的领域内，我能够认识到我本己的身体拥有一种物理层次，这种层次也是纯粹的物理事物所拥有的。在本书中，胡塞尔仅仅提出了这种乐观的观点，他说："我的物质身体能够被统握为或者被统握为自然的物质身体，它像所有其他自然的物质身体那样存在于空间中并且在其中运动。"（146）或者，正如他后来所表述的，先验单子的某种"自身客观化"（我一直称之为自身物理化）在其唯我论的领域内发生，"如果对于单子来说，他人有可能存在的话，那么这个唯我论领域的不同层次就是本质的必然性"（159）。[1]

---

1 在这段话中，凯恩斯把"客观化"（objectivation）一词大写会使人产生误解，就好像一个有关客观性的概念在这里发生着作用。这里所讨论的是身体的前客观的物理化或客观化，否则胡塞尔的论述就会成为循环论述。——原注

同　感

假定你已经认识到，你本己的身体像一般意义上的"外在"物质事物那样具有一种物质的、空间的本质，那么从物质的角度考虑，这种外在事物应该有可能以一种超越了仅仅共享物质本质的方式而像你本己的身体那样显现。也就是说，你应该有可能感知到某种外在事物与你本己的身体之间的特殊的物质相似性。胡塞尔认为，正是这种被感知到的相似性充当着"类比化地统握作为另一个身体的［某个物质事物］的动机基础"（140）。他把通常同时被感知到的对象之间的被感知到的相似性称为"结对"（paring），这是被动综合的最原始的形式之一。如果两个事物被感知为相似的，那么我们就会由一个事物而联想到另一个事物。因为这种联想，它们就形成了某种现象学的统一体，我们称之为"一对"事物。如果涉及的不只是两个对象，那么它们就形成了我们所谓的"一个群组"。对于胡塞尔来说，尤其重要的是这种现象的结对在发生学上的产物，即某种"意向的延伸……一种生动的相互唤醒，一种按照他人的对象意义而进行的自身叠合"（142）。举个例子，假设我第一次看到榴莲。在研究它的过程中，我感知到它有一种特殊的气味。然后，与第一个榴莲外表相似的另一个榴莲出现了。我会立刻认为这第二个榴莲也有那种独特的气味。除了它的视觉显现之外，第一个榴莲的被构造的"对象意义"的一部分，即它的气味，也会被转移给第二个榴莲。如果我没有品尝过第一个榴莲，但确实品尝了第二个，那么"统觉转换"会以相反的方向发生。因而，"意向的延伸"是双向的。不论人们对这种运作持有什么样的理智主义者的踌躇，正如休谟所强调的，这就是我们的心灵的工作方式。然而，对于胡塞尔来说，这种发生并不仅仅涉及纯粹的心理规律，而且涉及意向的甚至本质的必然性，对于休谟来说亦是如此。这种运作具有一种本质的可理解性，因而无需做更多解释。它并不涉及纯粹心理的因果关系，而是涉及意义的添加。当被应用于有关他人的身体的情况时，这个主张就是，从物质的角度考虑，当我感知到一个物质对象与我本己的身体相似时，除了它的物质显现以外，我的身体的意义——作为敏感的器官，身体是知觉的指向与行动的空心——也会被转移给这个相似的物质事物，因而它会被统觉为一个身体。

然而，故事并没有结束。因为，即使我意识到了我的物理显现，然而在我本己的身体与所有其他我能从外表上感知到的物质事物——不管它本质上在物理方面与我本己的身体多么的相似——之间依然有着显著的差异。因为当我恒常地在这里时，后者必然总是或多或少在那里。因此，这两者的现实显现在任何时候都极为不同。正因如此，胡塞尔说，一个适当地形成的外在物质身体并不是被直接把握为"与当时现实地从属于（以在这里的样式存在的）我的身体的显现方式"相似；"相反，它复现地唤起了一种相似的、被包含在我的身体——它作为空间中的物质事物——系统中的显现"（147）。这个"系统"就是我在本质上对我本己的身体所联想到的一切：不仅有我所"主宰"的一切，我在任何时候对我的身体所感知到的一切，而且还有我对我的身体——它是可以位于空间中任何位置的物质对象——所拥有的一切表象（"当前化"）。这个系统的要素之一就是，如果我在那里，并且感知到某种身体性的、有形的物质事物，那么我在外表上会如何显现。事实上，胡塞尔在其手稿中花费了大量精力来说明这种有违事实的悖谬，他尤其回应了这种反对意见，即如果我在那里，那么我的身体显现将与它现在的显现一样，因为我会带着我的"空心"。然而，我们无需在这个担忧上耗费时间，因为它只是原真领域内部"自身物理化"这种一般问题的一个方面。按照本篇沉思，我们认为这个问题是可以解决的。因此，对一个适当形成的物质对象进行感知，由此"所唤醒的"是"我的身体将会显现的方式，如果我在那里的话（147）。这是"包含在我的身体系统中的"相关的"显现"。因而，正是我自身的这种外表的当前化与我所感知到的在那里的适当形成的物质事物相"结对"。然后，这样的最初结对使一种联想综合贯穿于我的本己身体"系统"的其余部分，从而与我的"主宰作用"联系起来。结果，后者在统觉中被转移到显现的物质事物，这个物质事物因而被构造为一个身体，也就是被构造为自我在其中起主宰作用的一个场所。

我将很快返回到包含这种"统觉转换"的动机那里去；但是现在不妨让我们更加清楚地看看它恰恰产生了什么结果。我们知道，同感的最终结果就是普遍的意义添加，由此我的原真"世界"变成了超越我的本己性领域的真正客观的世界。然而我所构造的第一个客观物却是他人的身体，"可以说，它本质上是最早的客体［Objekt］，正如在构造中陌生的人在本质上是最早的人一样"（153）。[1]之所以如此，是因为他人的身体最早在本质上涉及两个不同的"视角"，因为它本质上是在两个本己性领域中被构造出来的，因为他人的身体原初在我的本己性领域内被构造为某种物质事物。然而要把那种物质事物统觉为一个身体，就是要认为它在一个陌生的本己性领域中原初地被构造为一个身体。因为，我们不妨回想一下，我的身体由于我自身在其中的"主宰作用"而获得其"身体"的意义：我直接感觉到它，移动它，以它为源起来感知世界。那是它作为身体的意味所在。因此，如果我把某个被感知到的物质事物当成身体，那只能是因为我认为，它在其他的某个意识中以这样的方式被内在地构造出来："如果［某个物质身体］在共现中发挥作用，那么在与之联合的过程中，他人主要伴随着他的身体而变成了我的意识对象，他的身体是在他的绝对在这里的显现方式中被给予他的。"（150）如此起主宰作用的意识必定是陌生的意识，而不是我自己的意识，这是由刚才所提到的那个事实决定的，即最初被我感知为某个物质对象的他人最终的身体并不是像现在那样直接与我本己的身体相结对的，而是与我的身体的某种当前化——也就

1　这里出现的客体（Objekt）只此一次意味着客观性，因为胡塞尔马上接着提到了"这个关于客观性的原现象"（参见前面的"译文与引文说明"，本书第 xv–xviii页）。——原注

是说，从这里观察到的它在那里显现出的样子——相结对的。正因如此，源于这种结对的意义转换并没有使我把某个外在对象统觉为我的第二个身体。因为这种结对会引导我赋予物质事物以我可能拥有的关于身体的种种经验和投向世界的各种视角，如果我在那里的话。由于我必然只在"这里"而不能在别的什么地方，因此这些经验和视角必定与我的经验和视角不同且不相容："然而，我自己的自我，那个在不断的自我知觉中被给予的自我，现在实际上就具有它的在这里的当前内容。因此，一个自我就被共现为不同于我的自我。原真的不相容的东西在同时共存中变得相容了。"（148）由于他人的身体这种同一物获得了双重的构造，交互主体的构造，因此它超越了任何单独的本己性领域，并且获得了客观存在者的地位。

其他自我及其经验当然不是原初地被呈现给我的，因为他们对于我的本己性领域来说是陌生的。从理论上讲，它们被"当前化了"。因此结对所引起的类比化的意义转换涉及一次呈现和两次当前化，其中一次当前化与呈现相结合，从而构造出了共现（appresentation）或统觉。呈现是关于我的本己性领域中的、作为物质事物的他人的身体的。一次当前化所关涉的是，当我们在呈现的物质对象所在之处来观看时，我本己的客观化的身体会显现为什么样子。这种当前化因为物质对象与我自身的这种当前化"视野"之间的相似性而被唤醒。因为这二者是相似的，一个贯穿我的身体的全部"系统"的结对就发生了，它最终引导我把另一个自我当前化为在呈现的物质对象中起支配作用，因而这个物质对象就获得了"陌生的身体"的意义。这最后一次当前化只是任何结对所引起的统觉之意义转换的一个例子；因而，与前面的当前化不同，它作为统觉的当前化而与物质对象的呈现结合了起来：

> 共现本身以呈现的一个核心为前提。它是通过联想而与呈现、与本真的知觉结合在一起的当前化，但这种当前化又是在"共知觉"的特殊功能中与呈现、与本真的知觉融合在一起的。换句话说，这二者是如此的融合，以至于它们都处于一种知觉的功能共同体中，这个知觉既是呈现的同时又是共现的，并且为全部对象提供关于它自身存在于那里的意识。
>
> （150）

因此，他人从一开始就被感知为一个起支配作用的、身体化的自我，这是十分重要的。我们此处所探讨的并不是任何纯粹的推论（141），把他人的自我共现出来的物质身体并不是陌生主体性的纯粹"暗示"（151）。毕竟，除了在意识中本真地展显的东西之外，每个知觉都涉及某种统觉"剩余举一个最简单的例子：当我感知一个物质对象时，只有一个侧面能够被本真地看到，它共现出当时看不到的其他各个侧面（141）。类似的，在当前的情况下，某个类型的被感知到的物质对象共现出另一个自我。当前情况的唯一差别在于，虽然被感知到的物理对象的被纯粹共现的各个侧面，在原则上能够通过知觉考察而成为呈现出来的侧面，但是当涉及被共现出来的他人的自我时，这就不可能了，因为它必然在我的本己性领域之外。陌生的自我只能尽可能最好地被当前化。但是，这当然是他应该如何被当前化，因为我们在这里所探讨的是关于陌生者的意向性的彻底全新的层次。

交互主体性

我们目前已经考察了另一个自我的纯粹意义的构造。关于这些自我的现实实存的问题——或者关于这个意义在经验中的证实问题，在胡塞尔看来这两个问题是相同的——还尚未被提出。胡塞尔认识到，我们很可能会在这里感到某种困难。毕竟，因为我在原则上没有任何达到另一个人的意识生活的直接的、原初的途径，所以为什么我可能参与其中的陌生统觉绝对不能"立刻被扬弃"（143）？这个问题与我们目前所拥有的那种论述的另外一种局限性有关，即迄今为止同感的对象仅仅作为无差别的陌生意识本身而出现的。与之相对照，"最初确定的内容显然必须通过对他人的身体性以及他所特有的身体行为的理解，即通过对如手的摸索或推动功能、脚的走路功能、眼睛的观看功能等身体各部分的理解而形成的"（148）。然而这一切对我来说都是可理解的，因为他人是我本己的自我的"意向变样"（144）：这一切都受到了统觉转换的支配，"正像如果我在那里显现，如此移动，我自己就会发生作用一样"。正是这些行为使另一个人的实存在我们的经验中被证实或者证伪，因为这些行为可能是和谐的，也可能是不和谐的："被经验到的陌生身体不断地表明自己实际上只是在它的变化着的但却始终和谐的行为中的一个身体……如果一个身体被经验为伪身体，这恰恰是因为它的行为存在着某种不一致。"（144）与别的地方一样，这些和谐在这里都涉及了某些正在被充实的空无意向，特别是预期。确实，在当前情况下有某种证实中介性（mediateness），因为另一个人的主体生活并从来没有被"原初地"给予我们。然而正如胡塞尔所指出的，这种情形无独有偶。因为在涉及我们意识之流的过去诸多阶段时，我们也会陷入相同的情形。我永远都不能证实，我经验的过去确实如同我通过重现那段过去而回想起的它曾经所是的样子。在这里，我们也被局限在纯粹当前化的和谐性之中，特别是记忆的和谐性中，正如这个例子所表明的。

我不打算讨论他人的"更高心理领域"的内容，以及更高级次的"精神的"、文化的产物是如何能够在已经创建的同感的基础之上被构造出来的，因为胡塞尔本人几乎没有在本篇沉思中探讨这些问题。考虑到最后这篇沉思的总体目的，我们要理解客观世界是如何能够被根本地构造出来的，这一点才更加重要。为了理解它，我们需要认识自我的共同体是如何能够被创建出来的，因为"最早的共同体"具有"共同世界的形式"（150）。我们已然指出客观性的始源地以及他人的身体，"本质上最早的客体"。我们现在需要理解的是，这个最早的陌生对象是如何能够把我的原真世界转变成为一个陌生世界的，这个世界并不单独伴随着我的意识而产生，或者如胡塞尔通常所表述的，这个世界并不是与我"不可分离的"。然而，在那之前我们需要略微清楚地认识到，确切地讲，什么东西包含在这个最早的陌生身体的客观性之中。在这里，最为根本的是某种同一性。由结对产生的统觉之意义转换的结果，并不仅仅是关于某个陌生的自我或者他人的意义，而是关于这个自我在那里并且主宰着那个身体的意义。客观性的产生所需要的是，作为他人的最终身体的、在我的原真世界之中被构造出来的物质事物，应该获得与在另一个自我的原真世界之中被构造出来的活生生的身体的完全相同的意义。那时，他人的本己性领域与我的本己性领域将在这个共同的、因而是客观的点上意向地交汇。因此，客观性问题实际上可以归结为要求回答下面的问题："我的原初领域的物质身体以及在其他的自我中**被单独地构造出来**的物质身体最终变得同一起来，并被称为其他某个人的同一的身体，这根本上是如何发生的？"（150，我做的强调）。正如我们看到的，在这里，要确保所需要的同一性，关键就在于，我们所讨论的成就是一种知觉，它是涉及单个对象中的呈现者和共现者的共同联合的行为。在现在的情况下，被共现的陌生的自我与被呈现的、身体性的有形物在单个知觉对象的统一体中融合了起来。现在重要的是，这个陌生的自我并没有作为纯粹的"附属物"而与显现的物质事物相融合，而是被我统觉为对那个物质身体起支配作用：他人的物质身体"**首先共现出**其他自我在这个存在于那里的物质事物中的支配作用"（151，我做的强调）。当然，这就意味着其他自我被共现成了为它自身构造出来一个活生生的身体。但是，仅仅凭借着把起支配作用的自我共现出来的显现的物质身体，它就为我而被构造成为一个身体。因此，同一个事物就被我们二者构造成为一个身体。如果同感以这种方式补充了关于物质身体的经验，"那么，在共现中，在与呈现层次综合性地一致中，我就具有这相同的身体，就仿佛它被给予了其他自我本身一样"（153，我做的强调）。虽然两个原真的本己性领域作为意向行为的意识之流和质素的意识之流必然是分离的，但是却能够存在一种意向的、意向对象的同一性，也可以说是交互主体的共同构造。普遍的"意义添加"——我的原真"世界"借此而成为一个真正的、客观的世界——涉及这些可能的无所不在的意向同一性。

虽然胡塞尔在谈到他人的身体时，都把它看作是最早的，因而目前为止也是唯一的、客观的存在者，但是客观性的意义"添加"不能在此终止。因为他人不仅被统觉为感觉到和移动他的身体，而且也被统觉为从其自身的零点方向来感知他的环境。他人的物质身体"首先共现出所有其他自我在那个存在于那里的物质对象中的支配作用，并且间接地共现出他在自然中的支配作用，这个自然在知觉中向他显现，也就是存在于那里的那个物质对象所从属的自然，即我的原真自然"（151—152）。简言之，由于他人"介入"（insertion）到我的世界中，我把他人感知为感知（或者，至少有能力去感知）我所感知的东西。因此，在整个世界中，在我的本己性领域与他人的本己性领域之间，我们都拥有可能的意向交汇。每个可被我所感知的对象对我所不能具有的陌生视角——考虑到我的现实情况——都是开放的。通过这种方式，他人的陌生性一举把我的"世界"转变成了一个真正客观的世界。或者更确切地说，我先前的世界现在获得了只是作为共同的世界的某个视角的意义，这个视角有可能是共同世界的一种歪曲显现。此外，我自身也获得了一种意义添加，由此，我，甚至我的意识，变成了那个世界的一部分：我变成了一个"心理学的"和"心理物理学的"主体。虽然在我的唯我论领域内部，我能够把自己构造成为部分地"物理化的"，因为这仅仅意味着我能够认识到，我的身体有一个物质层次，它达到了可以与任何纯粹的物质事物相比较的程度，但是他人所实现的却是我被世俗化了。我对他人匆匆一瞥就被抛到了一个世界之中。他人把我从"我的"世界中驱逐了出来。现在，我与其他任何可能的主体都是一样的，在实在性的构造方面，我并不占据任何特权地位，而是经历着胡塞尔所谓的"我的存在与所有他人的存在的客观化的等同"（158）。

胡塞尔关于交互主体性的论述以明确的形而上学结论收场。在本书的结语中，此时作为绝对实在性出现的并不是我的先验自我，而是先验的交互主体性。具体地说，这是"一个开放的单子共同体"（158），正是它构造出了客观的、唯一真正实在的世界。共同体的概念对于胡塞尔来说是极为重要的，他在这部分内容中反复对它予以强调。虽然胡塞尔坦率地承认，他关于事物的形而上学方案与莱布尼茨的单子论惊人地相近，但是他指出，与莱布尼茨的单子不同，他的单子是有窗户的——"同感的窗户"，这就使单子可以"接受陌生的影响"（*Int II*，295）。胡塞尔说，因为那些与我一同存在于共同体之中的其他单子是"与我联系着的"（157）。在同一页，他甚至谈到了"他人伸入我的原真性之中"。当然，这并不等于单子之间存在着任何具有因果性的"实在联系"。[1]事实上，在世界的被构造层次上，诸多有形主体的空间分离充当着诸多先验主

---

1 由于这个术语具有一种只表达"如果那么"的宽泛意义，所以，胡塞尔偶尔仍然能够谈到交互单子的"因果性"，譬如，*Int II*，268；*Int III*，376。——原注

体之间的实在分离的影像。这里所讨论的关联性并不是"非实在的"或者意向的。凭借着另一个人的意义以及他的特殊成就——这些成就在我的先验自我中被构造为某种被共同构造出来的东西——的意义,我被他人激发了起来。虽然先验共同体在我之中被构造了出来,但它却被构造"为一个共同体,这个共同体也在其他每个单子中被构造了出来"(158):

> 作为一个(以绝对的态度生活的)先验自我,我发现自己是由外部决定的。然而现在,我却不再作为由外在实在性所决定的空间时间的实在性。现在,"外在于我"与"由外在的某个东西所决定"是什么意思?从先验层面来讲,显然我可以被"外在的"某个东西,被超越了我的自足本己性的某个东西所制约,只有当它具有"其他的某个人"的意义,并且以一种彻底的可理解的方式在我之中被看作另一个先验自我,并使这种看法合法化的时候。从这里出发,不仅众多的共同存在的绝对主体("单子")的可能性与意义,而且那些先验地相互激发的诸多主体的可能性与意义……都变得明白清晰了。
>
> (*FTL*, 243—244)

先验地讲,只有通过某种"意义"我才能够被"外部"所激发,因为要先验地谈到我自身,就是要谈到作为构造意义的我自身。只有另一个人的意义能够带我"出离"纯粹的我"本己"的意义。此外,在这种关联中,我是被动的。其他主体作为被构造出来的、被证实的"有效性的统一体"并非我的纯粹幻想甚至理论：我经验了它们。当然，我并没有现实地经验到它们全部，因为交互单子的共同体是不定地、或许无限地广大的——一种"开放的多样性"，这种多样性反映了单子共同体在自身内部所构造的"无限开放的自然"（158）。但是所有的单子都相互处于可能的联系之中，因而也和我处于可能的联系之中（167）。

由于他人只是可想象的——因为另一个人的意义只能在同感中被构造出来，又由于同感涉及一个身体，并且可以衍推出客观化，所以先验的沟通（intercommunion）只能在一个世界中发生。先验的交互主体性"在世界内部把自身空间化、时间化和现实化（从心理物理学角度来讲，尤其是作为人类))（166）。此外，它必须做到这一点：胡塞尔以下面的话引出了刚才所引用的那段话，"我不能以别的方式设想众多的单子"。稍后，他说，一个客观的自然，因而按照其含义，构造这个自然的自我世俗化的交互主体性"必须存在，如果在我内部存在着一些结构，这些结构涉及其他单子与我的共同存在"（167）。此外，单子必然只能形成一个共同体，因而构造出单独一个客观世界。虽然有可能存在单子所构成的几个共同体，它们确实相互隔离开来，并且具有迥然不同的物理化形式，但是由于每个单子在原则上都能够相互联系，因此这几个共同体所构造出来的形形色色的"世界"将只是"纯粹的周围世界……是他们所共有的、唯一的客观世界的某些纯粹方面"（167）。胡塞尔的形而上学著作的特征是，这些关于必然性的主张经常是模棱两可的。也许正如刚才所引用的那段话，有时胡塞尔可能只是说，既然我的先验自我享受到了和谐的同感经验，那么自身肉体化的交互主体的单子共同体必定存在。更确切地说：这个共同体的意义隐含在我对具有客观意义的世界的经验之中，这个共同体的现实存在是有条件地绝然的，它与最终和谐的经验并不一致。然而，胡塞尔有时似乎主张，先验主体性的世俗化与共同体化却是无条件的形而上学必然性。想到他的关于世界神圣的圆满实现与先验单子的自我*存在*的观点，我相信至少大部分这些陈述应该以更强的意义来看待。毕竟，正如我们在第四章所看到的，对于胡塞尔来说，先验共同体中的每个单子的和谐结合都是"神的自我实现过程的一部分"（*Int Ⅲ*，610）。

同感：更广阔的图景

虽然最后这篇沉思的主要论题是客观性，但是大多数批判的关注点都被明确地指向了胡塞尔关于同感的论述。事实上，人们普遍认为，这是他的全部哲学中最不尽如人意的部分之一。虽然在一般情况下，我必然会避免在本书中详细地评价胡塞尔的观点，但是由于同感是他在《笛卡尔式的沉思》中长篇累牍地探讨的一个具体问题，又由于这个讨论通常被视为他对主题的明确探讨，因此做出某些评价或许是适宜的。由于我不可能讨论所有那些形形色色的针对胡塞尔的这一论述的批评，因此我将集中关注两个我认为最根本的并且明显具有决定意义的批评。

虽然毫无疑问，胡塞尔关于同感的论述被公认为既是细致的又是透彻的，但是有人也会感觉到，不论人们对他的细节如何吹毛求疵，甚至是他所提出的关于同感的一般图景也是极不合情理的。譬如他的论述似乎意味着，为了认识到他人是一个活的有机体，我必须具有关于我自身的外表的物理显现的精神图景，至少就那些在我对他人身体的知觉中具有重要意义的身体组成部分来说。但是这确实是绝对必需的吗？那些对他或她的身体的显现毫不在意的人确实不能认识另一个活生生的人吗？这种论述从发生的观点来看尤为不合理。因为虽然胡塞尔在第五沉思中说，他所关注的是对交互主体性的"静态分析"，这种分析"并不会涉及去揭示在时间中进行着的发生"（136），对于胡塞尔来说，这种隔离最终是不能成立的。在他看来，至少就对象的基本类型来说，在基础方面在先的东西在发生的方面也在先，正如我们在第三章所看到的。事实上，胡塞尔本人在论述他所假定的静态分析的过程中告诉我们，一切统觉都返身指向了一个原构建，正是在其中，统觉的意义"最早被构造了出来"（141）。在第五沉思中，他关于同感的论述难道不是关于同感的动机的发生，因而也是关于这个"原构建"的论述吗？如果不是的话，这个论述将会成为什么样子？本篇沉思所提供的论述如何能够与这样的论述相一致？至少，胡塞尔需要为我们提供某种关于同感的发生论述，因为关于一个遗留给我们发生问题的、毫不相干的对象的现象学分析，将不会具有他所上下求索的终极明晰性。在某个地方，胡塞尔谈到了休谟作为哲学家的伟大，他声称，这种伟大还没有被人们充分地意识到，他是这样描述的：

> 如他所看到的，在纯粹本我论的内在性的具体性中，每个客观物都由于主体的发生而被意指（和被感知，在顺利的情况下）。与那种具体性相关，休谟第一个认识到，**为了使每个为我们而存在的事物的合法的存在意义都能通过其终极起源而变得可以理解，我们恰恰需要研究作为其发生构成的客观之物。**

> （*FTL*，226—227，我做的强调，译文有改动）

如果第五沉思中的论述本身可以被看作是对同感的原构建发生的论述，那么胡塞尔在这部分内容中所描绘的奇妙复杂的动机似乎就必须被不可思议地归于对他人的存在毫无认识的幼小婴儿。最不可思议的是，这个提法似乎认为，那个婴儿由于细致地考察了他或她本己的身体，因而才获得了在本质上进行同感的能力！此外，虽然胡塞尔把其他的人当作其他身体的主要范例，但他当然想让自己的论述涵盖我们关于一般动物的认识。事实上，在《观念 II 》中，关于同感的较早的、较简洁的讨论在某种程度上已经明确地表现为在引介"动物"领域本身的构造问题（*Ideas II* ，第43—47节）。但是譬如一只鸵鸟，它并不与我多么相像，在很多方面，它甚至还不及一尊根本不能激起同感的人像。

胡塞尔的论述的第二个明显问题是这样的。他不仅在本书中，而且在关于这个主题的大部分著作中似乎都假定了两点内容：一点是，将被构造者是与我的自我相似的一个自我，另一点是，我对自我之所是的原初认识是在与我自身的关联中获得的，也就是通过胡塞尔经常称为的"自身知觉"（self-perception）或"自身经验"（self-experience）获得的。由此出现的图景是关于诸多主体的图景，这些主体根据他们初次掌握的心智来解释他人。我们已然看到，尽管胡塞尔声称，在本篇沉思中他只是进行静态现象学的研究，但是他却涉及了"原构建"这个发生的概念。在当前的关联中，尤为令人担忧的是，他主张我是同感的原构建之源。因为这确实似乎意味着某种"自身经验"，它在发生上先于关于他人的意识。然而，一个与之相比更加合理的、似乎是随着康德之后的德国唯心论而最早出现的观点则认为，没有交互主体性就没有自我意识。这并不是说我们应该在这里对"其他心灵的问题"，即纯粹的自我意识或笛卡尔的我思必然伴有他人的实存这个问题迅速地予以回答。而是说，如果没有关于另一个主体的某种认识或者某种（也许是纯粹假定的）经验，那么这种自我意识就是不可能的。通常的哲学唯我论者当然不会缺乏这种认识：他必须具有这种认识，才能去否定那些实际上在现实中与之相符的任何东西。因此，问题在于：有人主张具有自我意识的主体是有可能存在的，这个主体不仅意识到了一个"原真"世界，而且能够进行反思和自我意识，虽然他根本不知道经验的其他主体，甚至不会把他们当作纯粹的可能性来看待，他只能等待经验的过程，并以之为"动机"来"促发"这种认识。这样的一个主张是如何合乎情理的？反过来讲，难道经验的其他主体不能是自我意识主体之可能性的先验条件吗？或者说，更为合理的是，这二者相互决定，相互制约，他人的构造与作为自我意识之存在的我们自身的构造密切联系、并行发展？当然，从经验的层面讲，在小孩到了以"人的"方式开始与他人联系的年龄之前，我们不会从他们身上发现一丁点关于自我意识或反思的蛛丝马迹。虽然从生物学的角度来讲，野孩儿是和我们完全一样的，但是如果没有其他人的干涉介入，他们永远不能获得自我意识的人格。人们对它思考得越多，它就越发变得比一个"我"只能作为一个"你"的相关项而出现更易于理解。

在本章的其余部分，我会指出，通过牢记于心的两点内容，上述的诸多批评是如何被极具意义地削弱了，即使还没有得到彻底的解决。首先是胡塞尔的同感理论——至少如《笛卡尔式的沉思》

所示——所应操作的层次。因为同感与下面所有的构造故事都有关联：普遍的动物生活，"灵魂"及其"心理状态"，在意向上指向富有意义的"周围世界"的其他人，以及先验单子。我们需要特别注意的是，这些形形色色、各种各样的"他人"是如何与使他们有可能成为对象的种种构造相互联系的。那将是本章最后一节的主题。牢记于心的第二点内容就是，除了本篇沉思之外，胡塞尔关于同感的其他的广泛著述。因为虽然《笛卡尔式的沉思》一书通常被人们看作是胡塞尔对这个主题的权威论述，但是在《胡塞尔全集》中，我们还能发现三大卷主要探讨这个主题的著述，其中第三卷（也是最厚的一卷）比《沉思》中的讨论还要晚近些。交互主体性问题是胡塞尔一而再，再而三地返工的一个问题，他不断地发现作为"解决方案"的那些早先尝试的种种问题。胡塞尔关于这个主题之论述的开放式结尾的、试验性的本质只能与关于时间的终极构造——胡塞尔认为，这是所有构造问题中最难的一种构造——的论述相媲美。对于有关胡塞尔同感观点的知识仅仅来自《笛卡尔式的沉思》的那些人来说，这个源于他处的材料的大部分内容都会令他们大吃一惊。在本节中，我们将简单地考察这个材料。

通过对胡塞尔关于同感的其他著述进行解读，我们可以立刻揭示出，事实上他对同感的发生问题是非常担忧的。下面这段（以手稿中颇为少见的某种简洁风格出现的）话就足以说明问题：

母亲是视觉和触觉的统一体……孩子希望母亲保持其正常的"模样"，借此，孩子的原初需要可以得到充实。他会不自觉地哭闹；有时模样也会"发生作用在很晚的时候，孩子才初次拥有了包含空间性的物质事物的空间，母亲也作为物质事物处于其空间域之中。起初，母亲是同一的、可以认识的，是满足欲望的"前提"：当她来了，在那里了，满足于是就发生了。这里还没有涉及任何关于同感的内容。

(Int Ⅲ，605)

我们很快就会考察紧随着这个发展的故事而生的各个关键阶段；但是胡塞尔声称，在婴儿发展的这些初级阶段之后不久，同感就产生了。尽管第五沉思的论述明显过于理智化了，但是胡塞尔之所以能够把同感的开端估计在这么早的阶段，就是因为他认为同感是天赋本能的表达。他告诉我们，母亲与孩子之间的联系"是原初本能地发展的"(Int Ⅲ，582)。一般来说，存在着"交互主体的本能"(PP，486)。在别的地方，胡塞尔引用性本能为例谈到，"本能的冲动生活能够产生交互主体的关系"(Int Ⅱ，405)。因为我们已经探讨了前两章，考虑到"本能意向性"在胡塞尔的形而上学体系中所发挥的非常根本的作用，那么这个主张的出现可以说是不足为奇的。但是我们也不应该只是期待他假定天赋的"空洞表象"以及仅仅由经验所引起的诸多统觉视域。在这里，如同在一般情况下的本能那样，所有胡塞尔愿意视为天赋的东西都不过是某种倾向。我们也可以回想一下，甚至本能通过自身的满足而得到的"揭示"都缺乏关于本真对象的构造，因而，在当前的联系中也缺乏关于其他主体的意识。譬如，虽然性本能的满足涉及"深入另一个'灵魂'中去"，但是在胡塞尔看来，它本身并不属于同感的范畴(Int Ⅲ，596)。发展的故事还有更多的内容等待我们去讲述。

我们不妨返回到第一个问题，它涉及这样的事实，即关于我们的外表显现的认识被不可思议地看作是同感所绝对必需的。胡塞尔在很多段落中所根本强调的并不是外表显现的相似性，而是行为的相似性——当然，从唯我论的角度看，行为会被统觉为某个种类的物理运动（譬如，*Int II*，284）。在本篇沉思中，这种"行为"倾向于被归属于证实已然发生的同感共现的那种作用（譬如，148—149）。但是一般来说，胡塞尔的著作并不主张这样的分离，我们已经在第四章中看到，无论如何这种分离多少都会有些造作。因此，我们现在并不主张，仅仅因为某些活动是由某个适当的有形的物质对象实行的，它们就可以被看作是行为，而是主张某些类型的活动可以直接作为动机促发起同感的"结对"。然而，在众多我们通常视之为身体里的"支配作用"之表达的活动中，哪一种活动在这里是最为根本的？当一种活动由于不具有通常的物理因果律的风格而显现出被引导——在知觉上被引导——的样子时，那么这种活动就可以被看作是行为。在一篇手稿中，胡塞尔写到了"一种反对意见。自然因果律和作为身体之因果律的自我因果律（I-causality）——我正是在身体中作为部署能量的人而起支配作用的"（*Int II*，427）。要在空间时间上来具体指明我们所讨论的活动的级别，这在理论上可能是十分困难的，但是我们从经验中认识到，它们在知觉中几乎是不会出错的。事实上，在一个心理学实验中，当人开始移动时，黑屋里的十二盏灯——没有它们，屋子就会一团漆黑——立刻就被主体视为依附于人的身体的（Johansson，1975）。这种对行为的强调也有助于解决相关的问题，即我们至少可以直接统觉作为世界的共同感知者的更高级的动物，尽管他们与我们有着迥然不同的外表。虽然一只鸵鸟在形体方面看起来与我大不相同，但是它的活动却并非如此地不同。事实上，与那些没有被我统觉为有意识的东西相比，它的活动和我的行为更为相似。我们看到它不仅奔跑、蹲伏，而且同时在细察，窥视事物等。这个"同时"意味着它的活动与我所展现的那些活动之间的某种很大程度上的相似性。

　　然而，甚至对被感知到的诸多对象的活动的强调——如果它们的活动被认为是与我们本己的活动相似的——也需要认识到，我本己的活动的身体是如何从一个外在的视角中显现出来的，与认识到同感之发生的合理必然性相比，我们需要在更高程度上实现这种认识。这个问题难道就不再成为问题了吗？现在，虽然我并不知道胡塞尔已经考察了这种可能性——然而，正如我们马上将会看到的，他至少暗示了这一点——但是，我们确实能够在没有认识到我们本己的活动如何向一个外在的视野显现的情况下，证明他人的活动与我们本己的活动之间的可以识别的相似性。由于他人的身体显然在我们的知觉中显现，因此胡塞尔倾向于假定，这样的身体所具有的与我们本己身体的任何经验的相似性必定同样是知觉的相似性。然而，也许我们在同感层面上所适合的正是某些类型的活动本身之间的相似性——有些活动是外在地被感知到的，而有一些则是通过动觉和我们投向世界的变化的视角而"内在地"被感知到的。因为我们在无需设想他人眼中的我们是什么样子的情况下，就可以"从内部"知道，我们的身体在空间中移动并且如何移动，知道我们的目光掠过一个场景，固定在一些对象上，并且知道如何掠过如何固定等。在没有认识到任何物质相似性的情况下，这些活动的纯粹运动的属性与在某些外在的身体中所感知到的那些属性之间的相似性或许能够被察觉到。事实上，现在看来，能够认识到被感知的外在活动与未被感知的、但却可以感觉到、可以实行的身体活动之间的某些等同性，这种能力是天赋的。譬如，有证据表明，婴儿在其生命的第一天就可以模仿各种各样的外在地被感知到的面部活动，如伸舌头（Meltzoff与Moore，1983）。这样的婴儿不可能意识到它自己的面庞与它所看到的面庞相似。事实上，考虑到还有证据表明，幼小的婴儿甚至能够模仿外在地被感知到的非身体的活动，譬如铅笔的突起，所以物质的相似性在这里几乎不是关键性的。

然而即使存在着这些天赋的"内在形式的"等同性，我们仍然需要认识到，何种行为对于婴儿中的同感的发生至关重要，以及它为何如此重要。毕竟，一般而言，成人的行为与婴儿的行为大不相同：我们并不会整天躺着，猛然地活动我们的四肢！胡塞尔在他的某些著作中提出了一个主张，这个主张因其真知灼见而备受关注。因为他提出，不但他人的语言表达和面部表情，而且指向我们的行为，都对同感的发生具有极为重要的意义。虽然有时在探讨行为时，他仿佛认为它只与关于他人的"个性"认识相关，与证实我们对他人心智的评价相关，而这二者都以同感的就绪为前提，但是，在这个段落之后，胡塞尔也提出，关于这种指向我们的行为的认识在"孩子与母亲的最原初的发生连续性"中发挥着特殊的作用（*Int II*，504）。在涉及声音时，他也指出：

孩子自己发出的声音以及类似的、之后听到的声音充当了自我的客观化或者那种"改变"——在孩子已经拥有或者能够拥有他的可见身体与"他人"的可见身体之间的感觉相似性之前——的形态的第一座桥梁。

（*Ideas II*，96n）

我认为把这些思想与胡塞尔晚期的一段话——在其中，胡塞尔讨论了母亲与孩子之间早期的相互影响，同时这段话也强调了富于表情的、有表现力的面庞的重要性——结合起来加以整理，一定会卓有成效。我们所讨论的这段话实际上是我们先前所引用的、婴儿向交互主体性发展的故事的延续，只是这种交互主体性在同感出现之前就中断了。他继续写到了：

在［孩子］自己的身体——他自身的已然被构造出来的器官，讲话的嘴唇，眼睛以及眼睛的活动等——与母亲的嘴唇活动与说话的关联中的本能的东西。**作为身体与同感的一个陌生的身体**。

（*Int III*，605，我做的强调）[1]

胡塞尔继续感到好奇的是，母亲与孩子嬉戏地进行的彼此模仿的前语言的相互影响——有时也被称为"原对话"——在同感的发展过程中能够具有什么样的作用。如果我们把这两段话结合起来整理一下，就会出现这样一个思想，即要把一个物质事物统觉为一

---

1 注意这里所提到的"本能的"东西：它可能是对最近提到的天赋的、内在形式的等同性的认可。——原注

个身体，至关重要的是，这个事物以纯粹的物质事物所不具有的方式与你相符合。尤其是，与活动中的某种相互作用相协调——它表明某些活动既可以由你引起，又可以反应迅速地指向你——是这些段落里所出现的关键内容。也许在这里，我们拥有了关于既不是纯粹"物质的"，又不是纯粹"运动的"，而只是涉及"行为"的被指导性与被指向性的那种相似感的一些材料。我认为，胡塞尔的这些言论具有惊人的预见性，因为只是在最近时期，儿童心理学家才认识到，婴儿发展到交互主体性——大约是两个月到九个月——以两个质的变化为特征：按照克尔因·特里瓦森（Colwyn Trevarthen）的思想，第一个变化就是现在通常被我们所称为的"第一交互主体性"的出现，它以胡塞尔所提到的种种相互影响的行为为特征（参见 Trevarthen 1993 以及那里所引用的他的早期著作）。在这些"原对话"中，婴儿所关注的是母亲的面庞；后者则把面部表情与"婴儿式的谈话"指向孩子；孩子自己通过肢体动作，声音反应以及面部表情，以一种不会对其环境中的其他事物所采取的回应方式来进行回应。母亲也继而予以回应，相互影响得以充分地进行。在这个过程中，关键的是双方动作的时间次序。在这个阶段，母亲的回应通常在本质上是模仿性的，它随着婴儿的动作而偶然产生，并且直接仿效婴儿的动作。特里瓦森把这种互换比作音乐的二重奏。但是在这种互换中，什么被互换了呢？当然是种种肢体动作；但是什么作为动机促发了它们，它们的意义是什么呢？现在人们通常认识到，本质上讲，这里被互换的是情感。特里瓦森写道，"二重奏"变成了"连贯的、令人满意的情感的叙述"（1993，p. 139）。考虑到母亲的动作明显受到婴儿从相互作用中所获得的感知享受的影响，这一结论并不令人感到惊讶。交流独特地产生于情感作用甚至温情、喜悦之中。如果母亲的面容一直冷漠淡然，那么婴儿或者会转向别处，或者会表现出痛苦的样子。在这里，我们显然对发育的婴儿在他人那里的充满活力的回应性具有某种认识；在我们刚才所引用的那段话中，胡塞尔认为这已经表明了同感的发端。然而，我们还远远没有认识到他人的主体性——胡塞尔在其全部著作中都一贯地视之为同感的主要成就。在其著作的其他地方，胡塞尔甚至对幼小的孩子提出了更多的要求。为了接近这个更为深远的问题，转而思考我们的第二个问题将会十分有益。

虽然在胡塞尔的著作中，有一些段落可能会给我们留下这样的印象，即他认为自我意识的本我性是主体性所能够采取的最基本的形式，如此一来，所有的构造就都以这种作为背景与奠基的自我意识为前提，但是事实上这根本不是他的观点，他的观点实际上已然在我们的研究过程中出现了。因为胡塞尔关于"被动综合"的谈论并不仅仅表明了一种先于自我的专注活动、因而先于自身意识的专注活动的构造层面；在我对胡塞尔的形而上学的简略勾勒中，我提到了主体性从相当原始的起点上升到自我意识的人格这种目的论的发展的伟大图景。在一段话中，他谈到了"尚未具有生命的前我"，因为它还未被质素所激发。这样一个只拥有"隐含的'世界'"的单子需要由我们这些理性演化的活生生的载体来引入现实："有生命者唤醒了无生命者。"（*Int Ⅲ*，604）因此，胡塞尔在交互主体性的背景下明确地提出自我意识的本我的发生问题，也就不足为奇了。譬如，他谈到"Urkind"——"原孩童"——必须发展成为一个个体的、自我意识的存在，这种发展是从"没有反思"的原始意识开始的。正是在这种关联中，胡塞尔提出了同感的"初次"发生的问题，他说，对于年幼的孩童而言，"我是被遮蔽着的，就其并不作为一个我而成为主题来说"（*Int Ⅲ*，604—605）。如果胡塞尔也认为，最初我们自身必须通过认识到他人的"个体"意义而对人格与自我意识略有所知，那么他就不可能认为，只有当我们自身作为自我意识的存在而已然处于原真的沉着冷静时，同感才是可能的。事实上，胡塞尔能够明确地说，"自我意识与他人意识是不可分离的"，这是先天的（*Crisis*，256［253］）。他在别的地方写道，"人的原生成发展——在其中，他初次成长为自我意识和关于环境的意识，成长为最初的'我与环境'——产生了这个已然作为我们中的一个我的最早的我"（*Int Ⅲ*，182）。在另一段话中，胡塞尔直言不讳地说，在"你"还没有被构造出来的地方，"也不会有与之相对的我"（*Int Ⅰ*，6）。最后，胡塞尔声称，在一个唯我论的主体中，"所有激发和行动的必然呈现之极"

> 变成一个我，从而变成一个人格主体，从而在我—你关系中获得人格的自我意识……在同感中，那个我已经意识到它自身是它的生活主体，是它的环境主体……由于返身涉及一个人的本己的反思主体，它也意识到了作为"另一个我"的陌生的我。

> （*Int Ⅱ*，171）

最后这段陈述尤其表明，胡塞尔认为，自我意识与他人意识是在同感中一起产生的。这里，我们显然比前面所讨论的"第一交互主体性"处于更高的层次，并且达到了真正意义上的同感。

　　然而，胡塞尔在对这个发展阶段的讨论中表现出了更多的预见性。譬如，他谈到了对他人意向的一种几乎格赖斯式（Gricean）敏感性的重要性[1]："我按照某种意向来做事情，他人会注意到这一意向，在期待中……注意到我有这种意向的他人也应该［如此这般地］做。"（*Int II*，167；试比较，Grice，1957）接着，他特别提到了交流某些东西的意向——尽管是在前语言的层面上，他以罗姆人的方式为例：罗姆人会把小树枝放在交叉路口，这样一来，他们那些流浪的同伴由于知道树枝的呈现背后所蕴含的某种意向，因而就知道了该走哪条路。这就使胡塞尔谈到了"直接的交流，或者更好的表述是，一种接触，它在原初经验的同感中创建了我与你之间的原初联系"，他说，我们在这里拥有了"彼此相对的原初经验"。我认为这也是具有前瞻性的论述，因为在婴儿向交互主体性发展的第二个关键阶段——此时它大约九个月大小，我们发现了"第二交互主体性"的出现。在介入阶段，婴儿已然对他人表现出来的情感发展出一种更加细致入微的敏感性。但是，正如该领域的一位杰出研究者所说的，

　　　　在更加幼小的婴儿中，同感过程本身是悄无声息地进行

1　格赖斯（H. P. Grice, 1913—1988）是美国日常语言学派著名的哲学家，他于1957年在《哲学评论》杂志发表"意义"一文，首次提出了他有关意向意义理论的观点。在此基础上，他于1967年在哈佛大学所作的三次学术报告中提出了著名的会话含义理论及其推导原则——"合作原则"，对语用学的发展产生了重大影响。——译注

着的，只有同感的回应可以显现出来。让婴儿认识到连接个心灵的同感过程已经被创造了出来，这则是毫不相干的另外一回事。看护者的同感……现在变成了婴儿经验的一个直接对象。

（Stern 1998，p. 126）

正是在这个第二阶段，"第三方"对象被引入母亲与孩子的相互影响之中。譬如，只有到现在，婴儿才开始追随他人的目光去观看他人所观看的东西。他们也开始理解指示的手势。他们自身通过指向对象或者朝着对象做手势也把这些对象引入相互作用之中，他们期望看到他人是如何对这些第三方对象和事件做出反应的。手势尤其表达了他人具有知觉注意力这样的认识，也表明了指向那一注意力的意向。此外，当婴儿明白了他人的手势时，它偶尔也会回想一下，以便证实自己已经正确地读懂了他人的意向。事实上，当婴儿自身指向某物的时候，他自己的目光也典型地在被暗示的对象以及他人的面庞之间游移交替，以便看看他人是否正确地读懂了他自己的意向。所有这一切以及对他人目光的追随都清楚地表明，婴儿已经认识到，他人具有一种投向世界的视角。我们在这里拥有了关于他人主体性的第一次真正的认识。当胡塞尔在下面这段话中写到"我你关系"的发生时，他心里所想的无疑是与这些类似的相互影响：

我经验到一个事实，它在任何情况下都处于他人的直接经验领域中，我通过某种"暗示"使他注意到它。手或手指等的某种活动会使他留意，会"指引"他的注意力，并把这种注意力"引向"这个方向——在此方向中有他人所感兴趣的东西（正如我已然对之饶有兴趣了）。

（*Int* II，167）

胡塞尔关于同感的论述的地位与范围

我希望自己已经表明：一方面，胡塞尔敏锐地注意到了同感的发生问题，对之充满了兴趣；而另一方面，他的言论包含着关于事物真理的非凡洞察（尤其是对时间问题）。然而，我们现在面临着两个问题。首先是，胡塞尔这些言论的地位是怎么样的？其中的许多内容似乎具有经验假说的本质。譬如，他关于声音在交互主体性的发展过程中的至关重要性的论述就是以这样的话开始的："依据我的观察，似乎……"（*Ideas II*，96n）但是，在本质的先验现象学中，这些因果观察能够拥有什么样的位置呢？显然什么都没有；我确信，胡塞尔也不会假定它会有什么位置。我近来所引用的那些段落都来自他从未想到要发表的工作笔记，在这些笔记中，他不遗余力地利用一切可能到手的助益来制定他的观点。然而，我相信，他最终希望用一套相当抽象的条件来说明具有本质必然性的真实的同感的发生。确实，必须要对抽象予以重视。我们的母亲的声音对于我们大多数人来说很可能具有极大的实践重要性；但是聋人也能够达到同感。盲人亦是如此，尽管胡塞尔典型地强调视觉所传达的那些东西。这些感官中的这个或那个感官也不是不可或缺的，正如只能以触觉作为其通向世界与他人的唯一门径的海伦·凯勒（Helen Keller）的例子所表明的。在这个领域中，唯一不可或缺的就是能够在相互影响——我们知道它能够导致同感的产生——的所有形式中被体现出来的某种东西。因而它可以根本不是什么物质的因素。与胡塞尔本人的某些思想一致，我一直都主张，存在于同感发展之源的是关于他人身体对某人自身的动作予以回应的认识，这一认识的动机是两个行为者在互换中的行为的时间次序，这种互换本身受到情感回应的调控。假定一个人对此思想得越多，心中越牢记着我们所关注的诸多主体的精神发展的原始层面，那么它就有可能被看作是具有本质必然性的地位，这种假定并不是完全不可思议的。然而，即使这些发生问题已经清楚明白地显示了出来，也不能说我们已经达到了胡塞尔所提出的关于交互主体性（或自我意识）本身的绝对透明或可理解性的永远的最终目标。那仍是一个谜，并且无疑将永远是一个谜。

或许第二个问题更为严重。如果说，胡塞尔如此的关注同感的发生方面，那么在第五沉思中，为什么这方面的内容只是被浮光掠影地涉及，而在那里提出的关于动机的论述却没有从根本上受到限制？虽然我所引用的有关发生的材料均来自《笛卡尔式的沉思》写作之后的一段时期，但是我并不认为，这个问题的答案在于，胡塞尔在写完本篇沉思之后就改变了他的想法——如果仅仅因为他后来的著作也以那些他在其中执着地发展同感的方法的诸多段落为特征，而这种同感方法恰恰可以在最后这篇沉思中得以发现。因此，当他提出这些关于同感的、在发生层面上非常不可思议的论述时，他当时究竟认为自己在做些什么呢？尤其是，为什么他会坚持认为，要使同感成为可能，自我意识就必须首先准备就绪？我认为，只要细致地考察在这部分内容中，胡塞尔到底致力于分析谁的同感成就，就能够发现这个问题的答案。这个问题的答案并不难于发现：他所根本关注的是，对于先验沉思的哲学家来说，同感是如何可能的。毕竟，整个这篇沉思就是沿着下面的问题得以展开的："当我这个沉思的我通过现象学的悬搁而把自己还原为我的绝对的先验自我时，我难道没有变成一个独存的我吗？……"（121）胡塞尔所努力论述的正是这个在先验态度内部产生的问题；最后，他通过声称已经澄清了"**在先验态度中**为我而存在的他人"的意义而结束了对这个问题的讨论（175，我做的强调）。与此相关，胡塞尔所根本感兴趣的"他人"是先验的他人，或者作为单子的他人，正如他反复谈到的。他的任务是表明"另一个单子是如何在我的单子中被共现地构造出来的"（144）。正如他在稍后的一个注释中说，"毕竟，这个问题并不涉及其他人！而是说，先验的旁观者所先验地经验到的自我，在自身内部构造出了自我与另一个自我之间的差别，这是如何发生的"（124，注释1）。这个问题很容易被忽略，因为正如这个注释继续讲到的，我们所讨论的差别"最早在现象'世界'中呈现自身；它是我自己的人类自我（通常意义上的我的自我）与另一个人类自我之间的差别"（124）。然而，我们必须先验地理解的恰恰是这个"最早的"现象。因为第五沉思最终是致力于分析客观性的意义的。胡塞尔主要对先验的共同构造感兴趣，因而他也对其他的先验主体饶有兴趣。其他的"人类自我"不可能是我们的主要关注点，因为它们将作为这种构造的产物而出现，它们是共同世界的一分子。这就是胡塞尔说同感的目标是"纯粹的（尚未具有现世意义的）他人"的原因所在（137）。他们是被如此这般统觉的先验的自我。同感中的意义转换能够获得这种认识，因为作为原构建之源，我自身就是被如此这般认识的先验地沉思的单子。在同感中，"被统觉地转换"的部分之一就是我的先验地位。这正是第五沉思所需要的，我们从它的目的——返回到先验的交互主体性这个绝对的存在基础来追溯世界的客观性与实在性的意义——就可以清楚地认识到这一点。

　　然而，如果胡塞尔只对沉思的哲学家——他或她也把自己视为先验的主体——所进行的关于其他先验主体的构造感兴趣，那么深入研究单子中的自我意识的发生就几乎毫不切题，因为先验哲学家显然早已具有自我意识。即使九个月大的婴儿也已经开始获得某一种类的同感，尽管它根本不能充分地认识到自己是意识的中心，更不要说是构造性的单子了。但是如果要实行先验现象学的计划，那么我就必须把其他主体视为构造性的单子。我必须认识到他人和我做着相同的事情：在本己性领域内构造一个世界。因为只有当我在自身的本己性领域内如此这般构造出他们的时候，我才会为我自己（并为他们）构造出一个客观的世界。并不是说，具有这样的发生重要性的、婴儿可能通达的那种动机，不足以实现这里所争论的意向成就：任何足以激起孩子的原始同感的行为，必将足以激起一个具有先验视角的自我意识的、沉思的成人关于另一个先验主体的同感的意识。相反，在涉及后面的主体时，具有发生重要性的动机是不必要的。譬如，指向主体的那些动作很可能对同感具有极为关键的发生重要性，但是在成人的生活中却并非如此。实际上，在成人的生活中，人的身体的简单显现就足以典型地实现同感的共现。因为，事实上我们都对自己的外表显现具有相当良好的认识。任何足以实现成人的同感的东西都会满足胡塞尔在当前背景下的要求：他能够把他的大网撒得像成人的丰富的原真领域那样广大。甚至在成人生活中，也有一种关于他人的日常的同感认识或思考，这种认识几乎明确地设定了他人的意识流：每次我们看到某个人时，我们并没有明确地思想"变化的自我"。胡塞尔充分地认识到了这个事实，并且如我们所期待的那样，把它称为"不真的"或"非本真"的同感478—479）。然而，这并没有构成对胡塞尔的论述——它并不必须是关于这种日常意识的论述——的批判。相反，重要的问题在于，考虑到合适的理智资质与兴趣焦点，我们能够"真正地"把他人设定为一个意识主体，甚至是先验的自我，如果我们是先验的现象学家，我们必须这样做。只有后面这种意向成就的可能性是胡塞尔在本书中的关注点。

结语

（第63—64节）

胡塞尔的《笛卡尔式的沉思》以德尔斐（Delphic）的箴言"认识你自己"和引自圣奥古斯丁（St Augustine）的一段话"不必外求。返回你自身。真理就寓于人的内心"而告终。如果读者一直感到好奇，与我们所由之开始的认识论的诸多关注点相比，我们此刻立足于何处，尤其是先验现象学是如何与由洞察产生的关于普遍知识的哲学理想相互联系的，那么这两句引文就会使我们返回到那个最早的、"原构建"的观念。因为胡塞尔的论点是，只有先验反思才能符合这个知识理想。相比之下，所有的实证科学，不论是现实的还是可能的，以及所有的日常信念，都是"素朴的"，建立在"偏见"之上的，因为它们并不是在"终极洞察"中奠定其基础的。正如他经常所做的那样，当胡塞尔把这种素朴性描绘为涉及实在世界的现实存在这样的假定时，考虑到这是我们相当有把握地允许自己承认的偏见之一，许多读者都可能会对他的指责无动于衷、不以为然。然而，在我们考察胡塞尔的思想的过程中显露出来的是，这里的素朴性恰恰遗忘了意识中的诸多过程，这些过程根本就是对所有现世事实的任何信念的前提。胡塞尔写道："日常的实践生活是素朴的。它沉浸于已然被给予的世界之中，不论它是一种经验、一种思想还是一种评价。同时，经验活动的所有那些多产的意向功能——正是由于这些意向功能，物理事物才简单地存在于那里——继续隐匿地进行着。"（179）正如我们已经看到的，当我们不是关注"物理事物"，而是以"心理的"、反思的方式关注我们自己的心灵及其内容时，这一点更加正确。我们在关注世界中的精神对象或物理对象时，我们忽略了使这些对象向我们显现的意识的构造过程的本质。甚至"实证"科学也以这种素朴性为特征，"由于这种素朴性，科学把它称之为客观世界的东西当作一切存在者所构成的宇宙，但却没有注意到，没有什么客观的科学能够对实现科学的那种主体性予以充分地评判"（*Crisis*，342［294—295］）。由于所有的对象都在先验构造中奠定其基础，因此终极奠基的原初的哲学"理念"和被奠定的知识必定具有先验的特征："先验的主体性，进行构造的生活……仍然是隐匿的。完善的科学必须也是关于先验起源的科学。"（*EP* II，356）只有这样一种真正科学的哲学，"通过这种向先验自我中的可以设想的最终根据的回溯探询，才能充实哲学从其原创建时起就与之俱来的意味"（*Crisis* 195［192］），因为这种原创建就是关于最终将通过洞察而被证明其正当性的知识理想的原创建。但是由于意识中的合理的构造过程，我们能拥有的一切可能的知识就是这些。因此，洞察的最终根据需要关于这种构造关系的洞察："如果没有对合理的成就自身的本质的洞察，那么任何理性的构成物、任何真理、任何理论乃至任何科学都不可能有最终的正当性证明。"（*EP* II，356）

虽然在《沉思》的早先部分中，绝对的绝然知识这个终极目标被用来引领着我们一路前进，但是为我们提供这种知识的现象学允诺却被无限期地推延了。在《沉思》的最后几节中，"不容置疑性"在这里再次被含蓄地抛弃了。因为胡塞尔说，这些沉思已经证明了"一个必然的、不容置疑的开端和一个同样必然的且总是可用的方法"（178）。虽然是必然的、可用的，但是现象学方法本身并没有声称，它所涉及的诸多步骤都不容置疑：只有那个"开端"，即"我思"，是不容置疑的。相反，作为直接可认识的现象学探询目标而出现的是这样一种知识，它与一切在"自然态度"下所进行的认识相比具有某种优先性。胡塞尔在这个结语性的小节中再次强调了这个优先性问题，尤其是他反复使用了"先天"一词。现象学所关注的是"构造的先天性"（180），是"先验主体性的本质中天赋的无所不包的先天性"（181）。因为一切对象都是被构造出来的对象；先验现象学就是对那些过程——所有事物根本上通过这些过程并且在这些过程之中被构造出来——的探询：它们是意识中的前提条件，任何事物都是凭借它们才成为我的一个对象的。因为对象的构造要么是我们本己的活动，要么是我们的意识之中的一个被动过程，因此先验现象学是"彻底的自我研究……是先验自我所作的意向的自身阐释"（179）。正因如此，才会提到德尔斐和圣奥古斯丁。现象学探询凭借着它的自身阐释的特征，不仅比人类研究的所有其他形式都具有优先性，而且还具有一种本质的可理解性，这是任何一门实证科学、任何一套日常信念都不具备的。通过理解对象在意识之中并为意识而被构造出来，以及这个过程是如何进行的，我们就拥有了"来自活生生的根源——我们的绝对生活——的活生生的真理"（*FTL*，246）。

胡塞尔也声称，只有先验现象学是真正的科学，因为只有它才本真地理解了"在绝对的无假设性之中的关于知识根据的理想"（*FTL*，279）。这种无"偏见"性必须体现在现象学探询的现实实践当中，因为它植根于对在直观经验中所给予的"事物自身"的直接"观看"，也植根于对在反思意识中所给予的、"原初地给予"或者"构造"这些事物的经验本身的"观看"。胡塞尔能够写道，"我尝试着不去训导，而仅仅是去引导、去指出和描述我所看到的东西"（*Crisis* 17［18］）。这样就能够毫不费力地使现象学的探询听起来简单易懂。但它显然是不容易的；胡塞尔本人也没有发现它有多么简单。但是他把这里所涉及的主要成果最终看作是具有伦理特征的成果。因为接着刚才的引文，他继续讲道："作为一个郑重地渡过其哲学式生存的命运的人，我不要求别的，而只要求按照我最好的见解，主要对我自己，但也以相同的方式对他人，发表言论的权利。"这样的生存是最终的自身负责的生存。因为哲学就是理性的生活，而理性只存在于这种自身负责当中：

> 理性是人这种按照人格的活动与习惯而生活的存在所特有的特征。这种生活作为人格的生活通过恒常的发展意向性而实现着恒常的生成。在这种生活中所生成的东西正是人格本身……人的人格生活通过自身反思与自身负责的各个阶段而向前发展，从具有这种形式的孤立的、偶然的行为到普遍的自身反思和自身负责的阶段，直到在意识中把握自律的观念，即意志决断的观念，从而把一个人全部的人格生活形成普遍的自身负责的生活的综合统一体；与之相关，把人自身也形成真正的"我"，自由的、自律的"我这个真正的自由的自律的我试图实现其天赋理性，试图实现忠实于他自身，能够作为理性的"我"而与他自身保持同一……普遍的、绝然的建立起来的和正在建立的科学现在作为人类的必然最高的功能而出现，即如我所说的作为能使人发展到个人自律以及无所不包的人类自律——这个理念表现了以人类最高阶段为目标的生命的动力——的功能而出现。这样，哲学不是别的，

而是……恒常运动中的自身阐释的理性（ratio）。

（*Crisis* 272—273［338］）

然而，毫无疑问，甚至这样的奉献本身也不能保证我们对胡塞尔所"看到"的内容的持久兴趣。那种保证最终在于这个简单事实，即胡塞尔是一位天才哲学家，他以无与伦比的执着所追求的对意识的详尽分析不断地产生各种洞见。任何对"心灵"真正充满兴趣的哲学家，都不能够承担忽略这些内容的后果。这个事实通过他在工作中对一个非常出人意料的方面——认知科学——的日益增长的兴趣体现了出来（譬如，参见Petitot等人，1999）。在"分析传统"中，"心灵哲学"早在20世纪初就因为行为主义（behaviorism）——对于它，我们说得越少越好——而突然陷入停顿。当认知科学最终在这个传统中艰辛地认识到，甚至在我们只关心对行为做出解释的地方，我们也不能放弃详细地说明作为这些行为之基础的心灵中各种各样的"内容在其自身的传统内部，它并没有从摆在自己面前的心灵哲学中发现什么能够使这项事业清楚显现的东西。即使认知科学最终对发现大脑中的物理过程——人们推测，这些物理过程"实现"了诸多的精神状态与体验——充满兴趣，这项研究也需要由关于心智本身的本真论述来加以指导——认知科学家所追求的恰恰是心智的"实现"。因此，不足为奇的是，他们应该转向胡塞尔对意识的复杂结构的详尽研究，正如我所强调的，这些研究具有无与伦比敏锐性。

当然，胡塞尔本人并不会满足于仅仅留下这样一份遗产，在他看来，他的现象学的最重要一点就是它的先验特征，它对下面这个事实的洞察，即只有我们才是意味的终极源泉，才是任何事物对我们所可能具有的意义的终极源泉。一切对象根本上都是意识的一项"成就"。如果没有认识到这一点，就会造成"实证主义"与"客观主义"的素朴性。然而，胡塞尔认为，比这种素朴性更为糟糕的是世界根本的无意义性，它是由任何这种关于世界的非先验的方法所造成的。按照这样一种方法，世界及其对象对于主体来说是陌生的，尤其在涉及理论科学对现实所做的描述的地方。最终，由于试图按照客观主义者的范畴来理解人类，我们甚至对我们自身来说也变得陌生了。我觉得胡塞尔会预见到我们自身的年代：在这个年代中，世界中的在文化和经济上最具影响力的国家在哲学上却喜欢物质主义者的"客观主义"的有史以来最极端的形式（按照这种形式，我们应该沿着与我们理解计算机和机器人相同的路线来理解我们自己）；在这个年代中，针对这种客观主义形式，"欧洲大陆"取而代之的是对"后现代"失范的迷狂——人类精神堕落到一个新的黑暗时代。

附　录

胡塞尔未发表的一些手稿原文

CHAPTER 2

'eine Gefühlseinheit, die allem Erscheinenden eine Farbe verleiht' (M Ⅲ 3 Ⅱ 1, 29; p.74).

'Jedes unserer hyletischen Daten schon ein "Entwicklungsprodukt" ist, also eine verborgene Intentionalität hat, die zurückweist auf eine Synthesis' (F Ⅰ 24, 41a; p.86).

'absolutes *Entstehen* von Bewußtsein aus Unbewußtsein ist Unsinn' (B Ⅱ 2, 4b; p.95).

'Freilich sagen wir, ein hyletisches Datum sei ichfremd, aber dieses Ichfremde hat das eigene, daß es nur eignem einzigen Subjekte zu eignen kann... Das hat das Hyletische mit jedem Erlebnis gemein' (D 3, 11; p.100).

CHAPTER 3

'Jedes transzendentale Ich hat sein Eingeborenes' (A Ⅶ 17, 46a; p.122).

'Intentionalität, die zur ursprünglichen Wesensstruktur des seelischen Seins gehört' (C 8 Ⅱ , 16a; p.122).

'instinktiv auf Welt gerichtet' (E Ⅲ 3, 5a; p.122).

'"Erbmasse" ohne Erinnerung und doch eine Art "Erfüllung" von Weckungen etc.' (K Ⅲ 11, 4a; p.123).

'erfüllende Explikation des universalen Instinkthorizontes' (E Ⅲ 9, 3a; p.124).

'Am "Anfang" instinktives Streben' (C 13 Ⅰ , 6a; p 149).

'Alles Leben ist unaufhörliches Streben' (A Ⅵ 26, 42a; p.149).

'Transzendentaler Instinkt-in einem Sinne die durch die Totalität der Intentionalität des Ego hindurchgehende universale Tendenz' (C 13 I 13b; pp.149–50).

'Das System der Intentionalität ist ein System von assoziativ verflochtenen Trieben' (A VII 13, 24a; p.150).

'die Uranlage des Ich vorausgesetzt für alle Konstitution' (E III 9, 4a; p.150).

'Das Streben ist aber instinktives und instinktiv, also zunächst unenthüllt "gerichtet" auf die sich "künftig" erst enthüllt konstituierenden weltlichen Einheiten' (A VI 34, 34b; p.150).

'Etwa der Geruch allein weckt ein Weiteres ... die doch kein "bewußtes" Ziel hat' (C 16, IV, 36b; p.150).

'Interesse an Sinnesdaten und Sinnesfeldern - vor der Objektivierung Sinnesdaten' (C 13 I, 11b; p.151).

'Das Erste der Weltkonstitution in der Primordialität ist die Konstitution der "Natur" aus ... dem dreifachen Urmaterial: sinnlicher Kern, sinnliches Gefühl, sinnliche Kinästhese. Dem entspricht der "Urinstinkt"' (B III 9, 67a; p.151).

'Die Instinktintentionalität der Monaden gehört zu ihrem weltlichen Sein und Leben, ihre Erfüllung ist weltlich gerichtet' (C 8 II, 16a; pp.151–2).

'Im Spiel der Instinkte: das Wiedererkennen, Identifizieren, Unterscheiden-vor einer schon konstituierten "Objektivität" aus Erscheinungen. Wiedererkennen eines Datums als Inhalt eines Genusses, während man satt ist' (C 13 I, 10b; p.152).

'Die instinktive Affektion führt auf Zuwendung und Erfassung, das ist noch nicht Konstitution von Seiendem; Seiendes ist erworbene Habe, das ist, wozu ich immer wieder Zugang habe als etwas, das bleibend für mich da ist' (A VI 34, 35a; p.152).

'Alle Befriedigung ist Durchgangsbefriedigung' (A VI 26, 42a; p.152).

'die instinktive Freude am Sehen ist ein Prozeß instinktiver Intentionen und Erfüllungen, und die Erfüllungen lassen immer noch etwas offen: der Instinkthorizont geht weiter' (A VI 34, 36a; p.152).

'Das Ich ... von Erfüllungen zu neuen Erfüllungen fortstrebend; jede Erfüllung relativ, jede mit einem Horizont der unerfüllten Leere. Konstruktion der Genesis der Fundierungen im entwickelten Ich' (C 13 1, 10a; p.152).

'Jede höhere Stufe beginnt mit dem Versuch, das Bessere ... zu verwirklichen' (A VI

34, 36b; p.153).

'optisch ist das Gefälligste immer das Optimum' (A VI 34, 34b; p.153).

'die ständig allgemeine "Freude oder Unlust an der Sinnes-wahrnehmung", ein allgemeines "Interesse" im Mitgezogen-sein, das vermöge der mitgehenden Kinästhesen instinktiv auf Konstitution vom Optima, auf Konstitution von Dingerfahrungen, auf Dingkenntis gerichtet ist' (B III 9, 67; p.153).

'Leben ist Streben in mannigfaltigen Formen und Gestalten der Intention und Erfüllung; in der Erfüllung im weitesten Sinne Lust, in der Unerfülltheit Hintendieren auf Lust als rein begehrendes Streben' (A VI 26, 42b; p.153).

'Die angeborenen Instinkte als eine Intentionalität, die zur ursprünglichen Wesensstruktur des seelischen Seins gehört' (C 8 II , 16a; p.154).

'Bloße Empfindungsdaten und in höherer Stufe sinnliche Gegenstände, wie Dinge, die für das Subjekt da sind, aber "wertfrei" da sind, sind Abstraktionen. Es kann nichts geben, was nicht das Gemüt berühr'(A VI 26, 42a; p.154).

'bei jedem Inhalt... ist das Ich fühlendes' (C 16 V , 68a; p.154).

'das Irrationale, das Rationalität möglich macht' (E III 9, 4b; p.154).

CHARTER 4

'wo nicht ein Ding schon erfahren ist, kann kein Gott ein Ding hypothetisch annehmen' (B IV 6, 53b; p.165).

'Einheit einer Mannigfaltigkeit von Geltungen' (D 12 1, 6a; p.167).

'Näherbestimmung: die der Approximation an ideale *limites*' (B IV 6, 26b; p.174).

'die abnomale Ausnahme, die sich in eine allgemeinerer Erfahrungsregel wieder summend einfügt und in der vollentwickelten Erfahrung schon als stimmend dazugehöriges mögliches Erfahrungsvorkommnis ... eingefugt ist' (A VII 17, 34b; p.174).

'zu einer synthetischen Einheit zusammenstimmender Erfahrung zusammenfügbar sein müssen' (B IV 6, 67b; p.175).

'Ist in Wirklichkeit ein Ding, so bestehen *nicht bloß ... logische Möglichkeiten, sondern reale Möglichkeiten,* und das hat keinen anderen Sinn als den, daß es motivierte Möglichkeiten sind, die ihre Motivation in einem aktuellen

Erkenntnisbewußtsein haben' (B IV 6, 98b; pp.175−6).

'meine Welt ist Welt durch die Anderen und ihre Erfahrungen etc. hindurch' (C 17 II , 30a; p.178).

'Wo transzendiert das reine Bewußtsein, das solipsistische (mein reines Bewußtsein) sich selbst? Nur da, wo es fremdes Bewußtsein setzt'(B IV 6, 62a; p.178).

'wenn Bewußtsein nicht wäre, nicht nur Erkenntnis nicht möglich wäre, sondern auch Natur selbst jeden Anhalt, ihre Wurzel, ihre *arché* verlieren würde und damit ein Nichts wäre' (B IV 6, 92b; p.180).

'Gäbe es nicht Bewußtsein mit Erscheinungen, so gäbe es auch keine Dinge' (B 14, 21a; p.180).

'Was wir sagen wollen, ist nur dies, daß es gar nichts anderes gibt als "Geister" im weistesten Sinn, wenn nur das "gibt" imabsoluten Sinn verstehen, und daß Leiber und sonstige physische Dinge nur sind... als Einheiten der Erfahrungserkenntnis' (B II 2, 17a; p.180).

'absolut ist in dem Sinn, daß sie ist, was sie ist, ob Bewußtsein überhaupt ist oder nicht' (B IV 6, 81a; p.211, note 5).

'Bewußtsein absolutes Sein ist und ... jedes Ding nur Anzeige ist für gewisse Zusammenhänge und Motivationen im absoluten Sein' (B II 2, 3b−4a; p.182).

'das prinzipiell "Unvorstellbare": das Unbewußte, Tod, Geburt' (A VII 17, 5a; p.211, note 8).

'Existiert A, so muß die... rechtmäßige Erkenntnis von A möglich sein. Andererseits: Existiert A nicht, so ist sie unmöglich' (B IV 6, 6b; p.187).

'*Ein höherer Geist ist denkbar, der mit Grund das erkennen kan*n, *was wir nicht erkennen können.* Und das ist *keine leere Möglichkeit,* Denn das *wissen* wir, daß unendlich viel Unerkanntes da ist' (B IV 6, 72b; p.189).

'Wir fühlen sehr wohl, daß es eine bloße Konstruktion ist, wenn wir davon sprechen, wie es wohl auf der Sonne und in der Sonne unter der Photosphär "aussehen" mag, wie sich die ungeheure Temperatur empfinden mag etc.' (B II 2, 16a−b; p.190).

'symbolisch-analogischen Vorstellungen ... "erfundene" Empfindungen' (B II 2, 15a; p.190).

'*Existenz von Objekten mag Existenz von Erscheinungen voraussetzen, aber es setzt nicht die Existenz jedes Objektes die Existenz einer Erscheinung ... voraus,* die sich auf *dieses selbe* bezieht in der Weise der Wahrnehmungserscheinung' (B Ⅱ 2, 11b; p.190).

'die spezifische Leistung der Wissenschaft' (A Ⅶ 17, 10b; p.190). ' [wie] das philosophisch-wissenschaftliche Streben nach Autonomie im methodisch technischen Betrieb verfält, wie es herabsinkt zur sekundären blinden Triebhaftigkeit' (E Ⅲ 4, 10a−b; p.195).

'Allgemein gesagt besteht die Rationalität der Natur darin, daß für sie eine matematische Naturwissenschaft möglich ist' (B Ⅱ 2, 23b; p.198).

'Die Konstitution der Natur ist ... von vornherein untrennbar verflochten mit der Konstitution der Leiblichkeit'(C 17 Ⅱ , 45b; p.202).

'eine Gesetzmäßigkeit der erwachten und zugleich noch unerwachten Monaden' (B Ⅱ 2, 12b; p.204).

'Die Existenz von Subjekten, die in Akkord behaftet sind mit Erlebnisregeln, die der dinglichen Konstitution entsprechen, sind im Sinn des Idealismus äquivalent mit der Existenz von Dingen selbst und der Dingwelt. Die Dingkonstitution ist nur potentiell. Aber was ist das für eine Potentialität? Der Buwußtseinslauf ist nicht beliebig, sondern auch, wo er nicht wirklich konstitutiv ist (wo keine wirklichen Dingapperzeptionen entwickelt sind), durch die Existenz der Natur vorgezeichnet. Aber wie, da doch so etwas wie völlig dumpfes Bewußtsein möglich ist?' (B Ⅳ 6, 5a−b; p.204).

'jedes organische Wesen ist "Erzeuger" für neue, die alsbald (oder in schneller Entwicklung) auf dieselbe Höhe emporgehoben werden (der Klarheit) wie die Eltern' (B Ⅱ 2, 12b; p.205).

'ein "nicht-seiend", das ... Sein mit ermöglicht' (C 17 Ⅴ 2, 88b; p.205).

'*daß jedes Ding in gewisser Weise Leib zu einem Bewußtsein ist, wenn auch zu einem dumpfen Bewußtsein,* daß das Sein der Natur zurückführt auf *Sein von lauter Bewußtsein, ewigem Bewußtsein, sich verteilend auf Monaden und Monadenverbände,* und daß, wenn von einer bewußtlosen Natur die Rede ist, es sich um *bloße Stadien niederen Bewußtseins handelt'* (B Ⅳ 6, 72b; p.205).

'Der Fluß des Bewußtsein in einer Monade. Ein Faktisches zunächst. Es könnte auch anders ablaufen. Kann man fragen: warum läuft er gerade so ab? welcher *Grund* hat das? Alle Rede von Grund und Ergründing führt auf Motivationszusammenhänge im Bewußtsein zurück' (B II 2, 25a; p.206).

'von der physischen blinden Natur emporleitet zur psychophysischen Natur, wo das Bewußtsein sein Geistesauge aufschlägt, und weiter empor zur menschlichen Natur' (B II 2, 13a; p.207).

'Alles absolute Sein ist ein Strom teleologisch zusammenstimmenden und auf ideale Ziele gerichteten Werdens' (B I 4, 23b; p.207).

'Wille zur Einstimmigkeit, zur Einheit' (A VI 34, 36b; p.207).

'Ein *Geist* liebt Vollkommenheit, ... strebt sie zu realisieren'(B II 2, 26a; p.207).

'Zu jede Monade gehört eine den Verlauf ihrer Erlebnisse beherrschende Gesetzmässigkeit' (B II 2, 14a; p.208).

'Erst von einem gewissem Zeitpunkt ab entwickelten sich nach der Gesetzmäßigkeit, die alle monadische Wirklichkeit beherrscht, die Bewußtseinsflüsse so, daß ... differenzierte Empfindungen und Gefühle auftraten' (B II 2, 14b; p.208).

'Die Phänomenologie muß ... zeigen, wie die transzendentale Intersubjektivität nur sein kann, zunächst Welt in passiver Konstitution aus Instinkten konstituierend..., wie sie dann "erwachen" muß aus innerer Motivation, aus ursprünglichen Anlagen zur Vernuft' (E III 4, 16b; p.208).

'*wenn eine Natur existiert, kann der Erlebnisstrom nicht beliebig sein*' (B IV 6, 16b; p.209).

'als Regel, unter der alle Monaden ... stehen ... Welche Änderungen in der Empfindungskonstitution möglich sind, dies ist für alle Ewigkeit vorgezeichnet' (B II 2, 17a; p.209).

'ein idealer Wert, der realisiert ist' (B II 2, 26a; p.210).

'Alle Erfahrungswirklichkeit und alle endliche Geistigkeit ist Objektivation Gottes, Entfaltung der göttlichen Tätigkeit' (B II 2, 27b; p.210).

'das Real-sein-Wollen Gottes' (B II 2, 27b; p.210).

'inkonfessioneller Weg zu Gott' (E III 10, 14a; p.210).

参考文献

Burge, Tyler (1979) 'Individualism and the Mental'. *Midwest Studies in Philosophy,* 4, 73–121.

Cairns, Dorion (1973) *Guide for Translating Husserl.* Dordrecht: Kluwer.

Cairns, Dorion (1975) *Conversations with Husserl and Fink.* Dordrecht: Kluwer.

Davidson, Donald (1980) 'Mental Events', *Essays on Action and Events.* Oxford: Oxford University Press, 207–225.

Drummond, John J.(1975) 'Husserl on the Ways to the Performance of the Reduction'. *Man and World,* 8, 47–69.

Fink, Eugen (1988) Ⅵ. *Cartesianische Meditation, 2* vols. Dordrecht: Kluwer. The first volume of this work has been translated into English by Ronald Bruzina as *Sixth Cartesian Meditation* (Bloomington: Indiana University Press, 1995).

Grice, H.P.(1957) 'Meaning'. *The Philosophical Review,* 66, 377–388.

Heidegger, Martin (1977)'Der Ursprung des Kunstwerkes'. In *Holzwege, Gesamtausgabe,* Frankfurt am Main: Vittorio Klostermann, vol. 5.1–74. ['The Origin of the Work of Art', tr. David Farrell Krell, *Martin Heidegger. Basic Writings* (New York: Harper & Row, 1977), 149–187, with omissions] .

Heidegger, Martin (1993) Sein *und Zeit.* Tübingen: Max Niemeyer. Originally published 1927. [Being *and Time,* trs John Macquarrie and Edward Robinson (Oxford: Blackwell, 1973)] .

Hume, David (1978) *A Treatise of Human Nature,* eds L A. Selby-Bigge and P. H. Nidditch, and edn, Oxford: Clarendon Press. Originally pub-lished 1739/40.

James, William (1950) *Principles of Psychology,* 2 vols. New York: Dover. Originally published 1890.

Johannson, G. (1975) 'Visual Motion Perception'. Scientific American, 232, 76–88.

Kern, I. (1964) *Husserl und Kant*. The Hague: Martinus Nijhoff.

Kern, I. (1977) 'The Three Ways to the Transcendental Phenomenological Reduction in the Philosophy of Edmund Husserl'. In Frederick Elliston and Peter McCormick (eds) *Husserl: Expositions and Appraisals*. Notre Dame, Ind.: University of Notre Dame Press.

Kripke, Saul (1980) *Namingand Necessity*. Oxford: Blackwell.

Landgrebe, L (1981) 'Husserl's Departure from Cartesianism', in his *The Phenomenology of Husserl*. Ithaca, NY and London: Cornell University Press.

McDowell, John (1986) 'Singular Thought and Inner Space*. In Philip Pettit and John McDowell (eds) *Subject, Thought, and Context*. Oxford: Clarendon Press.

Meltzoff, Andrew M. and Moore, M. Keith (1983) 'Newborn Infants Imitate Adult Facial Gestures'. *Child Development*, 54, 702–9.

Moore, G. E. (1922) *Philosophical Studies*. London: Routledge and Kegan Paul.

Moore, G. E. (1953) *Some Main Problems of Philosophy*. London: George Allen and Unwin.

Petitot, Jean, Varela, Francisco)., Pachoud, Bernard and Roy, Jean-Michel (eds) (1999) *Naturalizing Phenomenology*. Stanford: Stanford University Press.

Putnam, Hilary (1975) 'The Meaning of Meaning', in his *Philosophical Papers*, vol. 2. Cambridge: Cambridge University Press, 215–271.

Russell, Bertrand (1984) *Theory of Knowledge: The 1913 Manuscript*, in *The Collected Papers of Bertrand Russell*, vol. 7. London: George Allen and Unwin.

Sartre, Jean-Paul (1992) *La Transcendance de l'Ego*. Paris: J. Vrin. [*The Tran-scendence of the Ego*, trs Forrest Williams and Robert Kirkpatrick (New York: Octagon Books, 1972)] .

Schumann, Karl (1977) *Husserl-Chronik*, Husserliana Dokumente vol. 1. The Hague: Martinus Nijhoff.

Smith, A. D. (1993) 'Non-Reductive Physicalism?' In Howard Robinson (ed.) *Objections to Physicalism*. Oxford: Clarendon Press, 225–250.

Smith, A. D. (2000) 'Space and Sight'. *Mind*, 109, 481–518.

Smith, A. D. (2001) 'Perception and Belief'. *Philosophy and Phenomenological Research*, 62, 283–310.

Stern, Daniel M. (1998) *The Interpersonal World of the Infant*. London:Karnac Books.

Trevarthen, Colwyn (1993) 'The Self Born in Intersubjectivity: The Psychology of an Infant Communicating'. In Ulric Neisser (ed.) *The Self Perceived*. Cambridge: Cambridge University Press, 121–173.

索 引